中国地质大学(武汉)珠宝学院GIC系列丛书

珠宝市场营销学

ZHUBAO SHICHANG YINGXIAOXUE

包德清 编著

中国地质大学出版社有限责任公司
ZHONGGUO DIZHI DAXUE CHUBANSHE YOUXIAN ZEREN GONGSI

内容提要

本教材以市场营销学的理论框架为基础，结合珠宝行业的市场演进过程，在对我国珠宝行业、珠宝市场和珠宝消费者进行全面分析的基础上，系统讲述珠宝企业如何结合行业的特点和自身的实际，制定适合珠宝企业的经营战略和珠宝营销组合策略。

教材力求突出珠宝市场营销的应用型学科和中国珠宝市场的特点，理论与实践相结合，并尽量采用国内珠宝企业营销的典型案例，分析珠宝企业营销的方法和技巧，使读者在理论指导与市场实践的感知中掌握珠宝市场营销的真谛。教材适用于普通高等院校珠宝营销管理专业的学生，也可作为珠宝企业管理人员的营销参考书。

图书在版编目(CIP)数据

珠宝市场营销学/包德清编著. —2版. —武汉：中国地质大学出版社有限责任公司，2013.4（2022.8重印）

ISBN 978-7-5625-2983-5

Ⅰ.①珠…
Ⅱ.①包…
Ⅲ.①宝石-市场营销学
Ⅳ.①F724.787

中国版本图书馆 CIP 数据核字(2012)第 020646 号

珠宝市场营销学（第二版）	包德清 编著
责任编辑：张 琰	责任校对：张咏梅

出版发行：中国地质大学出版社有限责任公司（武汉市洪山区鲁磨路388号）	
电　　话：(027)67883511	邮政编码：430074
传　　真：67883580	E-mail:cbb@cug.edu.cn
经　　销：全国新华书店	http://www.cugp.cug.edu.cn
开本：787毫米×960毫米 1/16	字数：320千字　印张：15.625
版次：2005年2月第1版　2012年11月第2版	印次：2022年8月第9次印刷
印刷：湖北睿智印务有限公司	印数：14 001—16 000 册
ISBN 978-7-5625-2983-5	定价：48.00元

如有印装质量问题，请与印刷厂联系调换

改版说明

《珠宝市场营销学》一书自2005年初版以来，已经历了8年时间，被多所国内珠宝营销管理专业教学的高校选为教材或教学参考书，在此，笔者表示由衷的感谢。

8年来，中国珠宝行业发生了深刻变化，企业的经营理念、品牌理念、市场运作方式和商业模式在不断完善和成熟，作为指导学生从事珠宝营销的教材内容也应该随之变化。为此，笔者对本教材进行了修订和改版。改版后的教材出现如下变化：

1. 在市场分析部分，保持了以前的三章内容，但在讲述方式上更加贴近市场实际，更加结合珠宝首饰是奢侈品的商品属性；增加了读者对搜集和建立市场信息系统、抓住消费者的心的重要性的认识。

2. 在企业计划部分，将原来的内容调整为珠宝企业如何规划企业的经营战略、竞争战略、品牌战略以及如何从事目标营销。这是结合我国珠宝行业近年来的发展实际而进行的调整，对不同类型的珠宝企业规划企业经营战略均有指导意义。

3. 删除了珠宝拍卖与珠宝电子商务和珠宝营销实务的相关章节，这主要是考虑到：珠宝拍卖是一种特殊的营销形式，与本教材讲述的珠宝市场营销并无太大关联；而近年来，珠宝电子商务的发展如火如荼，需要构建专门的学科探讨珠宝电子商务问题，珠宝营销实务亦是如此。我们在不久的将来会推出专门的教材，以飨读者。

4. 教材中运用了珠宝企业实际市场运作的大量成功案例，试图以成功的案例取代陈杂的理论，使珠宝营销的教学更加贴近市场，更加主动和直观，使学生从企业经营成功的案例中去感悟珠宝营销的真谛。

由于笔者专业水平有限，撰写过程中错误在所难免，欢迎广大读者批评指正。

作　者

2012年10月

# 目 录

第一章 绪 论 ·· (1)

第二章 珠宝及珠宝市场 ·· (7)
    第一节 珠宝的商品属性 ·· (7)
    第二节 珠宝市场类型 ··· (12)
    第三节 中国珠宝市场发展概况 ·· (21)
    本章小结 ·· (25)

第三章 市场调研 知己知彼 ·· (27)
    第一节 信息对珠宝营销决策的影响 ··································· (27)
    第二节 珠宝营销应关注的信息 ··· (32)
    第三节 市场调查的内容与方法 ··· (38)
    第四节 信息的处理与运用 ·· (41)
    本章小结 ·· (43)

第四章 抓住消费者的心 ·· (44)
    第一节 谁是珠宝首饰的购买者 ··· (44)
    第二节 影响消费者购买行为的因素 ··································· (49)
    第三节 如何抓住消费者的心 ·· (54)
    本章小结 ·· (58)

第五章 企业战略 高瞻远瞩 ·· (59)
    第一节 概 述 ·· (59)
    第二节 行业演进下的珠宝企业战略思考 ··························· (62)
    第三节 行业演进下的珠宝企业战略模式 ··························· (69)
    本章小结 ·· (75)

第六章 市场竞争 相机而动 ·· (78)
    第一节 市场竞争概述 ·· (78)

第二节　珠宝企业竞争战略选择 …………………………………… (80)
　　第三节　珠宝企业市场竞争制胜方略 ………………………………… (88)
　　第四节　珠宝企业竞争战略制定的程序和原则 ……………………… (94)
　　本章小结 …………………………………………………………………… (97)

第七章　品牌——珠宝营销永恒的主题 …………………………… (100)
　　第一节　品牌及珠宝品牌概述 ………………………………………… (100)
　　第二节　品牌在珠宝营销中的意义 …………………………………… (105)
　　第三节　我国珠宝行业品牌建设的现状 ……………………………… (107)
　　第四节　我国珠宝品牌发展的制约因素 ……………………………… (111)
　　第五节　我国珠宝企业品牌战略模式 ………………………………… (113)
　　本章小结 …………………………………………………………………… (121)

第八章　定位——营销成败的关键 ………………………………… (124)
　　第一节　概　述 ………………………………………………………… (124)
　　第二节　珠宝企业如何细分市场 ……………………………………… (127)
　　第三节　珠宝企业的目标市场选择 …………………………………… (131)
　　第四节　珠宝企业目标市场定位 ……………………………………… (140)
　　本章小结 …………………………………………………………………… (146)

第九章　产品——与定位呼应 ……………………………………… (148)
　　第一节　产品及产品组合概述 ………………………………………… (148)
　　第二节　珠宝企业的产品组合策略 …………………………………… (150)
　　第三节　珠宝企业的产品创新 ………………………………………… (161)
　　第四节　珠宝首饰的包装 ……………………………………………… (165)
　　本章小结 …………………………………………………………………… (167)

第十章　定价——衡量购买欲的砝码 ……………………………… (169)
　　第一节　认识珠宝首饰的价格 ………………………………………… (169)
　　第二节　珠宝首饰企业定价的意义 …………………………………… (172)
　　第三节　影响珠宝首饰定价的因素 …………………………………… (175)
　　第四节　如何为珠宝首饰定价 ………………………………………… (178)
　　第五节　中国珠宝首饰业定价的误区 ………………………………… (185)

本章小结 ……………………………………………………………… (187)

第十一章　渠道——畅通无阻 ……………………………………… (189)

第一节　分销渠道的概述 ………………………………………… (189)

第二节　珠宝企业分销渠道的选择 ……………………………… (192)

第三节　珠宝企业连锁经营 ……………………………………… (199)

第四节　珠宝企业渠道的整合 …………………………………… (205)

本章小结 …………………………………………………………… (209)

第十二章　珠宝促销——组合拳与点穴功 ………………………… (211)

第一节　珠宝促销的方式 ………………………………………… (211)

第二节　珠宝促销组合设计 ……………………………………… (217)

第三节　设计促销的卖点 ………………………………………… (221)

第四节　我国珠宝企业促销的误区 ……………………………… (227)

本章小结 …………………………………………………………… (229)

第十三章　展望未来　前程似锦 …………………………………… (231)

第一节　经济推动下的珠宝营销 ………………………………… (231)

第二节　珠宝营销　在变革中前行 ……………………………… (234)

第三节　两岸三地的优势互补 …………………………………… (237)

第四节　走向成熟的中国珠宝市场 ……………………………… (239)

主要参考文献 …………………………………………………………… (241)

第一章 绪 论

我们即将学习的是一门全新的课程——珠宝市场营销学,这是一门将市场营销学理论与珠宝营销实践相结合而发展起来的新兴学科,是市场营销学向专业化方向发展而延伸出的新兴学科。

一、珠宝市场营销学的性质、特点

珠宝市场营销学是市场营销学的分支学科,也是宝石学的运用学科。我们研究珠宝营销学的相关问题,必须以市场营销学理论为基础,因为珠宝也是一种商品,是用来满足消费者的消费需求的,所以,研究珠宝市场营销学要同研究普通商品的市场营销学问题一样,研究珠宝企业如何根据当前的环境规划企业经营战略、定位本企业的目标市场、扩大市场占有率,根据目标市场的特点制定相应的珠宝营销组合策略、提高企业经济效益等有关企业经济战略和营销策略的问题。市场营销行为着眼于企业的长远利益,全面协调企业可控的营销组合力量,巧妙地利用外部环境,充分发挥企业现有的人力、物力和财力资源,有计划、分步骤地占领和扩大本企业的市场占有率,最大限度地挖掘市场潜力,最大限度地满足消费者的消费需求,实现企业长远的经营目标,取得最大的经济效益。企业为达到此目的,必须分析市场环境,研究消费者的购买心理和购买行为,策划企业形象,规划企业经营战略,制定企业的营销组合策略,这是所有经营型企业从事市场营销必需的市场策划步骤。与普通商品不同的是,珠宝首饰并不是生活必需品,而是一种奢侈品,是在人们的基本物质生活需求得到满足之后,用来满足心理需求的产品。所以,珠宝市场营销学更加注重研究消费者的购买心理和购买行为,分析市场营销环境,并将其研究成果作为珠宝企业制定营销战略和策略的依据。国际钻石垄断组织戴比尔斯的销售经理曾这样说道:"我们出售的完全是一种奢侈品,今天你拥有了一件钻石首饰,并不意味着你的生活有什么改变,你的地位有什么提高,拥有钻石完全是一种心理满足。所以,我们在定价时不能定得太高,让人望而生畏,也不能定得太低,让人感觉到钻石不值钱。"短短的几句话,却道出了钻石营销与消费心理的关系。

珠宝市场营销学研究的是珠宝企业的营销战略和策略,技巧和方法,是一项专业性很强的工作,必须以宝石学的理论知识为基础,这也是由珠宝首饰的特殊商品属性决定的。对于绝大多数消费者来说,珠宝首饰是一种极为稀有、价格昂贵的商品,这一点树立了珠宝首饰在他们心目中的崇高地位。但是,珠宝首饰既不能像食品那样通过品尝来感受它的味道,也不能像服装那样通过触摸来了解其质量,多数消费者对珠宝首饰的品质与价格的对应关系不能作出准确的判断,他们在购买珠宝首饰时,对其品质、质量、真伪的了解在很大程度上取决于对珠宝企业的信任和营销人员独特的营销技巧。所以,对珠宝企业来说,建立与珠宝特征相适应的、良好的企业形象和培养一支高素质的专业营销队伍是十分重要的;而对珠宝营销来说,让消费者了解宝石学知识和珠宝的属性是从事珠宝营销的基础。

珠宝市场营销学是一门实践性很强的学科。许多市场营销学的理论是通过营销的实践活动总结出来的,这些理论又反过来指导企业的营销实践活动。正是这种实践性,才使市场营销学理论显示出强大的生命力。企业的市场营销活动永远不会停步,珠宝市场营销学的理论和方法会随着这种实践活动而不断得到充实、发展和完善。珠宝市场营销学作为一门新兴的学科,本身也需要在借鉴传统的市场营销学理论的基础上,结合珠宝市场营销的特点,在珠宝首饰营销的实践中不断地加以总结,逐步形成一套独特的符合珠宝市场特点的市场营销理论。

二、珠宝市场营销学研究的对象和内容

珠宝市场营销学的研究对象是以消费者为中心的企业整体营销技巧和策略。

珠宝首饰市场是市场经济的产物,在市场经济条件下,珠宝企业以市场为导向,以满足消费者的需求为中心开展市场营销活动。企业以市场为导向就是要按市场规律办事。企业产品的开发、设计和生产,企业的经营与服务都必须以社会的需要和使消费者满意为出发点和最终归宿,所以,珠宝市场营销学首先要研究市场需要什么、需要的量如何、市场前景如何等,这是指导珠宝企业生产和经营的基础。

由于科学技术的高速发展,信息传播速度的不断加快,加之东西方文化的交融带来的消费理念的日益更新,使得现代企业的市场营销不再是单纯的生产或销售行为,而是包括市场调研与预测、新产品的设计与开发、目标市场的选择与论证、产品定位与定价、产品宣传与促销、开展售后服务与搜集市场反馈信息等一系列活动。企业营销不再是局限于流通领域里的一种传统的商业活动或者说是一种单纯的买卖关系,而是一种综合的艺术活动;企业营销的目标不再是维持企业生存的眼前利益,而是从宏观角度考虑长远的经济效益和长期、广泛地占领市场。

有市场就会有竞争,自由的市场经济已经使各个行业的竞争对手无处不在。珠宝企业要在激烈的市场竞争中取胜,单纯地研究如何满足消费者的需求是远远不够的,还要正确地认识市场竞争的发展态势,分析竞争对手的竞争优势和竞争策略,指导企业进行市场定位和产品定位,策划企业形象,制定企业的发展战略和营销策略,并根据市场的变化和发展对其不断调整。

我们从事珠宝市场营销学研究的目的是要建立一套完整的珠宝市场营销学理论,正确分析珠宝市场的发展趋势,指导企业制定正确的经营战略,使企业实现既定的和长远的经营目标,使企业的经营活动永远立于不败之地。所以,珠宝市场营销学的研究内容包括如下几个方面。

1. 珠宝市场营销学的基础理论研究

珠宝市场营销学的基础理论研究是以市场营销学为理论基础的,市场营销学的理论都可用于珠宝市场营销学,但是,珠宝市场营销的理论研究是要建立一套珠宝市场营销学的基本理论体系,这也是由珠宝的特殊商品属性所决定的。珠宝是一种商品,其营销活动要以市场营销学理论为指导,但珠宝不是生活必需品,每一个消费者都具有拥有珠宝首饰的欲望,但在进行满足其需求的若干个选择中不一定首先选择购买珠宝首饰。所以,我们从事珠宝市场营销学的基础理论研究,除了帮助企业建立市场营销观念、正确分析市场营销环境、制定企业经营战略和营销策略外,更重要的还是要研究珠宝消费者的购买心理和购买行为,从而使企业以相应的方法和策略去影响消费者的购买心理和购买行为,将消费者的购买欲望转变为需求,将需求转变为现实的购买行为。

2. 珠宝企业经营战略和营销策略研究

珠宝首饰是一种高档消费品,企业在制定珠宝企业的经营战略和营销策略时不能主观臆断,而是要在对目标市场进行充分的调查研究,对目标市场营销环境信息(包括宏观环境信息和市场环境信息)进行全面分析的基础上,结合企业自身的实际情况,对目标市场进行准确的定位,策划企业整体形象,制定企业的经营战略和营销组合策略,同时,还要根据经营环境的变化及时调整企业经营战略和营销组合策略。

3. 新产品开发与运用研究

在科学技术日新月异的今天,新产品、新技术、新工艺的不断出现,导致产品的更新换代越来越快。珠宝市场营销学的研究应紧跟科学技术发展的步伐,及时研究出新产品,以满足不断变化的市场需求。新产品的开发和运用也是企业求生存、求发展的需要,只有掌握了市场需求变化的风向,注重将现代科学技术运用于产品开发中,企业才能在激烈的市场竞争中求得更多的生存和发展机会。

4. 珠宝首饰市场发展态势的研究

珠宝企业在制定本企业的发展战略时,要根据当前的市场营销环境和企业自身的经济实力及经营管理能力,确定未来一段时间内企业的经营方向和发展目标,更重要的是企业要在把握好珠宝市场现状的基础上,准确地预测其发展趋势并及时调整企业的发展战略规划。当今社会是一个信息社会,市场信息的快速传播会促使市场营销环境的不断变化,从而影响珠宝市场的发展趋势。处在这种不断变化着的市场环境中的珠宝企业应该及时发现或预测这种变化,并使企业的经营活动适应这种变化了的市场环境。只有这样,企业才能掌握驾驭市场的主动权。

5. 珠宝企业内部经营管理的研究

当今珠宝市场的竞争,表面上看起来是企业与企业之间产品、价格的竞争,实际上是企业综合实力的竞争。珠宝企业要在激烈的市场竞争中求得生存和发展,就必须优化企业资源,强化企业内部管理。珠宝企业经营管理的研究就是要寻求人力、物力、财力资源配置的最佳办法和最优效果,使企业的综合实力得到最大限度的发挥。

三、珠宝市场营销学的研究目标

珠宝市场营销学的研究目标是要借鉴市场营销学及相关学科的理论,建立珠宝市场营销学理论,并将其运用于珠宝营销的实践,指导珠宝企业的经营活动,使营销学理论在实践中不断得以发展和完善。

首先,珠宝市场营销学是一门建立在经济学、管理学、消费心理学、美学、社会学等学科上的边缘学科,也是市场营销学向专业化方向发展而延伸出来的应用学科。所以,其理论研究必须以这些学科为基础,综合运用各学科的研究成果,建立珠宝市场营销学的理论研究框架。

其次,珠宝市场营销学是一门应用型学科,其研究必须结合珠宝首饰营销的实践,在实践中寻找珠宝首饰营销的最佳途径和最优效果。珠宝市场营销学不仅要研究珠宝企业经营活动中的营销策略、内部经营管理和各种制约因素,还要研究消费者的购买心理、购买行为及对珠宝首饰的需求与欲望,更重要的是要贴近市场,围绕组成市场的各个因素进行深入细致的调查研究,并将研究成果用于指导珠宝企业的经营实践。

再次,珠宝市场营销活动不仅贯穿于流通领域,而且延伸到生产领域和消费领域,各个领域是相互关联的,每个领域所产生的变化都会影响到其他领域。因此,珠宝市场营销学的研究不能局限于流通领域,而要将生产、销售和售后服务作为一个整体进行研究。既要研究珠宝进入流通领域后如何进行广告宣传、如何进行促销活动、如何提炼产品的"卖点",又要研究生产经营过程中企业经营管理的目标和方法、企业的优化投资组合策略等,还要研究消费领域里的消费需求和购买心理的变化趋势,以及整个国民经济变化发展的态势。

最后,珠宝首饰是一种时尚饰品,随着市场流行趋势的变化和消费者消费观念的更新,必然会导致流行时尚的不断变化,珠宝市场营销学的研究不仅要紧跟时尚的潮流,还要精准地预测珠宝市场的发展趋势,推动珠宝首饰产品的更新换代。

四、珠宝市场营销学的研究方法

珠宝产业是市场经济的产物。我国的珠宝市场形成于中国实行改革开放建立有中国特色的市场经济的初期,当时也正是市场营销学理论向中国传播的时期。所以,从中国珠宝市场形成之时起,理论界即开始了珠宝市场营销学的理论研究,但由于珠宝市场是一个新兴的市场,珠宝市场营销学也是一门新兴的学科,其研究既没有系统的理论可以借鉴,也没有现成的模式可以沿用。所以,如何最有效地对这一学科进行研究,本身就是一个值得探讨的课题。但是,珠宝市场营销学是传统的市场营销学向专业化方向的延伸,借鉴传统市场营销学的研究方法是十分必要的。也就是说,珠宝市场营销学的研究必须以贴近市场、贴近社会为其基本方法论和行为准则,广泛借鉴市场营销学的研究方法并结合珠宝首饰的特殊性,确定适合本行业的研究方法。珠宝市场营销学的研究方法主要有以下几种。

1. 系统研究法

所谓系统,是指由若干个相互联系、相互影响、相互制约的因素按照一定的秩序结合起来的有机整体。系统研究法,就是要将相互关联的研究对象结合起来进行研究,分析它们之间的相互关联和相互影响。珠宝市场是一个多要素、多层次的组合系统,市场环境的相关因素、产品链、供应链等各个方面都存在着一定的关联关系,在从事珠宝市场营销学研究时,必须将多种相关因素作为一个整合系统来进行研究,才能得出正确的结论,进而指导企业制定正确的经营决策。

2. 案例分析法

所谓案例分析,就是以典型企业在珠宝营销实践中成功的经验与失败的教训为例证,从正反两个方面进行分析,从中找出规律性的东西。实际上,市场营销学的很多理论都是从企业实践经验中提炼出来的,它们反过来又指导企业的经营实践。运用案例分析法,把不同类型的典型企业的市场实践活动进行剖析,既可以加深对市场营销学理论的理解,又可以推动企业借鉴正反两方面的经验,提高企业经营管理水平。

3. 动态研究法

所谓动态研究法,就是在动态的环境中以动态的方法对珠宝企业的经营情况进行研究。市场经营环境是不断变化的,珠宝企业的经营战略和营销策略也必须相应地变化才能适应相应的环境。动态的环境必须要有动态的研究方法,密切追踪各种变化对企业经营活动产生的影响,从中总结变化的规律,指导企业调整经营的大政方略。

4. 比较研究法

所谓比较研究法,就是将企业经营中涉及到的人、物、事件或经营业绩等可以比较的两个或两个以上的案例进行比较分析,得出有利于企业提高经营业绩的结论。比较研究法是珠宝企业研究市场时通常采用的研究方法,它既可以将企业的综合实力进行比较,在比较中确立企业的竞争优势,进而确定企业的经营活动方案;也可以将企业在不同经营期间的经营业绩进行比较,研究企业的经营管理状况,提高企业的经营管理水平。其运用范围之广,对企业的指导作用之大,是其他方法不可比拟的。

珠宝市场营销学的研究方法还有很多,在此不一一列举。对于这门全新学科的研究,一方面要借鉴相关学科的研究方法,做到为我所用;另一方面,还要根据学科的特点形成本学科独特的研究方法,使这个学科不断地完善并在研究方法上不断地创新,从而指导企业的生产、经营活动服务,这也是我们学习和研究珠宝市场营销学的最终目的。

五、珠宝市场营销学的总体框架

在本书中,我们将以市场营销学的理论框架为基础,结合珠宝市场营销的实际情况,按照市场营销学分析、计划、执行、控制的过程,将珠宝市场营销学的内容分为四个部分。

第一部分:即第一章至第三章,让读者了解珠宝的属性、珠宝市场的类型、中国珠宝市场的基本情况以及信息对珠宝首饰营销的重要性和珠宝消费者的购买心理与购买行为,为珠宝企业制定经营决策提供市场依据。

第二部分:即第四章至第七章,全面介绍珠宝企业在认识行业演进规律的基础上制定珠宝企业经营战略和竞争战略的思路以及如何建立珠宝品牌和从事目标营销。

第三部分:即第八章至第十一章,按照营销组合的要求,讲述如何根据企业的定位制定企业的营销组合方案,并根据市场环境的变化调整企业的营销组合策略。

第四部分:即第十二章,对中国珠宝行业的发展趋势进行展望。

本教材力求突出珠宝市场营销的应用型学科和中国珠宝市场的特点,形式上通俗易懂,理论与实践相结合,并尽量采用国内珠宝企业营销的典型案例,分析珠宝企业营销的方法和技巧,使读者在理论指导与市场实践的感知中掌握珠宝市场营销的真谛。

第二章　珠宝及珠宝市场

我们研究珠宝市场营销学的相关问题，首先应该认识珠宝市场，对珠宝的商品属性和市场状况有所了解，并以此作为研究珠宝市场的切入点。对珠宝市场状况进行分析和探讨，把实践的经验总结提升成为理论，再在丰富理论的前提下指导珠宝企业的营销实践，这本身就是珠宝市场营销学的研究方法之一。珠宝市场营销必须以认识市场、熟悉市场、研究市场为前提，在此基础上才能论及驾驭市场、开发市场、拓展市场。

第一节　珠宝的商品属性

一、珠宝的含义与类型

珠宝即珠宝玉石，泛指一切经过琢磨、雕刻后可成为首饰或工艺品的材料，商品分类一般属于工艺品类，包括珍珠及各种宝石和玉石，因而又称为珠宝玉石或宝玉石，多被用来制作首饰。首饰是一种用来装饰人体的工艺品，不同学者出于研究的目的对珠宝的概念有不同的理解，我们研究的是珠宝市场营销，所以，这里所说的珠宝，更倾向于珠宝首饰，即只要是能进入市场的珠宝首饰都是我们研究的对象。

按照珠宝首饰的名贵程度、造型、用途的不同，珠宝可分为奢华珠宝、艺术珠宝、经典珠宝、生活珠宝。奢华珠宝是指那些首饰造型豪华、宝石名贵的珠宝首饰，是代表身份、彰显品位的首饰，是珠宝首饰中真正的奢侈品（如图 2-1 所示），皇室的首饰、达官显贵佩戴的首饰大都属此类。艺术珠宝是为了配合某个设计主题或展示某种设计风格而专门设计的、具有独特个性的首饰（如图 2-2 所示），这种首饰一般不适合日常佩戴，是一种设计思想的美学表达。经典珠宝是一个民族或一个品牌的特色产品经时间的延续传承下来的，具有一定文化内涵或传递一个品牌的特色风格、特定市场定位的首饰，如卡地亚的豹形造型即为卡地亚的设计经典，玉石即为中华民族消费的经典首饰。生活珠宝是指与日常生活密切相关或在日常生活中佩戴的珠宝首饰,我国珠宝消费者购买的首饰大都属于此类,而有些饰品只能归于工艺品的范畴,不属于我们这里讨论的珠宝首饰。

图2-1 祖母绿和钻石镶嵌而成的豪华项链

图2-2 以羽毛为元素设计的首饰

二、珠宝的属性

珠宝首饰作为一种在人类历史上留传几千年的贵重商品,一直被人们认为是高档装饰品及财富而倍加珍爱。在市场上,珠宝首饰主要具有如下几个方面的属性。

1. 珠宝首饰是一种十分珍贵的商品

珠宝是自然界留给人类的珍贵财富。自然界形成的矿物有 3 000 多种,能用作珠宝的矿物材料只有 150 多种,而常见的仅 20 多种,由此可见它是稀有的。许多宝石矿物是一种伴生矿物或副矿物,开采起来十分困难。在能开采的宝石矿物中,真正能够成为珍贵珠宝的会更少。以钻石为例,它是金伯利岩中品位极低的副矿物,每获得 1ct 首饰级钻石,平均要破碎 250t 含钻石的金伯利岩。如果再考虑到找矿、勘察、开采、分选、加工等一系列过程,我们就不难想象,我们今天在市场上见到的一粒小小的钻石是多么难得了。对于天然宝石来说,其珍贵性还体现在它是一种不可再生的资源,许多宝石都是在漫长的地质作用过程中,经过千百万年甚至几十亿年才形成的,人类的生命相对于珠宝的形成来说只是短短的一瞬。随着天然宝石资源的广泛开采,这种有限的资源会越来越少,其珍贵性就会更加突显出来。

珠宝的珍贵性还体现在它是通过人为加工而产生的精美装饰品,每件产品都代表着一个艺人的创作风格和一个时代的文化背景。人的生命是有限的,随着一个珠宝艺人的仙逝,由他所创作的珠宝工艺品便成为千古绝唱。在我国的玉文化历史中,我们的祖先就给后人留下了许多这样的珍贵作品。

2. 珠宝首饰是一种具有装饰功能的商品

装饰功能是珠宝首饰的基本功能。将美丽的石头用于装饰自古有之。可以说自从人类有了简单的加工手段以后,将美丽的石头加工成装饰品的活动就没有停止过。在人类活动的早期,他们便学会了用贝壳和漂亮的石头制作简单的装饰品。图 2-3 是约 77 万年前北京周口店山顶洞人用骨头、兽牙等制成的简单装饰品。由于多数宝石具有美丽的颜色和坚硬的质地,这些特性是人类将其用于装饰品的基础。特别是后来人类对宝石的光学性质有了全面的认识以后,宝石工艺师充分利用宝石的特性并施以精湛的加工工艺,将宝石的光学特性尽善尽美地展现在世人的眼前,美丽的颜色和奇特的光学效应有机地结合在一起,使宝石更加色彩斑斓、光彩照人。华丽的服饰配以适当

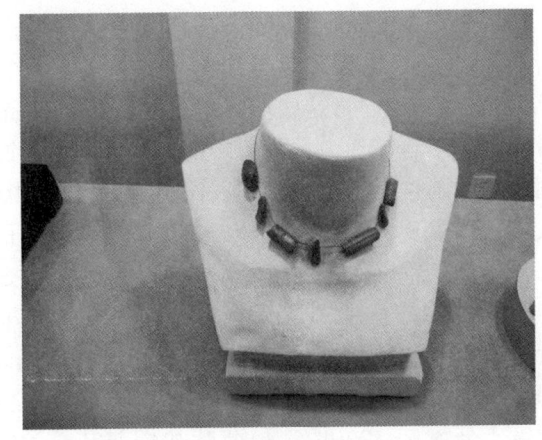

图 2-3 北京山顶洞人制作的简单首饰

的珠宝首饰,可以起到画龙点睛的作用。如今,各种类型的珠宝首饰已成为女性购买装饰品的首选。更有一些用珠宝材料雕琢而成的工艺品用于居家陈设或陈列于公司、办公室内,作为镇家、镇店之宝。这些工艺品既是高雅的装饰品,也是财富的象征。

3. 珠宝是一种可用于交换的商品

人类的商品交换活动导致了市场的产生和发展。珠宝也是这种交换活动中常见的商品之一,如果珠宝得到了他人的垂青,就使交换的实现成为可能。人们可以通过这种简单的形式,以自己制作的装饰品换回自己所需要的物品。而且,正是这种商品交换活动导致了珠宝市场的诞生。

通过对世界各国货币起源的考察发现,许多金银珠宝都曾在不同的时期充当过货币或准货币的角色,商品之间的交换从最初的以物易物形式转换为以金银珠宝为尺度衡量交易双方商品价值的高低。战国时期,秦昭王愿以十五城交换楚国的和氏璧,一方面说明了和氏璧的价值连城,另一方面也是珠宝用于交换的佐证。在各国货币日趋成熟的今天,商品的交易虽然主要以货币为媒介进行,但也不乏以珠宝为交换物来获取自己所需物品的实例。

4. 珠宝是一种可用于鉴赏、收藏和储备的商品

珠宝用于鉴赏是其美学价值的另一体现。消费者购买珠宝可能出于不同的心理,但其共同的、首要的出发点是珠宝的美学价值,如颜色的美观、质地的美观、工艺造型的美观等。珠宝经营者正是抓住消费者不同的审美需要,不时地推出适销对路的产品,以满足不同消费者的需求。珠宝不仅可用于佩戴,也可用于观赏和收藏。特别是一些自然界中产量有限的稀世珍品和一些匠心独运的设计再加上精细加工而成的工艺品,常常成为消费者竞相观赏和购买的对象。

珠宝是财富的象征,世界各国的王宫贵族均会以其拥有的珍稀珠宝而自豪。众所周知,世界上多数稀世珍宝都珍藏在各国王宫中,除了满足他们的收藏心理外,更主要的是他们将这些珠宝作为财富加以储备。王宫如此,百姓也不例外,消费者会将珠宝首饰视为重要的财富,"传家宝"往往成为家庭财富的重要组成部分,特别是在中国这个乐于为子孙后代积蓄财富的国家,为储备财富而购买珠宝已成为人们一种主要的购买心理,因此,也是珠宝商家的一个"卖点"。

储备珠宝可以保值增值是一个公认的事实,这也是由珠宝的稀有性决定的。近年来,翡翠、白玉、钻石等贵重宝石价格节节攀升就是最好的证明。天然的珠宝产量有限,随着时间的推移,可利用的珠宝资源越来越少,其升值的潜力是可想而知的。事实上,国际上珠宝的价格每年都在以一定的比例升高,个别珠宝的价格增长速度十分惊人。20世纪80年代初期花几百元能买到的翡翠戒面,现今的价格有的已超过万元,远远超过其他商品的价格涨幅或通货膨胀的水平。

5. 珠宝是一种用于满足心理需求的商品

佩戴或拥有珠宝的象征意义远远超过其自身的价值。首先,珠宝在过去是王宫贵族们的奢侈品,是财富、权力和富贵的象征,佩戴名贵珠宝首饰就像穿名牌服装、开高级轿车一样,是身份的象征。其次,珠宝自古以来就被人们赋予一些特殊的功能和效用,使得人们去追求它,企盼拥有它。如钻石代表恒久和坚韧不拔,是永恒爱情的象征;翡翠具有治病和保健的功能等。这些美丽的传说和特殊的功用在很大程度上刺激了人们的消费需求,与其说购买珠宝是为了某种需要,不如说是为了乞求一种心理满足。对营销人员来说,如何抓住顾客的这种心理,有针对性地开展促销是一项十分重要的营销手段。

6. 珠宝是一种在价格方面容易使人产生怀疑的商品

中国素有"黄金有价玉无价"一说,它本来是对珠宝高尚地位的评价,认为黄金虽然珍贵但是有价的,而珠宝非常难得,如果你喜欢它,它便是无价之宝。但是这句话常常被消费者理解为珠宝的价格是商家定出来的,珠宝有很高的利润空间,认为珠宝经营是"三年不开张,开张吃三年"的暴利经营活动。这种认识严重影响了消费者购买珠宝首饰的信心,使珠宝首饰的价格问题成为珠宝企业与珠宝消费者之间的一道鸿沟。珠宝首饰消费本来就是非专业消费,珠宝企业应该树立良好的企业形象,制订合适的价格策略,加强与顾客的沟通,提高消费者对珠宝首饰价值的认识,增强顾客对企业及其产品的信任度,增强消费者购买珠宝的信心。

7. 珠宝是一种不同地域有不同偏爱的商品

珠宝是美丽的,对任何国家和地区的人来说,珠宝都会以其独特的魅力吸引众人的目光。但是,珠宝是一种具有深刻文化内涵的饰品,不同时代的珠宝蕴含着不同的文化,代表不同时代的审美观点和文化背景。不同种类、不同款式的珠宝,或者同一种类不同特征的珠宝对于不同国家、不同民族或不同文化背景的人而言,其受偏爱的程度也是不同的。如欧洲人喜欢 K 金首饰,中国人喜欢足金首饰;西方人喜欢的绿色宝石是祖母绿,而中国人喜欢绿油油的翡翠;日本人喜欢金黄色珍珠,认为黄色珍珠是宝贵的象征,而中国人认为人老珠黄是失去生命力的标志;宗教观念浓郁的地区钟情于象征天地神秘色彩的绿松石和青金石;西方人喜欢款式夸张的首饰,东方人喜欢秀美、对称的首饰。即使在同一国度,不同地区的人们对珠宝首饰的偏爱也有不同,譬如我国的南方人和北方人、城市人和农村人,对首饰的追求和审美就有区别。

掌握珠宝首饰的这些商品属性,对于我们从事珠宝市场营销学研究是十分有用的,它可以帮助企业根据不同的市场营销环境确定目标市场,进行产品定位和市场定位,制定合适的营销战略和策略,有针对性地开展促销,使企业的营销活动取得更好的经济效益。

第二节 珠宝市场类型

珠宝市场营销学的研究对象不是珠宝市场本身,而是与珠宝市场相关联的企业营销活动过程,其立足点、着眼点是企业,所以,要从卖主的角度研究市场经营问题。例如,如何制定企业营销战略,如何制定产品策略,如何促销等。但这些策略的制定必须以了解市场为前提,不了解市场而盲目制定企业营销战略和策略无异于闭门造车。所以,珠宝市场营销学的研究必须首先从了解珠宝市场入手,根据市场状况并结合企业的实际情况制定适合本企业的市场营销战略,企业营销才有可能处于不败之地。

广义的市场概念,包括生产者和消费者之间实现商品和劳务的潜在交换的任何活动。从不同的角度来划分市场,可把市场划分为许多不同的类型。在这里,我们根据购买目的的不同,将珠宝市场划分为珠宝消费者市场、珠宝中间商市场和珠宝生产者市场,不同购买目的的人或组织构成了不同的珠宝市场。其中顾客和珠宝企业,即买方和卖方是构成珠宝市场不可缺少的要素。珠宝市场是沟通顾客与珠宝企业的桥梁,没有顾客(买方),珠宝就不会有市场,没有珠宝生产者和经营者(卖方),就更不可能有珠宝市场。这里所说的顾客可能是个人消费者,也可能是一个组织或一个企业,这是由购买目的的不同而决定的。例如,有为戴珠宝或收藏珠宝而购买珠宝的人或组织构成的珠宝消费者市场;有为卖珠宝而购买珠宝的人或组织构成的珠宝中间商市场;有为生产珠宝而购买珠宝的人或组织构成的珠宝生产者市场;还有一种是为各类珠宝市场提供服务的市场类型,我们称之为珠宝服务市场。珠宝市场营销学最注重的是对消费者市场的研究。下面我们将对各种类型珠宝市场的构成和特点逐一加以分析。

一、珠宝消费者市场

珠宝消费者市场也可以称为珠宝零售市场或珠宝终端市场,是以个人消费者为主的市场,是珠宝首饰的最终消费者,是分布面积最广泛的珠宝市场类型。

珠宝消费者市场是一个最具吸引力的市场,因为它不仅遍及范围广、消费群体大,更主要的是珠宝消费者市场处于珠宝产业链的终端,其兴旺与否直接影响到产业链上游其他珠宝市场的生存和发展,是珠宝市场营销学研究的主体。

在世界珠宝市场中,钻石首饰的销售额占整个珠宝市场的80%以上,是珠宝市场的主体。1993年世界钻饰零售额突破400亿美元,1994年、1996年分别为

420亿美元和475亿美元,2001年全球钻石贸易额达700亿美元。据美国消费协会估计,世界钻石销售每年以3%以上的速度增长。钻饰的主要消费国家或地区是美国、日本、西欧、东南亚及中国香港和台湾地区。20世纪90年代初,中国经济高速增长,成为全球钻石消费增长最快的国家,钻石需求量名列世界前三甲,2010年珠宝零售额达2 450亿人民币①,其中约1/3的份额为钻石。

据调查显示,钻石首饰已成为当代女性购买珠宝首饰的首选,订婚和结婚的青年男女更是选择钻石作为定情之物。在日本东京,98%以上的成年女性拥有钻石首饰,平均每人拥有钻石首饰2.8件,为世界最高。我国女性消费者拥有的钻石首饰比例不到2%,说明我国钻石市场还有巨大潜力。在时尚首饰中,彩色宝石市场在世界各地都占有一定的比例。在日本、东南亚及中国大陆和中国台湾、香港地区,翡翠及珍珠饰品一直是热销产品。

珠宝消费者市场具有如下特点。

第一,从消费水平上来看,珠宝消费者市场的形成和发展与一个地区的经济生活水平和消费观念的更新有很大的关系。一个地区的经济生活水平越高,接受新东西的速度越快,珠宝消费者市场的形成和发展也越快。在全球珠宝消费者市场中,美国和日本的市场规模最大,约占世界珠宝市场总份额的70%,这与它们经济的高度发达不无关系。我国最早的珠宝消费者市场形成于北京、上海、广州等经济发达的城市和沿海开放城市,这就是一个很好的例子。这些城市都是大都市或国际商业中心,经济发达,对外交流广泛,消费意识超前,对珠宝消费有足够的认识,消费取向主要受国际珠宝消费潮流的影响。在其他重点城市,珠宝消费也达到了一定的水平。

第二,从顾客构成来看,珠宝消费者市场是一个极为广泛、复杂、多样的市场。珠宝消费者不仅年龄、性别、职业、收入、居住区域、宗教信仰、受教育程度不同,而且个性、生活方式、爱好和习惯也不同。这些不同又带来了对珠宝首饰的品种、规格、质量、款式、品牌、服务、科技含量和价格等方面的不同要求。

第三,从交易的规模和方式来看,珠宝消费者市场是一个交易数量小、交易次数少的市场。珠宝首饰是耐用消费品,消费金额少则几百元,多则上万元,不可能像日常消费品那样经常购买,对同一个消费者来说,相同品种、相同类型的首饰重复购买的可能性不大。但消费者一旦认同了商家的信誉,有可能选择不同品种、不同类型的首饰并对商家产生依赖性购买,还可以在消费者周围产生扩散效应。珠宝首饰是贵重商品,消费者来源广泛,不便赊欠,一般以现金交易方式为主。

第四,从购买行为来看,珠宝消费者市场的消费者可分为计划性购买和冲动性

---

① 数据来源:《2009—2010年中国零售行业发展预测与投资分析报告》

购买两种。计划性购买一般以工薪阶层为主,如结婚首饰或纪念首饰等,在首饰品种和资金计划上都有一定程度的预算;冲动性购买一般以生活相对富裕的人士为主,他们在市场上偶然发现自己喜欢的首饰或受外界环境的刺激,一时冲动产生购买欲望且随身携带的资金也足以购买此首饰,于是便产生即兴式的冲动性购买。

第五,从购买目的来看,珠宝消费者市场的购买不以盈利为目的,为非盈利性购买。所以,顾客在选择珠宝首饰时,首先选择的是自己喜欢的款式,其次是宝石的质量及其对应的价格。当然,部分顾客在选择珠宝首饰时,除了考虑美观装饰因素外,耐用和保值、增值的因素也是他们考虑的范畴。

第六,从购买行为主体来看,珠宝消费者市场的购买一般属于非专业性购买。消费者对珠宝首饰缺乏系统的知识,或知之甚少,或完全不知,基于这一原因,消费者在购买珠宝首饰这一贵重商品时,总会承受巨大的心理压力,担心在产品真伪、质量或价格上吃亏上当。这一心理在很大程度上影响消费者的购买行为。受传统观念的影响,他们可能会选择在大商场购买,或受媒体的影响,选择在知名度比较高的珠宝专卖店购买。调查显示,当珠宝消费者的购买行为涉及到品牌选择时,60%以上的消费者会选择在大型商场或在大型商场设有专柜的专卖店购买,而有少数消费者选择不知名的品牌,这很大程度上也是取决于消费者对商家的了解和信任,或者是听信于熟悉该品牌人士的宣传与鼓动。

以上是珠宝消费者市场的共同特点,除此之外,我国珠宝消费者市场还出现如下趋势。

第一,个性化趋势。这是近两年显现出来且极具发展潜力的一个趋势。随着中西方文化的交融,消费者的珠宝消费意识在不断地改变。以拥有珠宝首饰为满足的中国消费者正在向以拥有别具一格的个性化首饰而自豪的方向转化。为了迎合这一消费趋势,珠宝消费者市场出现了个性化设计的、反映独特消费理念的饰品和专卖店。不管珠宝档次的高低,只要是别具一格的,就是消费者喜欢的,这是珠宝消费的一个新趋势。

第二,高档化趋势。中国经济的高速发展使国民的经济生活水平有了很大的提高,同时为珠宝消费市场培育了一批高档次的消费者,他们购买珠宝首饰在很大程度上不是以装饰为目的,而可能是出于传统的保值、增值的心理,或是为了收藏,或是受成就感的驱使。这是一个极具吸引力的消费趋势。以翡翠为例,以前,港、澳、台地区的消费者是高档翡翠的主要购买者,而2000年以后,高档翡翠的购买者已转移到大陆,大陆消费者是翡翠饰品的主要购买者。

第三,名牌化趋势。佩戴珠宝首饰就像穿名牌服装、戴名牌手表一样,佩戴的不光是时髦,还要有品位,以拥有名牌首饰而自豪是消费者购买心理的反映;同时,名牌也是产品高质量、高信誉和优质服务的代名词。业内人士预测:在中国众多的珠宝品牌中,将由30%的知名品牌占领70%的珠宝市场份额,这是不无道理的。信任名牌珠宝、消费名牌珠宝将成为中国珠宝消费市场的主旋律。

二、珠宝中间商市场

珠宝中间商市场是由获得珠宝产品再销售给他人以取得利润的组织或个人组成,或者说是由从事珠宝批发贸易、零售贸易和代理的组织和个人构成,是沟通珠宝生产者市场和珠宝消费者市场的桥梁。珠宝中间商市场的主要功能是为珠宝消费者市场提供珠宝成品或半成品。中间商的存在对生产企业的珠宝分销活动发挥着十分重要的作用,是分销活动的主体,绝大多数珠宝产品都是通过中间商转卖给消费者的。中间商交易的各种渠道、环节和场所构成了珠宝中间商市场。

(一)珠宝中间商的类型

珠宝中间商可以分为两类:一类是从事再销售的中间商,即通过商品的买进与卖出来获利,这是常见的中间商;另一类则是以类似于"生产者"的身份购买,用于自身营运的需要。譬如,某企业是从事综合业务的珠宝企业,他们从宝石批发商那里采购宝石,通过自己的企业加工成珠宝首饰,再将首饰提供给下一级的中间商。它们的主要角色是中间商,但同时也扮演"生产者"的角色,我们将这类中间商归于制造商(生产者)的范畴。这里我们讨论的是越过制造环节转卖宝石半成品或成品的中间商。

在实际的珠宝营销活动中,珠宝中间商处于供应链的中间,是沟通珠宝生产者和珠宝消费者的桥梁。按其是否对所经销的商品拥有所有权,中间商可分为代理商和经销商。代理商是接受生产者的委托,在特定的区域内经营生产者的产品,但不拥有商品的产权;而经销商则是通过与生产者从事商品交易而拥有商品所有权的中间商,其明显的特点是将商品买进以后再卖出。由于拥有商品的所有权,经销商在经营上不受生产者的控制,可根据本区域的市场营销环境制定自己的营销策略,从而获得更大的效益。所以,代理商和经销商的主要区别就是看其是否拥有商品的所有权。由于珠宝营销占用的资金很大以及经营中的风险原因,生产者在分销活动中不指定代理商,因此,在珠宝经营中经销商是中间商的主要形式。经销商按其经营形式的不同又可分为批发商和零售商。

1. 批发商

批发是指商品批量销售给那些为了再销售或企业再生产而批量购买珠宝成品、半成品的人或企业时所涉及的一切经营活动。如从事钻石批发的企业将钻石裸石批发给零售商或镶嵌工厂;大型珠宝零售兼批发的企业将珠宝成品分销给小的珠宝企业等。所以,除了以最终消费者为对象的销售活动外,企业的其他销售活动都被认为是批发活动,是向除消费者以外的供应链下游转移商品的活动。生产者所从事的销售业务也是批发业务。

珠宝批发商有以下几种类型。

(1)单一品种的宝石批发商。单一品种的宝石批发商业务相对单一,管理相对简单,容易在经营的品种上占领广泛的市场份额,如专业批发钻石、彩色宝石或玉器。

(2)综合性宝石批发商。一些实力比较强的企业,能够为客户提供多品种的宝石批发业务,这样就避免了有多种需求的客户为了寻找货源而到处奔波的不便,也扩大了企业的经营业务范围,但经营管理相对复杂,需要投入更多的人力资源。

(3)珠宝成品批发商。黄金、铂金的批发业务主要以成品批发的形式出现,在珠宝批发业务中也出现这种趋势。珠宝批发多是首饰半成品(即未经镶嵌成首饰的裸石),零售商找到宝石以后还要寻找镶嵌厂家,为了方便这些客户,有些批发商将宝石直接加工成成品批发给零售商。这主要是针对小型零售商的一种业务。

批发商的交易也有许多特点,他们基本上是属于专家购买,即交易双方对市场行情比较了解,因而对厂家的批发价比较敏感;强调交货的时间性和商业信用;偏好大进大出,在大宗货品流通中获取利润;喜欢选择与自身形象一致的下一级合作者;批发商还可能要下一级合作者提供产品广告协助或其他相关的服务。

2. 零售商

零售是指把商品出售给最终消费者,满足个人消费者的消费需求所涉及的一切经营活动。珠宝零售商是中间商中群体最大、规模各异、组成复杂的一种类型,包括独立采购、自主经营的零售商,连锁经营企业吸收的加盟商和直营机构以及制造商直接进入零售环节而设立的经营机构。

任何企业,不论是生产企业还是批发、零售企业,只要是把商品卖给最终消费者,都被视为零售行为,但只有那些主要从事零售活动的企业才能被称为零售商。他们面对的是终端珠宝消费者,处在商品流通的最终环节,是生产者和消费者之间的重要桥梁。产品的最终价值是通过零售商来实现的。

按照零售商出售商品形式的不同,我们可以把零售商分为如下类型。

1)大型百货商场零售商

这是我国珠宝市场形成之初的一种零售形式,直到现在仍有很强的生命力。其主要形式是商场内设立珠宝专柜或店中店,但商品并不属于商场所有,而是零售商以承租柜台的形式在商场从事经营,通过商场的统一经营活动将产品卖给最终消费者。这种零售商很好地利用了商场经营品种多、顾客流量大、整体形象好、宣传范围广的优势实现商品所有权的转移。但其中间环节多,经营方式不灵活,零售商的主动权少。这种零售形式有利于市场知名度高的品牌建立品牌形象并实现良好的经营业绩,但对知名度不高的品牌来说,过高的经营费用和相对有限的经营业绩可能成为他们选择这种经营模式的最大障碍。

2) 专卖店形式的零售商

这是近年来珠宝零售业发展的一个新趋势。以珠宝首饰零售为主的珠宝企业纷纷建立有本企业特色的专业珠宝零售店。这种形式的零售商可以根据自身的实力和目标顾客群组织有本企业特色的产品,在经营形式上可以灵活多样,可以很好地宣传本企业的经营理念,树立自身的企业形象。

3) 无店零售商

这是一种以直销的方式将产品转移到最终消费者手中的一种零售类型。传统的做法是上门推销,新近的发展是通过电视购物、电子商务等形式来从事无店零售。珠宝电子商务近年来发展很快,已成为一种重要的珠宝经营模式,诞生了诸如钻石小鸟、佐卡伊等,在全国有一定知名度的网上珠宝品牌。但这种模式在很大程度上,只能起到一种宣传作用或适合于一些具装饰作用的、低档产品的营销。在商业信用还未完全建立的中国珠宝市场从事高档珠宝首饰的营销还有一定的局限性,为了弥补这种局限性,一些经营业绩较好的网上珠宝品牌在全国各主要城市建立了体验店,它实际上是传统的店铺经营与网上电子商务结合的一种模式。

(二) 珠宝中间商市场的特点

中间商作为产品的再销售者,在珠宝营销活动中起着十分重要的作用(关于中间商的作用将在第十章中讲述),珠宝产品由生产市场向消费市场的转移绝大多数是通过中间商来完成的。中间商的购买基本上是属于专家购买,对市场行情比较了解,因而对厂家的批发价比较敏感;强调交货的时间性和商业信用;偏好大进大出,在大宗货品流通中获取利润;喜欢选择与自身形象一致的供货商;还可能要求供货商提供产品广告协助或提供相应的服务。

全球的珠宝批发市场主要集中在那些钻石加工中心所设的钻石交易所和盛产宝石的国家,如缅甸、泰国、斯里兰卡、巴西、哥伦比亚等国家。这里宝石资源丰富,珠宝加工业者也在这里云集,使之很自然地成为珠宝半成品的集散地,也成为珠宝中间商采购珠宝的首选。在这些国家,珠宝业也是国家经济的支柱产业。

我国宝石资源相对贫乏,宝石半成品主要依赖于进口,在国内珠宝市场形成之时,珠宝批发市场的发展速度十分迅猛,世界上著名的宝石产出国纷纷涌入中国或在中国寻找中间商,更有国内一些精明的宝石商人直接到宝石产地寻找货源,使我国的珠宝批发市场在短短几年内迅速发展起来了。

我国珠宝中间商市场呈现如下明显的特点。

(1) 专业化水平在不断提高。这包括首饰店的专业化和从业人员的专业化。我国珠宝市场形成之初是从大型商场开始的,随着市场的高速发展,从业人员越来越多,商场的经营规模已满足不了经营者的要求,珠宝首饰的营销开始向专卖店形式转化。随着市场竞争愈演愈烈,大型商场的珠宝经营模式在竞争中的优势正在不断地被削弱,专业化经营的珠宝店将成为珠宝零售市场的经营主体。最初的中国珠宝市场,经营者的素质也是参差不齐的,国家也缺少培养专业人员的教育机构,随着中国珠宝市场不断走向成熟,珠宝经营的专业化程度也在不断提高。注重专业人才的引进和培养,是珠宝市场发展的大势所趋。

(2)珠宝批发市场的市场集中度在不断提高。中国珠宝批发市场形成之初,曾在国内数个城市活跃着一批珠宝批发商,他们向珠宝零售商提供珠宝成品或半成品,一些地方还建立了珠宝批发市场,如北京五环珠宝批发市场、山东昌乐以当地所产蓝宝石为主的宝石批发市场、以产水晶而闻名的东海水晶市场等。近年来,珠宝批发市场的市场集中度有不断提高的趋势,尤以向深圳集中的趋势最为明显。深圳毗邻港、澳,信息传播速度快,出入关方便,再加上政府的重视和引导,近年来珠宝产业逐步在深圳聚集,形成了以田贝、水贝为中心的珠宝产业集群。目前,在深圳集中了数千家珠宝中间商,主要从事钻石、宝石及玉器工艺品的批发业务,是国内规模最大、最活跃的珠宝批发市场。

(3)地方特色十分明显。历史或地方人力资源特色为我国珠宝批发市场赋予很多地方特色,如云南的腾冲、盈江、瑞丽等地与缅甸接壤,翡翠原料入关方便,在这里就形成了以翡翠原料为主的批发市场;广东的平洲、四会、揭阳、广州和河南的南阳等地是传统的玉器集散地,近年来,逐渐在这些地方形成了以玉器批发为特色的玉器批发市场;江苏东海以盛产水晶而出名,因而形成了水晶批发市场。这些市场的形成在很大程度上都归因于人文、地理因素。

(4)零售业的发展很不平衡。珠宝零售业是直接面对消费者的,其发展与一个地区的经济发达程度和消费意识有很大的关系。一般来说,经济越发达的地区珠宝零售业也越发达。如我国沿海开放城市的珠宝零售业明显优于内地,城市明显优于农村。从经营形式上来看,我国最早的珠宝零售业是从大型商场中发展起来的,至今仍被许多零售商看好,但近几年来,珠宝专卖店发展很快,珠宝专卖店经营形式灵活,资金周转快,有利于企业形象的建立。

三、珠宝生产者市场

生产者市场,又称产业市场或企业市场。生产者市场一般是指由生产者或制造商组成的市场。他们通过自行采购获得制造珠宝首饰的材料,再经过自行生产获得珠宝首饰成品,然后,将成品转卖给他人。生产者或制造商是珠宝生产者市场的购买者。这里,我们将珠宝生产者市场近似地称为珠宝原材料市场,顾客主体由珠宝首饰制造业、加工业的业主构成。同珠宝消费者市场和中间商市场相比,珠宝生产者市场具有明显不同的特点。

(1)从交易规模和交易方式来看,珠宝生产者市场是一个交易次数有限、交易额较大的市场。珠宝生产者市场主要是为制造商(如钻石加工商或代理商)提供珠宝原材料,这种交易都是在相关珠宝产出国或垄断组织定期举行的交易会上进行,如戴比尔斯公司每年定期组织的钻石看货会,缅甸政府组织的每年两次的翡翠交易拍卖会,等等。生产者所面对的顾客(制造商、中间商)比前述两类市场要少得多。由于是制造商或中间商批量购买,交易额一般比较大,且都是现金(银行汇票)购买。当然也不排除零散的交易形式,如制造商直接深入矿山收购原材料,但这种交易带有很大的风险。珠宝生产者市场的购买多为直接购买,即制造商直接同供应商或他们委托的中间人打交道,一旦买卖双方达成购买协议便会立即成交。

(2)从购买行为来看,珠宝生产者市场的购买一般属于计划性购买。购买珠宝原料的制造商大多是专业的珠宝加工厂主或其代理商,他们会根据自身的实力和市场需求预测决定自己的购买计划。

(3)从购买目的来看,珠宝生产者市场的购买是盈利性购买。这种交易是在双赢的基础上进行的,也就是说,只有在生产者觉得有利可图,制造商通过加工后也有利润空间,才能最终达成交易。当然,作为买卖双方都希望获得最大限度的利润空间,谁最终能在这场交易中胜出,还要取决于专业性、商业谈判技巧和对市场行情的掌握。

(4)从交易行为主体来看,珠宝生产者市场的购买属于专业购买。即买者和卖者都很专业,都很精通宝石学知识,对市场行情比较熟悉,交易能否成功主要取决于交易双方在品质、价格等方面能否达成共识。珠宝生产者市场上的供求双方关系密切,与消费者市场上的营销者同顾客之间总是保持一段心理距离不同,珠宝生产者市场的营销者在顾客购买的所有阶段都有可能与之同心协力,尽量满足顾客的需求,即使是供应者不能马上满足的个别需求,营销者也会想方设法为顾客解决。

(5)从决策类型和决策过程来看,珠宝生产者市场的购买由于涉及到较大的金额和复杂的技术因素,购买者面临的购买决策比消费者市场更为复杂,购买决策的时间也较长,购买过程也更加正规化,通常需要谨慎地寻求供应商,详细地查看货物品质,签署正规的订单,办理严谨的货物交接手续。

四、珠宝服务市场

顾名思义,珠宝服务市场就是为珠宝生产者市场、珠宝中间商市场和珠宝消费者市场提供各种服务的市场,是由上述市场派生出来的一种市场类型,包括各种设备供给、宝石加工服务、首饰镶嵌服务、珠宝首饰陈列、包装服务等市场类型。

1. 珠宝设备供给市场

珠宝设备供给市场主要是为珠宝加工、镶嵌行业提供各种设备的市场。随着社会的发展和消费者消费观念的不断更新,对珠宝首饰工艺的要求越来越高,促使行业研究人员利用当今世界的先进科技,不断改进珠宝加工、镶嵌设备的性能和精度,提高工艺水平。近年来,珠宝加工镶嵌设备更新很快,传统的加工方式正在被现代化的设备所取代,加工设备的改进提高了工作效率,改进了加工工艺。

传统的首饰加工强国(如意大利、日本、德国、瑞士等)一直在首饰加工设备的研制上处于领先地位,每年都会推出新的首饰加工设备,极大地促进了首饰加工工艺的改进与更新。它们的设备也占领了世界首饰设备市场的极大份额。

由于加工设备主要是为珠宝首饰制造业提供配套服务的,因此,首饰制造企业云集的地方也为珠宝设备供给市场提供了生存和发展的空间。例如在深圳首饰镶嵌相对集中的工业区内(如万山工业区、水库新村工业区等),都会有相应的珠宝设备供给企业常驻,为镶嵌企业提供相应的设备。

2. 珠宝加工、镶嵌市场

珠宝加工和镶嵌都属于首饰制造业,如果它们将自己的产品转卖给中间商,则它们属于珠宝生产者市场的范畴。但这里所说的珠宝加工、镶嵌市场不是从事生产经营的企业,而是为珠宝中间商市场提供首饰加工、镶嵌服务的一个市场类型。这些企业通过代客加工、镶嵌赚取加工费。多数加工企业一般不直接面对最终消费者,而是面对珠宝零售商或批发商,为他们提供珠宝半成品或首饰成品的加工服务,包括钻石的切磨、宝石的加工和首饰镶嵌等。首饰镶嵌市场的存在是我国的特色,也是我国珠宝市场产品同质化的重要原因之一。

就全球珠宝市场来说,珠宝加工、镶嵌市场的发展是极不平衡的,钻石的切磨主要集中在传统的四大钻石切磨中心(美国的纽约、比利时的安特卫普、以色列的特拉维夫和印度的孟买),其中不乏从事加工服务的钻石加工企业。近年来,中国香港和泰国钻石切磨业的崛起令世界瞩目。中国的钻石切磨业迅速发展,随着上海钻石交易所的成立和正式运营,上海正成为一个新兴的钻石加工贸易中心。传统首饰镶嵌业发达的国家和地区不断地引进先进技术,改进镶嵌工艺,如意大利、日本、瑞士、中国香港的镶嵌工艺一直在国际上保持领先水平。

中国珠宝首饰加工市场是在工艺美术部门、轻工部门及国家指定的黄金首饰加工部门的基础上发展起来的。在中国珠宝市场兴起之初,这些部门掌握着珠宝首饰加工的人才、技术及一定数量的先进设备,具备从事加工业的基本条件。伴随着中国改革开放的进程和珠宝市场的形成,这些部门相继开办了珠宝首饰加工企业。由于企业在管理体制、用人机制等方面缺乏活力,故一直没有取得好的经济效益,最终导致人才外流,这些加工专业人才大都流向民营企业和个体企业。珠宝首饰加工是一个技术性工作，需要先进的设备和精细的加工工艺做后盾，系统的、严格的管理也是加工行业所必需的，同时还要注重国内外首饰发展的潮流和趋势。这几方面是珠宝加工业生存和发展的关键。

3. 珠宝首饰包装服务市场

近年来，随着珠宝行业发展，珠宝企业的形象及产品的陈设和包装越来越受到重视，一些企业抓住商机，顺势设立专业的珠宝店装修和首饰陈设、包装等与珠宝营销相配套的服务机构，从而形成了一个易被忽略的市场类型。在一些地方还有了专门的首饰医院——专门为消费者提供首饰维护和保养服务。我们将那些为珠宝首饰营销企业或消费者提供产品美化服务的机构组成的市场称为珠宝首饰服务市场。珠宝店的装修和首饰陈设、包装服务看似简单，事实上，企业形象也代表品牌形象，在崇尚品牌消费的今天，向消费者展示出一个良好的品牌形象已成为品牌营销的重要内容。首饰的美观、高雅也要靠好的陈设来展示给社会公众，没有好的陈设就不能真正体现首饰是一种高档的消费品。同时，只有精美的包装才能与珠宝的档次相匹配，在产品的概念中，包装用品是产品的一个重要组成部分。首饰业发达的国家和地区历来十分重视对首饰陈设、包装的研究，有专门的设计人员从事这一工作，在陈设、包装用品的用料、式样设计和色彩搭配上都特别有讲究。这一市场的形成也是珠宝行业走向专业化、品牌化和高档化的一个重要标志。

第三节 中国珠宝市场发展概况

一、中国珠宝市场的发育

中国是一个文明古国，在中国几千年的历史文化中，玉文化占有相当的分量。可以说，中国的珠宝文化是伴随着人类的发展而发展的，这一点可以从中国的考古文化中得到验证。但是，长期以来，在中国的封建社会和随后的半殖民地、半封建的社会里，珠宝一直是王公贵族们的附属品，是为少数人服务的。在解放前，中国还没有真正意义上的珠宝市场。

新中国的珠宝首饰业的发展虽仅有60多年的时间，但就在这短短的60多年间，中国珠宝市场却走上了非凡的发展道路，其发展大致可分为三个阶段：第一阶段为解放初期到1966年；第二阶段为1970年至1982年；第三阶段为1982年至今。这三个阶段的发展是渐进式的，经历了一个由简到繁、由低层次向高层次发展的过程。

第一阶段。解放初期，新中国刚刚成立，经济比较落后，政府和人民都希望有一个安定的社会环境和稳定的经济环境。在这种背景下,新中国的珠宝首饰业姗姗起步,以有限的数量和以金银饰品为主要产品向一些大城市开放首饰供应,仅在北京、天津、上海等地建立了一些规模不大的首饰加工厂,当时的体制、产品、价格、销售等都呈现出一种谨慎、探索、稳步的姿态。工厂属银行管辖,产品以朴素的风格为主,销售均定点在国营大百货公司。这一阶段是新中国首饰业从无到有的创业阶段,无论是从其发展水平上,还是发展目标上都有其特殊性,真实地反映了当时的经济水平、社会现状和国家政策的取向。这一阶段对以后我国珠宝业的发展具有开拓性的意义,并奠定了珠宝人才、技术和市场的基础。

第二阶段。20世纪60年代中期开始的文化大革命,使我国的经济发展受到了重大打击,刚刚兴起的珠宝首饰业也受到了重创,在破旧立新的政治大潮中,珠宝首饰成了资本主义的奢侈品。短短几年之内,首饰专业人员流失,工厂被迫关门或改行,技术停滞不前,珠宝首饰业受到了前所未有的冲击。到了20世纪70年代,因外贸出口的需要,先后在北京、上海、广州等城市逐步恢复了几家首饰企业,使我国的珠宝首饰业重现了一些生机。至20世纪70年代末期,在有条件从事珠宝首饰生产、加工的省市相继兴办了以金饰品、工艺美术品和玉器为主要产品的企业,各省的工艺美术总公司及下设的金厂、工艺美术厂等都是在这一时期兴办的。这一时期珠宝首饰业的特点不是面对国内市场,而是面对东南亚、东欧和港澳市场,这种独特的业态使中国的首饰业出现了明显的特点。首先是技术上得到了很大的发展,改变了以前为适应国内市场的简朴、工艺水平偏低的状况,引进和运用了海外的先进工艺设计和生产技术,实现了中国的传统工艺和国外先进技术的有机结合。中国珠宝首饰业在这一时期发展的显著特点是质量和工艺上的迅速提高,因为这一时期的产品主要出口海外,参与国际市场的竞争,没有高质量的产品和良好的生产工艺是不符合出口的技术质量标准的。从这一点来说,中国工艺美术进出口部门为中国珠宝业作出了巨大贡献,为中国珠宝业的下一步发展奠定了技术基础。

第三阶段。1979年,中国实行了改革开放的政策,传统的计划经济模式开始向市场经济过渡,这给中国珠宝首饰业的发展带来了机遇。1982年,经国务院批准恢复了黄金首饰的内销权,经济发达的沿海城市纷纷开设了黄金首饰零售店,随后,黄金首饰店在短短几年内遍布全国各大中城市。1986年在全国掀起了黄金购买潮,每年销售数十吨黄金仍供不应求且价格持续上涨。1990年珠宝首饰开始进入中国市场,改变了黄金首饰一统天下的局面,但当时的珠宝首饰消费是以人造和合成珠宝首饰以及天然中低档宝石首饰为主,是一种低档消费活动。1993年以后,随着国内经济的高速发展,宝石市场出现了空前的活跃。钻石和红、蓝宝石等高档珠宝首饰开始进入了人们的生活,这个异常活跃且潜力巨大的珠宝市场的迅猛发展引起了国际珠宝界的广泛关注,国际钻石垄断组织戴比尔斯公司在中国投入巨资从事钻石促销的宣传工作,使钻石的消费理念迅速普及到千家万户。国际珠宝商纷纷涌入中国,使中国的珠宝市场伴随着其高速的经济发展出现了空前的繁荣,传统的黄金消费持续升温,1998年亚洲金融风暴以后,在我国有传统文化基础的翡翠、玉石的消费迅速回归,成为亚洲乃至世界最大的玉石消费市场。1990年,我国首饰的销售额仅为200亿元人民币,其中黄金首饰消费占70%以上,至2002年,我国首饰消费额达800亿人民币,其中珠宝的消费已成为首饰市场的主体。2010年,我国的珠宝首饰消费已达2 450亿人民币,是全球第二大珠宝首饰消费国,按这个趋势来看,在不久的将来,我国将取代美国,成为全球第一大珠宝消费国。

二、中国珠宝市场的发展及转型

从新中国成立至20世纪80年代以前,我国实行的是计划经济体制,这种经济体制没有珠宝市场滋生的土壤。所以,80年代以前,中国没有严格意义上的珠宝市场。应该说,中国珠宝首饰市场的复兴得益于中国的改革开放。

党的十一届三中全会确立了中国改革开放的大政方针,经济改革由计划经济向市场经济过渡,也正是从这个时候起,中国的珠宝市场才开始起步。最初形成的是以中国工艺美术部门和国营企业为"龙头",以黄金首饰为消费主体的首饰市场。20世纪80年代中后期,随着改革开放的深入,与地质矿产相关的企业由于自身行业经济效益的不佳而开始转型,成为我国珠宝首饰业的骨干力量。它们雄厚的专业基础和人才优势,对中国珠宝市场起到了极大的带动作用。与此同时,在我国沿海开放城市出现了一大批珠宝合资企业和原料加工企业,如深圳珠宝城企业有限公司和深圳金阳珠宝有限公司都是当时具代表性的珠宝企业。它们是当时我国珠宝市场的骨干力量,也是形成中国珠宝市场的先行者。这时的珠宝市场的特点是:内地和沿海城市的发展水平极不平衡,内地以零售市场为主,且是一种较为低档的消费市场,而沿海城市市场非常活跃,有外商投资的独资企业、合资企业以及政府投资的国有企业,它们是当地珠宝市场发展的中坚力量;在管理方面,由于中国实行改革开放的时间还不长,合资企业也好,国有企业也罢,在管理体制上或多或少都带有计划经济时代的影子,管理体制的不完善导致这些企业最终退出中国珠宝市场的竞争。

这些公司的运作虽然让国家、政府或企业为此付出了代价,交了学费,但为中国珠宝市场的发展培养了一大批珠宝经营和管理人才,为中国珠宝市场下一步的发展奠定了良好的基础。1993年以后,我国珠宝市场出现了转型,即原来的国有企业和合资企业每况愈下,而股份制企业和民营企业迅速崛起。原先受聘于国有企业和合资企业的员工,他们在各自的企业中接受市场的熏陶,积累了不少市场经验和经营管理经验,当他们羽翼丰满后,便走出了各自的企业,寻求自我发展的道路。于是,一批民营企业迅速在中国珠宝业内崛起,成为中国珠宝市场的主要力量。它们的出现,促进了中国珠宝市场的繁荣。

中国珠宝市场是市场经济的产物,它的迅速崛起与中国经济的高速发展是分不开的。中国经济体制由计划经济向市场经济转轨的时期是重要的收获期。经济发展了,人们的生活富裕了,有了消费珠宝首饰的条件,这是珠宝首饰市场产生和发展的基础。同时,消费者消费观念的转变也是珠宝首饰市场迅速发展的一个重要原因。没有消费者思想观念的更新,就没有广泛的珠宝消费群体的形成,也就没有珠宝首饰市场的形成。在计划经济时期,黄金、铂金、白银等被视为国家战略物资,被消费者认为是保值、增值的首饰,所以,在首饰市场形成后的很长一段时间里,黄金首饰的消费一直是首饰消费的主体。随着中西方文化的交融,首饰时尚化、个性化的流行趋势出现,珠宝首饰逐渐被消费者接受并成为珠宝市场的主体。经济的发展和消费的需求成为中国珠宝首饰市场产生和发展的两个支撑点,不仅吸引了国内有识之士的纷纷加入,也引起了海外及香港地区同业者的广泛关注,港资首饰企业也纷纷加入中国内地珠宝市场,其中周大福珠宝已成为国内影响力最大、市场占有率最高的品牌。国外高端珠宝品牌也纷纷进入中国内地珠宝市场,卡地亚、蒂芬尼等多个国际顶级品牌已在中国开设了多家专营店,抢占国内高端珠宝消费市场。2000年以来,在中国珠宝玉石行业协会的推动下,国内珠宝品牌建设也取得了长足的进步,截至2011年,在珠宝行业已产生了100多个中国名牌和中国珠宝驰名品牌,中国的珠宝市场已进入品牌时代。

三、中国珠宝市场的发展方向

通过以上分析,我们可以看出,中国珠宝首饰市场是在改革开放后才复兴和发展起来的,时间虽然不长,但其欣欣向荣的发展景象已为全球珠宝界所注目。然而,繁荣的背后却隐藏着严重的市场危机。面对这个在市场经济环境中自发形成、缺乏国家指导和政策支持的年轻行业,需要解决的问题很多,如品牌建设问题、商业信用与商业道德问题、企业的社会责任问题等。

中国珠宝首饰市场是在改革开放过程中形成的,是市场经济的产物。行业的迅速发展出现了市场膨胀,产生了无序的竞争,众多商家的参与使市场出现"僧多粥少"的局面,同质化的产品导致珠宝市场价格大战此起彼伏,无序的市场竞争使产品质量下降、商业信用下降、消费者购买珠宝的信心下降,这必将威胁到中国珠宝企业的生存和发展。

通过市场竞争的洗礼,我们高兴地看到,珠宝行业正在进行第二次转型——珠宝品牌时代的到来。自20世纪末以来，珠宝首饰业发达的国家和地区的国际珠宝品牌纷纷向中国市场渗透，特别是香港珠宝品牌，由于与中国内地在文化上的一脉相承，当它们一进入中国内地珠宝市场便迅速取得了广大消费者的认同，成为国内珠宝市场的主导品牌。而国内珠宝品牌迫于市场竞争的压力，也逐渐认识到珠宝营销中品牌建设的重要意义，在中国珠宝行业协会的推动下纷纷走上了品牌建设之路。提高商业信用和商业道德、注重产品质量、注重品牌建设已成为珠宝企业的共识。那些产品质量低劣、不注重商业道德和商业信用、没有服务意识的不知名企业将在市场竞争中被无情地淘汰，而另一些形象好、信誉程度高的企业通过市场竞争的洗礼，将在市场竞争中立于不败之地。所以，未来的中国珠宝市场将是一个竞争有序的、开放的、以数个名牌企业为主导地位的健康的珠宝市场。

本章小结

本章主要介绍了珠宝及珠宝的属性、珠宝市场类型和中国珠宝市场的发展方向。从事珠宝营销及珠宝市场研究，首先要认识珠宝首饰的商品属性，正因为珠宝首饰有着与一般商品不同的商品属性，珠宝首饰的市场营销活动才需要独特的方法和技巧。在我们归纳的珠宝首饰的诸多商品属性中，珍贵性和装饰功能是珠宝首饰的基本属性，因为宝石珍贵、稀少和美丽，才会激起消费者购买、鉴赏、收藏的欲望，所以珠宝的珍贵性和具有美学特征的装饰性是我们从事珠宝营销的基础。珠宝首饰的营销是文化的营销也是基于珠宝首饰商品属性而言的，黄金有价玉无价（中国人将一切美丽的石头都称为玉），一方面是指珠宝的价格受多种因素的影响而没有一个通行的衡量标准，另一方面是指珠宝首饰文化的无价。要深刻认识珠宝首饰的商品属性，在珠宝首饰营销中注入更多的文化内涵，提升珠宝首饰的价值。

珠宝产业链的不同环节构成了不同类型的珠宝企业，不同类型的企业有不同的特征，企业进入珠宝行业，在产业链的不同环节从事珠宝营销需要掌握不同珠宝企业类型的特征，结合企业掌握的资源做到有所为、有所不为。只有客观认识不同类型的珠宝企业的特征并结合企业掌握的优势资源，做企业专长的业务，才能在市场竞争中取得竞争优势，保证企业经营的成功。所以，了解不同类型的珠宝企业的特征是珠宝企业对企业经营方向进行决策的基础。

珠宝市场是一个动态的市场，在不同的时期，消费者的珠宝消费观念和消费水平是不同的，这就要求珠宝企业持续关注珠宝市场的发展和变化，及时调整产品和营销组合策略，满足消费者变化了的需求，使企业的经营活动走在市场的前列。中国珠宝市场的复兴只有 30 多年的时间,市场的变革催生企业产品的变革、经营观念的变革和商业模式的变革。珠宝企业一方面要密切关注中国珠宝市场的发展和变化,紧跟市场发展的潮流,另一方面,要预测市场变化的趋势,以创新的产品和创新的经营思路取得市场领先,使企业的经营永远走在市场的前列。

思考题

1. 简述珠宝的商品属性。为什么说装饰功能是珠宝首饰最基本的属性?
2. 珠宝市场有哪些类型?各有什么特点?
3. 中国珠宝市场的复兴分为哪几个阶段?每个阶段有什么特点?结合我国珠宝市场的发展现状阐述未来的发展趋势。

第三章 市场调研 知己知彼

中国有句古话叫做:知己知彼,百战不殆。珠宝企业从成立之日起就处在各种环境因素的包围之中,企业的营销活动既需要各种环境因素的支持,也会受到各种环境因素的制约,这些环境因素包括宏观环境、市场环境与企业环境。企业不可能脱离环境而生存,但不同的环境因素对企业的作用是不一样的。有些环境因素是不以人的意志为转移的,企业只能去认真分析它、适应它,充分利用它,而有些环境因素通过企业的努力是可以改变的,企业在市场营销活动中必须对这些环境因素进行认真细致的分析,搞清楚各种环境因素对企业营销活动的影响,努力成为环境因素的利用者和引导者,使企业的经营活动正常进行。

企业的营销环境是动态的、不断变化的,企业在市场经营过程中,应该及时关注营销环境的变化,不断地从事市场调研,搞清楚变化的环境对企业可能造成的影响,以便企业及时调整经营战略和营销策略。可以说,在市场竞争日益激烈、市场环境瞬息万变的今天,谁注重分析各种环境因素并充分利用各种环境因素,谁就能把握市场的主动权。

第一节 信息对珠宝营销决策的影响

信息是对企业营销有用的资料,是事物的表面特征,也是认识事物的中间环节。

当今社会是一个信息社会,市场营销环境正以惊人的速度变化,在这种情况下,如何及时地获取市场营销信息比过去任何时候都重要。因为,只要比别人慢一步,就可能使企业损失惨重、满盘皆输。影响企业营销的环境因素包括宏观环境、市场环境和企业环境。以下我们结合珠宝市场,探讨它们是如何影响珠宝企业的市场营销活动的。

一、宏观环境信息对珠宝营销决策的影响

2008年10月以来,由美国次贷危机触发、现已殃及全球的金融危机正逐渐向实体经济蔓延,其来势之猛、波及的范围之广,令发展迅速的中国珠宝行业迎来了

自改革开放、珠宝市场复兴以来最严峻的考验。金融危机对中国经济的影响程度到底有多大,还没有机构作过专门的评估。但经济的不景气直接导致了消费者的收入下降和消费信心下降,因担心经济环境进一步恶化影响日常基本生活,消费者不得不收紧钱包,放弃或减少对珠宝首饰这种奢侈品的购买。随着全球金融危机的蔓延,奢侈品消费市场逐渐陷入衰退。钻石消费可能成为最大受害者。在欧美,需求萎靡使钻石市场转为买方市场,粗钻和精钻价格都大幅下跌,平均降幅超过20%(主要是指西方消费的1ct以上的钻石,而对中国市场消费的碎钻并没有大的波动),2008年8月至11月间,国际铂金价格由460元/g以上急跌至200元/g以下。多数珠宝企业铂金存货都在数十千克以上,铂金价格的骤跌导致企业市值大幅下降,价格的波动增加了企业的经营风险。金融危机对整个珠宝产业链造成了前所未有的冲击,这是全球经济环境的变化给珠宝业带来的冲击。经济因素是营销环境因素中的宏观环境因素,其他宏观环境因素还包括人口环境、文化环境、科技环境、政治法律环境等。

　　宏观环境因素也称为总体环境因素,是指那些与企业的市场营销活动看似无直接联系,但却有重要影响甚至是很大影响的那些企业外部因素的总和。宏观环境因素是一种社会约束力量,它是企业所不能或不完全能控制的环境因素。企业在寻找市场机会、制订企业长远战略规划时所研究的环境一般多是指宏观环境,对于企业来说,这些环境因素只能去适应它,而不能改变它。宏观环境因素对企业营销的影响可能是渐进的,也可能是突然的。但一个总体原则是:企业从事市场营销必须顺应宏观环境,否则将给企业的经营种下苦果,甚至是埋下定时炸弹,直接威胁企业的生存。

　　从全球金融危机的冲击,我们可以看到经济环境对珠宝营销决策的影响,如果能正确分析宏观经济环境的走向,金融危机带给珠宝企业的可能不是灾难而是机会。其他环境因素对珠宝营销决策的影响自然不言而喻。人口影响珠宝首饰的消费量,社会文化环境影响人们的珠宝消费理念,科技环境对珠宝营销的影响可能是革命性的,这里我们就不一一探讨了。政治法律环境具有两方面的影响:一方面,企业必须为自己的经营取得合法性,在国家政治法律规定下遵纪守法地从事经营;另一方面,珠宝企业也要善于运用法律维护自己的利益和权益。珠宝行业是一个复兴不久的产业,多数企业经营者无论是在适应国家政治法律的要求,还是在运用法律保护自己这两方面做得都不够,这是值得我们注意的。

　　2008—2010年,从事钻石经营的珠宝企业大都知道深圳有个"BBU钻石集团公司"。据公司宣传资料称:"BBU是全球领先的以新技术研发为核心的比利时钻石切割商,经过了多年的不懈努力,BBU已成长为涉及原石开采、切割及相关技术研发的国际化集团公司,是当前世界上为数不多的,能够对钻石独立分级的制造厂商,为众多顶级珠宝品牌提供优质切工钻石,业务遍及全球五个大洲的20多个国家和地区……"但据知情人透露,BBU美其名曰"美国BBU钻石集团",实为皮包公司,是依靠网络平台自建的网站,导入几家印度供应商的钻石库存数据,并告知客户这是在美国的钻石库存数据。一旦有客户下单,他们会按照订单从国外调货,一周后向客户交货。由于他们实际为零库存和第一手的货源,价格自然有一定的优势,在国内的业务量迅速增长,至案发前他们每天的成交量达数百万元之高。2010年11月17日,公安机关以涉嫌钻石走私查封了该公司。

BBU的问题只是反映了中国珠宝业在经营中与法律相悖的冰山一角,它给了我们对如何适应宏观环境的思考。在宏观环境面前,适则存,不适则亡。中国珠宝业是一个古老而新兴的产业,如果不能准确搜集宏观环境信息,顺应宏观环境,则带给企业的将是灾难性后果。

二、市场环境信息对珠宝营销决策的影响

市场环境是指那些影响企业产品生产或销售的外部环境因素。如果说宏观环境对珠宝营销决策的影响是战略层面的、间接的,那么,市场环境对珠宝营销决策的影响则是战术层面的、直接的,它影响的是企业具体的营销决策。关注市场环境,重点是要关注在市场中形成互动关系的三个关键角色,它们都是以"C"开头的英文单词,我们称之为"3C"角色:消费者(consumer)、合作者(collaborator)、竞争对手(competitor)。

市场环境因素中首要的环境因素是消费者(顾客),不同的消费者有不同的需求、爱好,市场营销的目的是满足消费者的需求,企业的产品和服务能满足什么样的顾客的需求以及满足程度如何,决定了企业营销业绩和市场占有率。所以,消费者的需求是珠宝企业制定营销决策的重要依据。

当今的市场竞争,表面看来是产品的竞争、价格的竞争,实际上是消费者的竞争。在市场竞争中,消费者是一个杠杆,企业要取得比竞争对手更好的经营业绩,就必须拥有比竞争对手更多的消费者,本企业的消费者数量增加了,竞争对手的消费者数量就会减少,企业受到消费者的拥护,表明企业拥有了比竞争对手更多的竞争优势。消费者是企业产品的最终购买者,是企业利润的源泉。企业营销的责任是发现、发掘并满足消费者的需求,为消费者提供适销对路的产品。如果我们不对消费者的需求、爱好、审美取向和市场流行趋势等进行分析,并根据市场需求规划企业产品和制定相应的营销策略,企业就不可能取得好的经营业绩。

合作者包括了在市场营销过程中帮助企业实现既定的经营目标的所有角色,包括供应商、大众传播媒体等。多数珠宝企业是处于制造商和消费者之间,在珠宝市场中扮演中间商的角色,除需要了解消费者的需求外,掌握供应渠道似乎更加重要。所以,供应商是珠宝企业最重要的合作者。

在市场营销活动中,真正能长久合作的、能彼此产生信赖的合作者是很少的,有两种主要原因会影响供求双方的合作关系。一种是供求双方合作默契性的问题,如果双方都能以诚相待,互为对方着想,且在经营业务上成长的步调保持一致,则这种合作关系可能会长久。但在实际营销中,由于合作双方营销理念或目标的差异,常常出现一些不协调的行为,会对这种合作关系造成伤害。对于一个珠宝企业来讲,供应商的素质对企业的成败会造成很大的影响。若供应的货品品质总是不能满足企业的要求,或者货品的供应速度迟缓而延误商机,或者对企业总是有这样那样的限制,势必对企业的生存和发展造成很大的危害。而企业也常常会因资金周转的原因或信誉的原因出现拖欠货款、经常退货等情况,影响供货商的利益,这些都会对双方的合作产生影响,使合作不能维持下去。另一种原因是企业与供应商之间的成长速度不协调,造成需求上的不满足,迫使企业不得不中断合作关系去寻找新的供应商。

珠宝企业为了实现自己的经营目标,还会与许多不同的营销企业合作,例如广告公司、促销公司、公关公司、大众传播媒体及与珠宝相关的其他企业等。企业与企业之间的合作关系是互惠互利的关系,真正好的合作者会充分考虑到对方的利益,在共同利益的驱使下合作双方才有长期合作的意愿。比如说,珠宝企业与大众传播媒体的合作,大众传播媒体是企业树立企业形象、建立品牌、开展促销活动的有力工具,与大众传播媒体的合作应该是长期的、愉快的。大众传播媒体强有力的信息传播会为企业带来许多有形和无形的利益,作为传播媒体当然也会考虑到自身利益以及为企业传播信息是否会影响到自身的形象。所以,企业所选择的合作媒体应该是那些在社会上有影响力、信誉好、形象好的大众传播媒体,它们对企业的发展会产生不可低估的影响。同时,传播媒体也会考察企业的前景与实力,只有合作双方彼此以诚相待,并能互相为对方带来最大利益,合作才能长久。

对珠宝企业来说,合作者是企业的重要资源,在市场营销过程中,企业必须充分利用这种资源,保证供应链的畅通,更重要的是要不断优化这种资源,一方面是要寻找诚信的合作者,另一方面是要拓展更广泛的合作领域,根据市场需求的变化,寻找新的合作者,保证供应链的畅通。

竞争者一般是指那些与本企业提供的产品或服务相似,并且所服务的目标顾客也相似的其他企业。在当今中国珠宝产业迅猛发展、国内珠宝品牌强力扩张、国外珠宝品牌纷纷加入的情况下,珠宝行业的市场竞争愈演愈烈,珠宝企业欲在激烈的市场竞争中求得生存和发展,必须了解参与市场竞争的对手,把握他们的竞争目标、策略导向、优势与不足,进而才能制定有效的竞争战略和相应的营销策略。因此,竞争对手分析成为企业制定营销决策的重要依据。

三、企业环境信息对珠宝营销决策的影响

企业内部环境信息是指企业内部与经营状况有关的各种资料的记录。分析竞争者是为了"知彼",而客观地认识自己是为了"知己",知己知彼方能百战不殆。珠宝企业的市场营销活动,固然要通过市场调查研究发现市场机会,再分析市场机会中,哪些是本企业可以抓住的以及在本企业可以抓住的市场机会中的市场竞争状况如何等,通过市场分析发现竞争对手的优势和不足,更为重要的是要通过与竞争对手的比较,发现本企业胜过竞争对手的优势并努力将这种优势转化为市场竞争中的强势,进而确立企业在市场竞争中的强势竞争地位。所以,珠宝企业的竞争优势是从与竞争对手的比较中确立的。珠宝企业要在市场竞争中取胜或取得领先,就必须有胜过竞争对手的竞争优势,且这种优势是竞争对手不能模仿和复制的。如企业的资金实力、经营管理能力、社会资源、客户资源、团队建设和企业文化建设等。将其中的任何一方面的优势转化为强势,便构成了企业的核心竞争能力。

在日常销售过程中,企业管理者必须注重企业内部资料库提供的信息。企业内部资料库可以说是企业营销决策成败与否的真实反映,如果企业管理者密切关注市场并根据市场的变化及时调整企业的营销决策,其效果必然在销售业绩状况中反映出来。如企业在一个经营周期的销售业绩的上升与下降、客户订单的增加与减少、资金周转的加快与放慢、客户忠诚度的上升与下降等,无不是对企业营销决策正确性的检验,也是企业管理者调整营销决策的依据。2010年,多数珠宝企业经营惨淡,营销业绩下降,多数人认为这是全球金融海啸给中国珠宝市场带来的冲击,消费者减少了对奢侈品的购买。但从行业协会发布的年度报告来看,本年度我国珠宝经营业绩不降反升,达2 450亿元人民币,高盛公司的全球奢侈品消费报告显示,2010年,中国已上升为全球最大的奢侈品消费国,全年奢侈品消费额达65亿美元。企业内部销售资料显示,尽管多数珠宝企业经营业绩在下滑,但周大福在武汉的年度经营业绩却上升了25%。为什么会出现不同的现象呢?这与多数企业没有密切关注营销环境的变化,没有及时调整营销组合策略有关系。2010年市场环境有四个方面的变化:一是网上珠宝电子商务的崛起对传统店铺经营模式的冲击;二是金融海啸带来的通货膨胀预期;三是传统的玉石消费迅速增长;四是品牌的快速扩张使店铺的数量急剧增加,分散了单个实体店的市场份额。在网上电子商务中,一些网店引入体验店概念,将网上电子商务与传统的实体店经营模式结合起来,解决了虚拟店中的商誉问题,再加上钻石有"4C"标准作为价格参照,网店价格远远低于实体店的价格,以钻石经营为主体的珠宝店的经营业绩受到冲击便是自然而然的事了。我们不必对上述各种因素进行详尽的分析,其实,以上这些因素在几年以前就已显现出来了。如果珠宝企业的经营者和管理者们能关注市场环

境的变化,分析这些变化对企业产生的影响,结合公司内部经营数据,及时调整营销战略和珠宝营销组合策略,那么,我们的珠宝企业就不至于在环境的变化中一筹莫展了。

从以上分析我们可以看出,珠宝企业所有的营销决策都必须以系统的信息分析为依据,否则,决策将是无效的,决策的实施也是盲目的。宏观环境信息主要影响珠宝企业的长远经营决策,市场环境信息关系到参与市场竞争的营销组合策略和竞争策略,而企业环境信息为珠宝企业调整营销策略提供依据。在珠宝营销的实践中,只有经过深入细致的市场调查研究,准确地搜集全方位的信息,才能做出适合企业自身情况的经营决策。

第二节 珠宝营销应关注的信息

影响企业营销的环境因素包括宏观环境、市场环境和企业环境因素。每类环境因素对企业的影响是不同的,有的是宏观层面的,有的是微观层面的;有的是与珠宝营销无关的,有的是与珠宝营销相关的。我们把与珠宝营销有关的、值得珠宝企业关注的信息称为信息域。珠宝企业的市场调查研究活动就是围绕着信息进行的。

一、珠宝营销应关注的宏观环境信息

珠宝营销需要关注的宏观环境信息包括经济环境信息、人口环境信息、社会文化环境信息、科技环境信息、政治法律环境信息等。

1. 经济环境信息

经济环境是从事珠宝营销需要考虑的首要的环境因素,经济环境决定了一个国家或地区消费者的珠宝购买能力和购买水平。珠宝首饰非生活必需品,是在人们的基本生活需求得到满足之后才考虑购买的商品,这也是我国珠宝产业在改革开放之前没有发展起来的原因之一。从宏观层面关注经济环境信息,不仅要考察经济发展的整体趋势,还要关注局部经济环境的变化。前者主要决定珠宝企业的经营方向,而后者决定了珠宝企业在不同的区域市场从事珠宝营销的营销组合策略。从我国的珠宝市场发展过程来看,由于经济的高速发展带动了珠宝产业的突飞猛进,才有了今天珠宝市场的繁荣,但长期以来我国城乡二元经济结构使农村珠宝市场的发展相对滞后。2003年以来,政府关注"三农"问题,使农村的经济环境有了很大的改善,这一宏观态势受到了一些珠宝企业的关注,他们迅速布局农村市场,规划针对农村市场的珠宝市场发展战略和营销组合策略,先知先觉、伺机而动者成为三线珠宝市场的开拓者,在农村市场上站稳了脚跟,而后知后觉者在企业产

品没有特色的情况下只能将一、二线城市价格战的烽火带到三线城市。

2. 人口环境信息

人口环境是指目标市场在人口方面的各种状况,如人口数量、人口结构、受教育程度、消费观念、审美观点等。人口环境状况影响到目标市场购买者的消费需求及购买行为。人口环境对珠宝营销的影响常常是整体性和长远性的。因此,珠宝营销必须十分重视对人口环境的研究。

人口环境最有用的一项特色便是它的可预测性。只要有年龄层分布的人口资料与相对稳定的出生率、结婚率和死亡率,便可准确地预测数年后的人口组成状况,从而可以决定企业的中长期经营计划。珠宝产品的消费与该地区人员的多寡、年龄、受教育程度、民族、宗教等有极为密切的关系,因此,关注此类信息的重要性自不待言。正确分析人口环境信息更有利于企业的产品定位,确定企业的经营规模和正确地选择目标市场。

3. 社会文化环境信息

社会文化环境是指在某一社会环境里,人们所共有的由后天获得的各种价值观念和行为规范的总和,也是人们生活方式的总和。它包括各种社会组织、机构体制、生活规范、风俗习惯、宗教信仰、文化艺术、伦理道德、审美观念和政治法律等。同等收入的人所追求的生活方式可能大相径庭,也可能完全相悖。某一富人的生活方式可能走在时代的尖端:开法拉利跑车,戴劳力士手表,穿华伦天奴西装,总之一切都追求名牌;而另一位富人的生活方式可能较为保守:生活节俭,工作勤奋,高额存款,花钱谨慎。不同生活方式的消费者,其珠宝消费理念是不同的,我们研究一个地区与生活方式有关的社会文化环境,不仅有利于企业的产品定位,还可以依据人们的生活方式适当地引导消费。

4. 科技环境信息

科学技术的进步会改变人们的工作和生活方式,更是推动社会进步和发展的原动力。科技环境主要包括科技发展水平、新发明、新发现及由此带来的新材料、新工艺、新技术的问世,新产品的开发和运用。珠宝企业必须充分利用现代科技成果,不断开发新产品和发展新工艺。许多珠宝企业都面临着科技进步的压力,不管是生产企业还是营销企业。即使它们的技术还没有完全落伍,也同样面临着产品或企业被淘汰的危险,传统的手工艺生产方式在不断地改进中求得生存和发展,但还是被工业化生产所取代,工业化生产又在不断地改进和完善,产品被不断地更新换代,这是科技进步的必然结果。一个企业如果不注重收集科技信息,就不可能跟上时代的步伐,被市场淘汰便是迟早的事了。

5. 政治法律环境信息

政治法律环境是指强制和制约企业市场营销活动的各种社会力量的总和。不管在任何社会制度下，企业的营销活动都必定要受到国家政治法律环境的规范和制约。珠宝是市场经济的产物，国家的政治法律对珠宝市场的影响很大。珠宝企业必须时刻注意国家政治法律和法规的发展状况，因为它们随时影响企业的经营业务和经济利益。珠宝企业经营的一个总体原则是必须遵守国家的法律法规，在国家的政策法规下从事正常的市场营销活动。另外，企业也要善于用法律保护自己的合法利益。

一般来说，政治法律环境包括国家的政治形势、经济政策、贸易立法和消费者权益保护组织。一个好的政治环境是企业从事正常市场营销活动的前提，珠宝营销活动必须要有一个稳定的政治环境。政治环境的动荡是一个国家政权不稳定的因素，更会给消费者和经营者的生活秩序带来消极的影响。非洲的一些国家是宝石资源十分丰富的国家，但由于政治环境的不稳定给这些国家的珠宝市场造成了严重的影响，连年的战乱严重影响了人们的正常生活，珠宝资源不能为发展国民经济服务，反而成为战争者用来换取武器的重要资源。近年来珠宝业内发起的拒绝"血腥钻石"的活动即是对这种非正常的珠宝营销活动的有效抑制。

国家的经济政策不仅影响到一个国家的经济发展前景和发展速度，更直接影响到国民的经济生活水平和消费水平，经济政策是为发展国家经济服务的，国家会根据经济发展的需要及时调整其经济政策。一项经济政策的调整势必会对企业的营销活动产生影响。

贸易立法是国家为了维护市场经济秩序、保护国家利益和企业及消费者权益而建立的各种法律法规，是维护市场正常运转的有力武器。任何一部与贸易有关的法律的颁布实施或修改都会对市场营销活动产生深刻的影响。各个国家的贸易立法是不完全相同的，如泰国、中国香港等地的珠宝贸易是自由贸易，而缅甸的珠宝资源是国有的，个人从事珠宝贸易被视为犯罪。企业有必要认真研究这些立法，以保证企业的营销活动在国家立法范围内进行。我国与珠宝有关的法律法规有很多，概括有《劳动法》、《反不正当竞争法》、《商标法》、《环境保护法》、《矿产资源法》、《产品质量法》、《税法》、《价格管理条例》等。

珠宝企业对宏观环境信息的关注要有前瞻性思考，只有顺应宏观环境并随时关注其变化，先知先觉，才能成为市场的领跑者，才能引导企业向成功的方向迈进。

二、珠宝营销应关注的市场环境信息

如前所述，珠宝企业需要关注的市场环境信息中，重要的是要关注在市场中形成互动关系的"3C"角色：消费者（consumer）、合作者（collaborator）、竞争对手（competitor）。

1. 消费者

在珠宝营销过程中,珠宝企业必须持续不断地对消费者进行分析,消费者的需求、喜好、购买能力、购买心理和购买行为是珠宝企业选择目标市场和制定营销组合策略的依据。要做好这项工作,需要对消费者有充分的了解,以下七个问题构成了我们关注消费者环境的框架,称为"7O"框架:

(1)消费者是谁? 使用者(occupant)
(2)他们的需求和欲望是什么? 宗旨(object)
(3)他们试图达到什么目标? 目标(objective)
(4)购买决策的参与者是谁? 组织(organization)
(5)消费者如何作出购买决策? 运作方式(operation)
(6)消费者何时作出购买决策? 时机(occasion)
(7)消费者偏爱在何处购买? 销售通路(outlet)

企业需要营销调查人员和销售人员一起为上述问题提供可靠的答案,根据这些答案建立一个消费者行为主要驱动模型,此模型可用来构建企业的市场战略平台。当然,消费者的行为会随着时间的变化而有所改变,企业必须通过市场调查定期调整这一模型。

2. 合作者

珠宝企业的合作者可能涉及到产业链的每一个环节和能使企业取得营销业绩的相关单位。在这里,我们仅讨论珠宝企业所关注的在其供应链上的合作者的信息。

不管珠宝企业处于供应链的哪个位置,他们寻求合作者的目的是相同的,那就是在保证供应链畅通的前提下如何使企业利润最大化。带着这样的目的,很少有中间商对他们的合作者是绝对忠诚的,他们总会利用各种机会获取更多的供求信息。对于处于产业链下游的中间商来说,它们更多的是关心产品的价格、适销对路的产品和工艺、是否能保证产品的供应量以及售后服务等,一旦有了能给自己带来更大利润的供应商,他们会立刻中止与前供应商的合作;而处于产业链上游的中间商(或生产者),他们会关心合作者的实力与发展潜力。

3. 竞争者

企业能否在市场竞争中取胜,关键在于企业是否掌握了竞争对手的准确信息。市场环境中的竞争对手包括当前珠宝行业的从业者、新进入者和替代品生产者。在分析竞争环境时,首先要搞清楚企业的竞争者是谁,行业中不同实力的企业是不能互为竞争对手的。所以,企业关注的竞争对手,一方面是在同一目标市场中竞争的企业,准确地把握它们的各种信息,从中寻找与本企业有用的信息,更重要的是从中找出营销策略上的差异,制定适应本企业的营销策略。另一方面,企业也要对距离较远的竞争对手提高警觉,因为它们可能随时进入本企业的市场范围,对本企业构成更大的威胁。研究这些企业的目的是为了分析它们的竞争优势和侵入本企业市场范围的可能性,随时准备为它们的进入设置障碍,并努力提炼比竞争对手更强的竞争优势,使竞争对手不敢贸然进入。

在市场竞争中,珠宝企业首先要关注的是综合实力相近的竞争对手的信息。企业要在竞争中获胜,就必须了解竞争对手,知晓竞争对手的目标、战略、优缺点及应对模式,从竞争对手的营销策略中吸取其精华,努力去寻找差异,力争在差异化经营中战胜对手。表3-1列举了珠宝企业应该收集的竞争对手的有关信息。

表3-1 企业应收集的竞争对手的信息

目　　标	A.竞争者追求的基本目标是:眼前的获利能力,市场占有率的提高,工艺水平(科技水平)的领先地位
	B.竞争对手是对市场共存感兴趣还是对市场入侵感兴趣
策　　略	A.竞争对手试图在竞争中取胜的方式是:良好的企业形象和品牌形象,低价格,高品质,优质的服务,较低的成本
	B.竞争对手的经营导向是短期行为还是长期行为
优势与不足	A.相对而言,竞争对手胜过本企业的优势是什么
	B.同本企业相比,竞争对手有哪些弱点
应对模式	A.假如本企业提高或降低价格,竞争对手会如何回应
	B.假如本企业加大促销力度或增加销售网点,竞争对手会如何回应

三、珠宝营销应关注的企业环境信息

其实,珠宝企业在日常经营中积累的内部资料就是一个内容丰富的信息库,包括产品销售情况、价格、成本、库存及其他事项的资料。这是企业经营管理水平的真实反映。通过对内部资料的分析,我们至少可以从如下几个方面得出对企业营销有用的信息。

1. 产品销售分析

它能反映市场需求走向。这是客户提供给企业的信息,产品销售情况是市场需求的真实反映。企业对一个经营周期的销售报表进行简单的分析,就会知道哪些产品是畅销产品,哪些产品是滞销产品,从而可以指导企业的经营方向,组织适销对路的产品,并根据市场需求预测其走向的变化趋势。

2. 经营业绩分析

企业的销售情况是市场变化风向、企业市场竞争能力和内部经营管理能力的晴雨表,经营业绩的变化代表了一个地区的消费者在不同季节的市场需求的变化,珠宝消费品种和流行时尚趋势的变化更是一个企业市场竞争能力的反映。市场的总需求是相对固定的,企业销售业绩的提高代表企业拥有了更多的市场份额,是市场竞争能力增强的表现。企业在不同的经营周期都要以比较的方法对经营业绩进行分析,找出其中变化的原因,及时改进企业经营环境。

3. 销售价格分析

通过对销售价格的分析可以了解一个地区的消费水平,指导企业有针对性地生产或组织货源。同时,销售价格也是企业品牌信任度和认知度的反映,消费者能接受本企业比竞争对手更高的产品定价,是消费者对企业品牌认同和信任的表现。

4. 经营成本分析

经营成本是反映企业经营管理水平的一项重要指标,企业管理者对企业所拥有的资源进行统筹安排,提高资源利用率,有效地发挥各种资源的作用,不仅可以提高经营业绩,还可以降低经营成本,提高利润率。企业经营者在不同的经营周期都要对经营情况进行了解分析,找出控制经营成本的途径和方法,不断提高赢利水平。

5. 库存结构分析

物料和产品的库存情况反映了资产的流动性,企业经营追求的是现金流,有了现金流,才可能产生利润。定期分析库存,指导生产和进货,加快物流分配系统的运转是企业经营管理者的一项重要任务。

6. 顾客资料分析

从顾客层面上看,市场竞争就是顾客数量的竞争,顾客数量的多少反映了一个企业参与市场竞争的能力。顾客的购买能力是相对固定的,本企业的顾客数量增加了,就代表竞争对手的顾客减少了。同时,顾客资料库也是珠宝企业的一个非常重要的信息系统,因为它对每位顾客的需求、爱好、审美取向、过去的交易特征、满意度、忠诚度等都有详尽的记载。这些资料是企业的财富,它可以用来指导企业制定生产、经营和服务决策。

以上列出了珠宝营销需要关注的部分环境信息内容,宏观环境是企业制定经营目标和经营方向的依据,市场环境是企业制定经营决策的依据,而企业环境是企业实施经营决策的根本保证,三者缺一不可。企业只有对经营环境进行了认真分析,并在此基础上结合企业资源制定的经营战略和营销策略才是适合企业的有效谋略。

第三节 市场调查的内容与方法

2009年,周大福在武汉组织了一次以如何"提升周大福珠宝品牌形象"为主题的市场调研活动,活动的参与者是中国地质大学珠宝学院的应届毕业生,在公司管理人员的指导下,参与者经过细致的策划,决定选择在武汉各大商场经营的香港珠宝品牌和内地知名名牌为调研对象,对他们的品牌定位、品牌诉求、产品组合、产品特色、价格策略、渠道扩张模式及品牌在社会公众心目中的形象进行了广泛的调查,并将收集到的信息与周大福品牌自身的运营作比较,指出周大福品牌与这些品牌的共性与个性、优势与不足,以第一手资料为依据,为周大福珠宝品牌的提升提出了具体的建设性建议。所以,从事市场调研,首先要明确目的,进而确定调研的内容和选择适当的方法。

一、市场调研的目的和内容

企业每一次从事市场调研,都必须让调研人员明确调研目的,进而确定具体的调研内容。一般珠宝企业从事市场调研的目的有:消费者购买能力调查、供应者情况调查、市场竞争状况调查和涉及到珠宝营销的市场方面的调查。

1. 消费者购买能力调查

珠宝营销过程中,顾客始终是第一位的。他们的状况直接关系到珠宝企业的生存和发展,因此,珠宝企业进入或拓展一个新的区域市场时,都要对消费者的购买能力进行调查。调查的内容大致包括三个方面。第一,购买能力调查,包括个人购买力和总购买力。它与这一地区的经济发展水平和人口数量有关,以此确定企业的经营和投入规模。第二,消费者的购买心理、审美倾向和喜好调查,它与地区文化、受教育程度等因素有关。研究这一问题有助于确定企业承包投资方向以及经营方向和目标市场的选择。第三,消费者的购买动机和行为调查,主要了解消费者购买本企业产品的原因,消费者对产品的具体喜好、偏爱、忠诚度,消费者购买的时间、地点和方式等。通过对消费者购买动机和行为的调查,可以为企业确定产品的品种、款式、质量、价格、销售渠道、促销方式等提供有用的数据。

2. 供应者情况调查

对供应者的情况调查,目的是为了了解供应者的构成和分布情况,包括供应商的产品规模、产品结构、技术和工艺水平的现状及发展趋势,结合行业的发展态势和企业发展的需要,为企业积累战略性的供应渠道资源。

3. 市场竞争状况调查

市场竞争调查包括一般竞争状况调查和主要竞争对手调查两方面的内容。其中重点是对主要竞争对手进行调查,调查的目的是寻求取胜于竞争对手的策略。调查内容大致包括竞争对手的品牌形象、品牌定位、产品特色、市场占有率状况、价格状况、利润状况及发展趋势、竞争策略导向、竞争优势和不足等。通过对竞争者状况的调查,发现本企业与竞争者各自的优势和劣势,为本企业制定经营决策提供依据,便于企业在经营决策中扬长避短、发挥优势,在激烈的市场竞争中取胜于竞争对手。

4. 市场方面的情况调查

珠宝营销活动中,企业的经营会受到多种因素的影响,这些因素中有些是可控的,有些是不可控的,市场调查的目的就是要了解这些影响因素。市场情况调查主要包括市场营销环境调查和市场营销组合因素调查两个方面。

市场营销环境调查是对影响珠宝营销的外部环境进行调查。外部环境是珠宝企业不能控制的因素,但是,通过这种调查了解这些环境因素的变化及发展趋势,分析其对行业企业的影响,便于企业及时调整经营决策。关于这个问题我们在前面已经分析了一些例子,这里不再赘述了。

市场营销组合因素调查是了解企业各种可控因素对市场营销活动的影响,这些因素包括产品调查、价格调查、渠道调查和促销调查。产品调查是了解本企业的产品质量、性能、款式、包装及售后服务在顾客心目中的评价和要求,了解本企业产品在市场竞争中居于什么样的地位等;价格调查主要是了解顾客对本企业产品价格及价格变动持什么样的态度,解决本企业新产品怎样定价、老产品价格怎样调整才能适应顾客的需求;渠道调查则是要了解企业应选择何种渠道将产品顺利地分销出去,如何最有效地将产品送到消费者手中;而促销调查是要了解不同促销方式的优势或企业的促销效果。通过市场营销组合因素调查可以避免企业从事市场营销活动的盲目性,取得更好的经济效益。

二、市场调研的方法

市场调查与研究是一门专门的学科,其中规划了许多市场调查的方法,下面我们仅结合珠宝营销的实际,提出几种珠宝市场调研的常用方法。

1. 观察法

这是一种简单易行且成本低的调查方法,它可以获得很多同行业竞争对手或本企业经营行为的信息,如企业的品牌形象信息、产品定位信息、营销组合策略信息等。例如,某企业准备在某地开设一新珠宝店,欲使其品牌形象不同于当地其他珠宝企业，他派出企划人员对当地的珠宝店作专项调查，找出这些珠宝店在企业形象设计上的长处与不足，然后，博采众家之长，结合本企业的品牌定位，终于在企业形象设计上取得了成功。运用观察法从事市场调查的例子有很多，前面我们提到的周大福品牌提升的市场调查同样使用的是观察法，又如，为了了解竞争对手的营销策略和营业员的营销能力，调查人员扮成顾客进入营业大厅，直接察看竞争对手的产品、价格和陈设，并与营业员交谈，讨价还价，可将竞争对手的情况了解得一清二楚。调查人员可以通过这种形式观察顾客的言谈并与顾客交谈，获得许多有用的信息，尽管这些信息不系统，甚至有失偏颇，但它确实也能够提供许多有用的信息。

观察法搜集的信息大多是市场环境信息，对企业参与市场竞争、制定营销策略具有重要的指导意义。但通过观察法搜集到的信息一般是一种表象，在运用这些信息时一定要认真细致地分析，透过现象看本质。

2. 次级资料法

次级资料可能是宏观环境资料，如政府发布的人口、经济、居民消费等宏观数据，珠宝期刊杂志，新闻报道等，对企业了解宏观环境是有好处的。次级资料是用于其他调查目的的现有资料。通常情况下，市场调查人员一开始就会先查阅次级资料，看看他们欲从事的市场调查问题能否不需搜集代价高昂的原始资料就可获得部分或全部解决。宏观环境信息资料最大的不足就在于资料可能已经过时或不够准确，需要企业进行甄别。

次级资料也可能是市场环境的资料，如竞争对手为了提升自身的形象而进行的宣传报道，竞争对手的促销宣传或网络资料，这些次级资料对企业的宣传可能有不准确的成分，所以，对用次级资料法搜集到的信息分析一定要用辩证的眼光，并与观察法搜集到的信息结合进行分析。

3. 原始资料法

原始资料是指企业为了某种调研目的而直接深入市场收集到的第一手资料。当所需的资料并不存在，或已过时、不准确、不完整、不足以信赖时，市场调查人员便必须花费较大的代价搜集第一手资料（即原始资料）。原始资料的搜集方式多种多样，观察法收集的资料同样是原始资料，珠宝企业常用的原始资料调查方法有：个人访谈、电话调查和网络调查等。

（1）个人访谈。在某些情况下，企业必须安排相对广泛的个人访谈，调查人员通常运用这种方法来搜集与预订调查计划相关的市场信息。一般情况下，市场调查人员会提出一组与调查内容相关的问题，有开放式的（即让受访者自由发挥的问答题），也有封闭式的（即限制受访者回答范围的是非题或选择题）。这种个人访谈式问卷调查要求受访面大，受访者要具有广泛的代表性，调查问卷的设计要便于受访者看懂、好答，只有这样才能反映市场的真实情况。

（2）电话调查。从某种意义上来说，电话调查也是个人访谈的一种形式，但电话调查的局限性很大，多数情况下受访人员不愿在电话中回答或根本不回答更多的受访问题。所以，电话调查可能更多地用于购买过本企业产品的顾客回访，征询他们对本企业产品的质量、价格、销售人员的服务态度等方面的满意程度。这种调查可以倾听客户的声音，对企业提升品牌、改进产品和服务质量，提高客户的忠诚度有很大的好处。

（3）邮件或网络调查。企业采取用邮件或网络调查的方式了解人们的知识、信念、偏好、满意度。其操作的具体方法是：调查人员预先设计好准备调查的各项问题，通过电子邮件与受访者建立联系，或将调查问卷植入某些社区、论坛，由网民自由地回答各种问题。假如调查执行得当且回应率高，这种调查方式可以取得很好的结果。然而，实际情况可能很难达到我们期望的目标，回应率不高或不准确是这种调查方法中常出现的问题，造成这种现象的原因很多，其中有：设计的问题欠佳，让受访者不好回答；访谈人员缺乏训练或立场不中立；受访者未能正确或诚实地回答问题等。现在许多人都对调查有一种抗拒心理，因为他们迫于生活的压力比以往更为忙碌而无暇回答问题，或他们怀疑这根本就是商家借调查之名行推销之实的做法，或受访者对珠宝根本就不了解、没有珠宝的消费意识。为了避免出现这种调查结果，市场调查人员必须作好充分的准备，认真地设计与调查主题相关的各种问题，让受访者认识到我们从事的市场调查只是一种市场摸底而绝不是一种商业行为，增加与受访者之间的亲和力，让受访者能如实地回答我们提出的各种问题，同时可以考虑以某种激励的方式增加调查的回应率。

市场调查是珠宝企业分析市场、制定企业营销策略和企业发展方向的一次重要活动。不管以何种方式从事市场调查，都要做好充分的准备，有目的、分步骤地进行，决不能打无准备之仗。搜集的资料要准确可靠，能够真实地反映市场情况。有失偏颇的信息和不准确的资料有可能将企业的经营决策引入歧途，给企业带来不可估量的损失，这是我们从事市场调查必须注意的问题。

第四节　信息的处理与运用

如今的企业营销环境不再是一个封闭的环境，而是一个开放的环境，信息技术的发展改变了我们的时空观念，本企业的优势可能在一夜之间被模仿。激烈的市场竞争使企业的生存空间越来越小，因而要不断地寻找生存和发展的空间。在这种市场背景下，企业的营销要争取主动，就决定于企业领导者是否重视市场调研，抓住对企业有用的信息,为企业制定营销决策提供依据。所以,珠宝企业在搜集信息并利用信息指导企业的经营决策时就必须注意如下事项。

一、正确认识信息的特征

信息具有时效性、分散性和正确性,时效性即信息是在特定的时间内发生的事情,它只有在一定的时间内会对企业的经营造成影响;分散性即信息是发散的,多条信息会聚在一起才对企业的营销有指导意义;正确性即信息只是一个苗头,对企业营销会造成什么样的影响或造成多大的影响需要作全面的分析。

所以,从事市场调查收集到的零散信息是不能指导企业决策的,必须将各方面搜集到的信息进行汇总、分析,从中找出一些有规律性的信息或对企业营销有指导意义的信息。从事这一工作的人需要非凡的综合能力和全面的分析能力,而信息分析的结论直接影响到企业决策者制定经营战略和营销策略。

二、抓住与珠宝营销相关的信息

对市场调研人员来说,他们从事市场调查的任务是广泛地搜集信息,但并不是所有信息都是对企业有用的。同时,他们所搜集到的信息只是一种表面现象,如何从市场的表面现象看到市场的本质或市场前景,则需要对搜集到的信息进行归纳与整理,梳理出那些对珠宝营销有意义的信息。

三、客观地对信息作出科学的解释

信息只是一种表象,每条信息背后都代表一个客观的事实。作为企业的决策者必须对信息背后所代表的事实作出正确的判断和解释,才能对企业的营销决策有指导意义。营销界有一个人尽皆知的故事。两家鞋业制造公司分别派出一个业务员去开拓市场,一个叫杰克逊,一个叫板井。在同一天,他们两个人来到了太平洋的一个岛国,到达当日,他们就发现当地人全都赤足,从国王到贫民,从僧侣到贵妇,竟然无人穿鞋子。当晚,杰克逊向国内总部的老板拍了电报:"上帝啊,这里的人从不穿鞋子,有谁还会买鞋子呢?我明天就回去。"板井也向国内公司的总部拍了电报:"太好了,这里的人都不穿鞋子。我决定把家搬来,在此长期驻扎下去……"两年后,这里的人都穿上了鞋子。这个故事告诉我们,对同一信息的不同理解和解释会得出不同的结论,对企业营销决策也会有不同的影响。所以,我们从事市场调查,一方面要搜集全面的市场信息,另一方面要对搜集到的市场信息做全面系统的分析。如果在没有全面地搜集和分析信息前便盲目地作出结论,那么,这个结论很可能是片面的,将会误导企业的经营决策。只有对信息进行综合的分析,才能得出有利于企业主导市场的正确结论。

本章小结

本章我们重点介绍了各种环境信息对珠宝营销的影响、珠宝企业应该关注哪些信息以及各种环境信息的收集与处理方法。在激烈的市场竞争条件下,信息是企业决策的依据,对信息的掌握与运用攸关企业的生死存亡。

世界上有三种类型的公司:一种公司主导市场的发展;一种公司坐等市场的发展,顺应市场的发展趋势而为之;还有一种公司对市场的发展感到茫然。能够主导市场发展的公司除了自身的综合实力外,必定是善于从事市场调研、关注信息、具有前瞻性眼光的公司,他们会密切地关注市场的发展态势,对公司的发展有战略性思考,在公司经营过程中及时随着环境的变化而不断调整经营思路,所以,他们会永远走在市场的前列,引导市场的发展潮流;而对市场的发展感到茫然的公司,必定是固步自封的公司。

当今社会是一个信息社会,信息改变人们的生活方式,推动着市场和消费潮流的变化。同时,不同的信息对企业经营决策的影响程度是不同的。珠宝企业只有重视搜集信息、善于利用信息指导企业的经营决策,才能永远走在市场的前列。

商场如战场,在中国珠宝行业激烈的市场竞争中,企业只有重视市场调研,做到知己知彼,方能百战不殆。珠宝企业的经营者和决策者只有及时关注市场信息,依据市场信息建立营销决策模型,在经营的过程中随着环境的变化及时调整经营决策,才能带领企业取得成功。

思考题

1. 简述各种宏观环境因素对珠宝企业营销决策的影响。
2. 珠宝企业在市场竞争中要关注哪类竞争对手的信息?应关注它们哪些信息?
3. 珠宝企业应关注消费者的哪些信息?
4. 珠宝企业内部营销资料是一个大的信息库,列举至少5个影响企业营销决策的数据信息,并说明它们是如何影响企业营销决策的。
5. 简述珠宝企业从事市场调查的内容。
6. 珠宝企业在处理各种信息时应注意哪些问题?

第四章　抓住消费者的心

企业常会喊出这样一句口号"顾客就是上帝","顾客"就是企业营销活动中所说的消费者。顾客是我们的衣食父母:我们的利润来源于顾客,我们的产品要靠顾客去宣传,我们的企业要靠顾客去拥戴……同时,在市场竞争中,企业要战胜竞争对手,取得更多的市场份额,必须拥有比竞争对手更多的顾客,从这个意义上说,市场竞争实际上是顾客的竞争。

消费者市场处于珠宝市场的终端,它的兴衰直接影响到其他类型的珠宝市场的生存与发展,因而对珠宝消费市场的研究是珠宝市场营销学的一个重要课题。首先要认真分析珠宝消费者的需求,掌握其购买心理和购买动机,然后采用各种营销策略去影响其购买行为。这里,我们将结合消费心理学的相关理论,探讨珠宝消费者的购买心理和购买行为,进而探讨珠宝企业如何才能抓住消费者的心。

第一节　谁是珠宝首饰的购买者

购买是指持币者为了满足个人的某种需要,在市场上通过交换活动获得所需商品或服务的一种行为过程。按照营销学的说法,购买是为了满足消费者未满足的需求,只有尚未满足的需求才能够影响行为。而当需求得到满足后,人的生理或心理的紧张状态就会消除,人的心理就会恢复到平常状态。珠宝首饰并不是生活的必需品,而是一种满足人们心理需求的产品。那么,哪些顾客对珠宝首饰有需求呢?换句话说,谁才是珠宝首饰的购买者呢?为了回答这个问题,我们有必要探讨一下需求与动机之间的关系。

一、需求层次论

关于需求与动机之间的关系,美国心理学家亚布拉罕·马斯洛提出了需求层次论(图4-1)。其主要观点有以下几个方面。

第一,一个人有多种需求,这些需求按照其重要性不同可分为五个层次。

(1)生理的需要:即人类最低限度的基本需求,如满足充饥、御寒、解乏等所需的衣、食、住等方面的需求。当人们的生理需要还没有得到满足时,生理需要是驱动人们从事各种行为的强大动力，只有基本生理需要得到满足以后，更高层次的需要才能产生。

(2)安全的需要：即人类希望保护自己的人身安全，预防失业、养老的需求。如对保险、保健和药品等的需求，涉及到珠宝就是为了自身安全购买玉器避邪护身等。

(3)社会交往的需要：即人们在其基本需要得到满足后，希望给

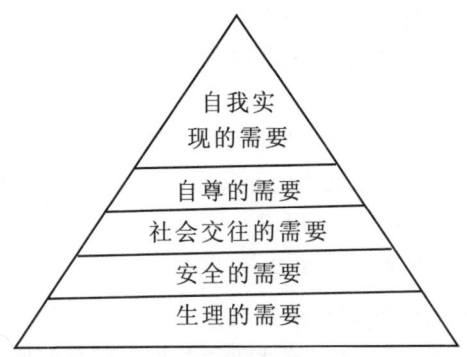

图 4-1 马斯洛的需求层次

予别人或接受别人的友谊、关怀、爱情，得到某些社会团体的重视与容纳的需求。在这种需要的驱使下，人们会主动寻求社会交往的机会，逐渐形成一个在身份、地位等方面相似的相关群体。

(4)自尊的需要：自尊的需要又可以分为两类，一类是个人自尊的需要，如希望对自己的业务有一定的控制力，能独立生活而不依靠他人，以及不断增长知识与能力的需求；另一类是个人名誉的需求，如对地位、权力和受人尊重的需求。

(5)自我实现的需要：即人们希望取得一定的成就、对社会有较大贡献的欲望，如实现人生价值、对哲学观的追求等。

第二，人必须首先满足低层次的需求，当低层次的需求被满足以后，人的需求才会向高层次发展。

马斯洛的需求层次论按照需要的轻重缓急，由低向高排列，形成一个"需求金字塔"。它表明：对于每个消费者来说，都会产生不同层次的需要，只有满足了最低层次的基本需要——生理需要后，消费者的需要才能向更高的层次发展。例如，为了满足社会交往的需要，消费者需要购买礼品，而在社会交往中为了显示自己的身份和富有，进而产生了对珠宝首饰的需求。需要的层次越高，对珠宝首饰的质量、价格、品牌等方面的要求越高。

马斯洛的需求层次论对市场营销学家分析消费者的购买心理和动机产生了很大的影响。我们在从事珠宝市场细分、选择目标市场和市场定位的过程中，需求层次论具有重要意义。

二、消费者购买珠宝首饰的心理动机

很显然，珠宝首饰是在人们的基本生活需要得到满足以后才可能产生的需求。但不同的顾客购买珠宝首饰的心理动机是不同的，从购买心理的角度进行分析，一般有下面几种心理动机。

1. 求实的心理动机

这是一种以注重商品的实际使用价值为主要目标或是追求保值的心理动机。这类动机产生的主要原因是消费者的收入不高、消费观念比较保守或是比较注重传统习惯。这类心理动机的消费者在选择珠宝首饰时，比较注重宝石的品质、镶嵌的牢固程度、镶嵌用的金属成色与重量，或者购买比较能直观反映其价值的饰品而不太注重款式是否时髦。

2. 求廉的心理动机

这是一种以追求物美价廉为主要目的的心理动机。产生求廉的心理动机的原因是消费者的收入较低或者是收入较高而比较节约。持这种心理的顾客可能受生活圈内环境的影响，重在追求拥有。这类消费者在购买珠宝首饰时，总是喜欢到市场上考察多家珠宝企业，作横向比较后再决定到哪家企业购买，他们一般不注重品牌的选择。

3. 求名的心理动机

这是一种以追求名牌或吉利的商品名称为主要目的的购买心理动机。产生这种心理动机的原因主要是消费者的收入较高或社会地位较高，可以通过对名牌产品或名牌服务的消费来表现自己的优越身份和地位。这类消费者会对名牌产品盲目地追求，而不太在意产品的质量和价格的对应关系，在他们的心目中，名牌的就是质量好的。

4. 祈福的心理动机

这是一种以满足自身安全需求而诱发的购买心理动机。产生这种心理动机的原因是消费者的基本生活需求得到满足，同时又对珠宝消费的传统文化有一定了解，认为珠宝中蕴含着神奇的力量，可以保佑佩戴者身体健康、一生平安。持这种心理动机的消费者在购买珠宝首饰时，除了考虑首饰佩戴美学因素外，还对珠宝品种有特别的选择。如对中国玉文化有一定了解的消费者可能会选择自己喜欢的翡翠饰品，因为他们认为翡翠能驱凶避邪、治病和保佑平安；而对西方文化有一定了解的消费者可能会选择与他的生日相对应的生辰石首饰，因为在西方，生辰石被赋予与中国玉一样的意义。

5. 求新的心理动机

这是一种比较注重商品的新颖和时髦的心理动机。产生这类心理动机的人多是家庭经济条件比较好的年轻消费者，喜欢追求新奇和时尚。这类消费者在购买珠宝首饰时，喜欢紧跟时代潮流，容易受媒体宣传的影响或者其是追星族，是珠宝流行首饰的经常性购买者，但每次消费金额不一定很高。

6. 求美的心理动机

这是一种以注重商品外在美为主要目的的购买心理动机。这类购买心理动机主要是追求商品的款式、造型、包装等方面的外在美观，这类消费者主要是文化界人士或青年女性。他们在购买珠宝首饰时，首先考虑的不是产品质量问题，也不会十分注重价格的高低，而造型美观与否才是首先要考虑的问题。

7. 好胜的心理动机

这是一种以注重消费的效果和场面为主或是力求在消费时气势压人的心理动机。在这种购买心理动机支配下的购买行为，购买者不是在购买自己急需的商品，而是力求在质量或价格上胜过别人。这类消费者在购买珠宝首饰时，会不顾周围人的反应，不顾款式是否时髦，只要在质量上或价格上胜过可比对象就行。他们属于争强好胜，从某种意义上说是虚荣心较强的消费者。

三、消费者购买珠宝首饰的目的

珠宝消费者是一个复杂的群体，在不同的心理动机驱使下从事着珠宝首饰的购买活动。珠宝购买行为固然是受购买心理支配的，但每个消费者购买珠宝首饰的目的是不一样的，结合中国珠宝市场的实际，消费者购买珠宝首饰一般有如下目的。

1. 作为爱情的象征

这是一种以钻石首饰为主要购买对象的购买目的。多年来，戴比尔斯强化在中国的宣传，给消费者注入了钻石消费理念，以钻石的特性比喻爱情恒久，"钻石恒久远，一颗永流传"早已成为消费者购买钻石首饰的理由。尤其在中国的大中城市，结婚男女购买钻石首饰作为结婚纪念已成为非常普遍的消费目的。

2. 作为财富的象征

在中国人的心目中，翠钻珠宝历来被认为是王公贵族和富裕阶层的附属品，一件精美的珠宝首饰不仅是装饰品，更是财富的象征。特别是改革开放以后富裕起来的新兴一族，他们不惧露富，甚至不考虑装饰效果，将佩戴珠宝首饰作为显阔的方式。

3. 作为礼品馈赠

中国是礼仪之邦，讲究礼尚往来，将珠宝首饰作为礼品馈赠非常普遍，原因非常简单，珠宝首饰不同于其他物品，任何其他物品都可能在生活中被消耗，而珠宝首饰可以长久保存，作为永久的纪念。

4. 社会地位的象征

正如选择穿名牌服装、开法拉利跑车、戴劳力士手表一样，佩戴珠宝首饰是社会高端人士的生活方式,是社会地位的体现。不同社会阶层的人佩戴不同档次的首饰,可彰显自己的身份地位。从马斯洛的需求层次论来进行分析,他们是满足自我实现的需要的消费群体,是名贵品牌、名贵首饰的主要购买者。

5. 追求拥有的骄傲

这是一类追求在愉快地欣赏中获得精神享受的消费者,他们不过分追求珠宝首饰的市场价值,不会因为价值不高感到沮丧,也不会注重珠宝首饰是否漂亮时髦。他们认为只要拥有就能带来快乐的体验,拥有的意义大于一切。

6. 对美的喜爱

这是一类唯美主义的消费者,不管首饰价格和档次的高低,他们都会从美学的角度对首饰加以鉴赏,只要是自己喜欢、符合自己审美观点,都可能是他们的购买对象。只要没有超出自己的购买能力,他们都会毫不犹豫地为自己的喜爱付出金钱。

7. 心情的抒发

这是一种冲动型或即兴购买的消费者,他们的购买目的并不是真正对珠宝首饰有需求,而纯粹是一种心情的抒发。当看到自己喜爱的珠宝首饰或受相关群体的影响,其价格又在他们所接受的范围内,他们就会产生购买的冲动并迅速地将冲动转换为购买行为。

8. 作为投资

珠宝首饰具有投资价值,其保值增值的功能已是不争的事实。一般来说,以投资为购买目的的消费者具有较强的消费能力,黄金、钻石、高档翡翠、白玉和其他高档宝石都是他们的购买对象。他们购买的目的很明确,看重的不是品牌、美感,而是档次、有无投资价值等。但他们的购买也非常谨慎,只有确认了珠宝首饰的投资价值才会购买。

9. 玩赏与收藏

这是一种满足自身收藏爱好目的的购买。他们并不追求珠宝首饰的品牌与档次,而是考察是否有其独到的特色,如果在珠宝的档次、品种、造型、工艺等任何一方面有其独特的特征,那么,这些珠宝首饰将成为喜欢玩赏与收藏的消费者的青睐之物。

所以,珠宝消费者是一个十分复杂的群体,不同的购买动机和不同的目的决定了消费者对珠宝首饰的选择。珠宝营销人员在接待顾客的过程中,要主动与顾客交流,搞清顾客购买珠宝的心理动机和目的。根据不同顾客的不同需求有针对性地推销,是能否留住顾客、取得营销成功的关键。

第二节 影响消费者购买行为的因素

从表面上来看,消费者的购买行为只是一个买或不买的问题,其实背后所隐藏的是一个复杂的心理活动过程,这一过程影响购买行为和选择倾向。在现代经济生活高度发展的条件下,消费者对珠宝首饰的购买和选择很少只受到一两个因素的影响,它往往是多种因素共同影响的结果。消费者购买行为的形成要经历一个引起需要、产生动机然后再去购买的过程。在这一过程中,有许多因素影响着消费者的购买决策和购买行为。这些因素归纳起来有四个方面:经济因素、社会因素、个人因素和企业因素。消费者的购买行为是这些因素共同作用的结果。对珠宝首饰这种并非生活所必需品的营销,我们有必要从更深、更广的角度对消费者的购买心理和购买行为进行分析,并将得出的结果运用于指导珠宝营销的实践。

一、经济因素对消费者购买行为的影响

经济因素是分析消费者购买行为的传统因素,也是基础因素。珠宝首饰并不是生活必需品,而是在消费者的基本生活需求得到满足以后才可能购买的产品,但处于不同需求层次的消费者对珠宝首饰的选择是不同的,在很大程度上也会受到经济因素的影响。

消费者的购买行为可以分为计划型购买和冲动型购买。不管哪种购买类型,从经济因素进行分析,都可以认为:消费者总是根据自己的有限收入和所能获得的市场信息,去购买对自己最急需、最有价值的东西。以此为前提,以下两个因素会影响消费者的购买行为。

1. 产品的价格和性能是最主要的支配因素

产品的价格和性能是决定消费者是否购买的支配因素,也就是消费者对产品价格的接受能力与产品的性能对消费者需求的满足程度。在消费者的心目中,珠宝首饰是一种价格昂贵的产品,当他们产生了对珠宝的需求后,首先要考虑的是对此产品价格的支付能力以及为购买此产品所付出的资金能否使自己的需求得到满足,也就是价格与性能的比值。如果在支付的产品价格上,产品的性能能够很好地满足消费者的需求,购买才有可能。因此,珠宝企业在制定目标市场产品策略和价格策略时,必须认真分析目标市场的经济生活水平及产品能否满足需求者的利益,以促使消费者尽快作出购买决策。

2. 边际效用递减规律

边际效用递减规律即消费者总是在自己的收入范围内做出合理的购买决策,

以实现效用的最大化。这样,对某种商品购买得越多,其需求的满足程度就越大。但随着购买数量的增加,其边际效用(即多购的每一单位商品的追加利益)却是递减的,这种现象就是边际效用递减规律。例如,一个人在一件首饰都没有时,第一件首饰无疑是需求最强烈和最有价值的,而当他拥有数件首饰后,需求就不会那么迫切了。

边际效用递减规律告诉我们,消费者的购买力是有限的,特别是计划型购买的消费者,他们总是把钱用在能够取得最大边际效用的商品上。只有当产品的价格下降或者产品的质量、性能得到改进,用相同的货币可以得到更大的效用时,才会刺激新的需求。所以,珠宝企业的市场营销活动,一方面要通过市场调查,掌握目标市场的经济水平状况,将价格合适的产品投放到相应的市场,同时,要考察目标市场珠宝首饰的拥有情况,对某些产品要以适时调整产品价格的方式刺激消费者的需求;另一方面要通过不断的产品创新,增加产品的花色品种,改进产品工艺,增加产品效用,扩大产品销售。

现代市场营销学认为:随着经济的发展,人们可任意支配的收入的增加、商品的丰富和需求的多样化,经济因素对消费者购买行为的支配作用已经越来越小,而社会的、文化的和心理的影响力正在不断增加。

二、社会因素对消费者购买行为的影响

丰富多彩的现代社会使市场营销环境发生了很大的变化,人的需求与消费观念受其社会地位、受教育程度与职业等因素的影响越来越大。从社会因素的角度出发,我们可以从以下三个方面来分析消费者的购买行为。

1. 消费者的文化背景

珠宝首饰是文化饰物,消费者的受教育程度和背景必然会影响到其购买行为。如果对珠宝首饰佩戴的意义理解不同,相应的购买行为也会截然不同。

文化是社会精神财富的结晶。动物的需求多受本能的支配,而人特别是现代人的需求越来越受文化因素的支配。文化主要对人们认识事物的方式、行为准则和价值观念产生影响,并最终影响人的消费方式和购买行为。中国珠宝市场形成和发展的阶段性特点最能说明这一问题,不同时期和不同阶段都有其文化背景的支持。

不同的民族、不同的宗教信仰和不同的种族有不同的文化背景和消费习惯,购买行为也是不尽相同的。企业营销者通过加强对文化背景影响因素的研究,有利于企业确定有效的目标市场,制定合适的营销策略。

2. 消费者所处的社会阶层

现代社会中,消费者所处的社会阶层不同,使得他们的生活方式、消费习惯和

价值观念都有很大的差别。这些差别必然会影响到其购买行为。例如,处于高阶层的人士,由于经济宽裕,生活悠闲,他们是各种高档服装、高档珠宝、高档化妆品的主要购买者;而处于低阶层的人士,由于生活节奏紧张,收入少,因而只能购买维持生存的产品。

一般而言,我们划分消费者的社会阶层主要考虑其职业、收入来源、居住地区、财产状况及其受教育程度五项指标,不同的企业会选择不同社会阶层的消费者作为本企业的目标市场。珠宝营销所从事的企业形象策划、市场定位和产品组合策略等一系列战略和营销策略都是为了影响消费者的购买行为。如果一个企业有清晰的目标市场选择,就会在经营其所从事营销的区域市场上,结合这五项指标对目标客户群进行深入的分析,选择与本企业产品相适应的目标市场。

3. 消费者的相关群体

市场营销学中研究的相关群体是指消费者的一些社会联系和人际关系,这些社会联系影响着消费者的购买心理和购买行为。根据这些联系的密切程度,相关群体可分为:①关系密切的相关群体,即相对稳定地在一起学习、生活和工作所形成的群体,如家庭成员、邻居、同事等;②关系一般的相关群体,即那些有共同的业务要求但接触较少的群体,如专业协会、学会、联谊会等,消费者虽然是这些组织的成员,但由于接触较少,因而只能对消费者的购买行为产生间接影响;③无直接联系但有共同志趣、对购买行为影响很大的相关群体,如影视明星、体育明星等,这些人虽然没有正式的交往关系,但他们的行为会对群体成员的购买行为影响较大。

相关群体对消费者的购买行为的影响,一般通过下列三种形式表现出来。

第一,相关群体为群体的成员提供多种各自不同的消费行为模式,因而可推动群体成员改变原来的购买行为模式或形成新的购买行为模式。如购买珠宝首饰时到何处购买,选择什么款式等,在相关群体中选择取向可能不完全相同,这样在相关群体中就形成了多种消费行为模式,这些消费行为模式必然会对群体中的成员造成影响。

第二,相关群体能引起人们的效仿欲望,从而影响人们对某种商品的态度和引起消费者价值观念的变化。如许多珠宝公司纷纷聘请影星、歌星、体育明星为其产品的形象代言人,目的就是希望通过这些明星的知名度和社会影响力,引起喜爱这些明星的消费者的效仿,提高本企业产品的销售量。

第三,相关群体促使人们的购买行为趋于一致化,从而影响人们对某一商品品种、款式的选择,有助于某个消费时尚的形成。如戴比尔斯在中国从事钻石促销宣传时,变"卖钻石"为"卖爱情",以结婚钻石为宣传主题,以钻石的坚硬代表爱情的恒久,在中国形成了以购买结婚钻戒为主的钻石消费潮流,从根本上改变了中国大中城市婚庆首饰以黄金首饰为主的传统消费理念。

市场营销学对相关群体的研究,就是要选择与目标市场的消费者关系最密切、传递信息最有效的相关群体来影响消费,以求通过相关群体迅速推广产品。

三、个人因素对消费者购买行为的影响

我们仔细考察消费者的购买行为时便会发现,在前述两项因素相同的消费者中,其购买行为仍然可能不同。这是因为还有一些与个人有关的因素影响着这些消费者的购买行为。个人因素主要是指消费者自身所固有的消费观念、对珠宝首饰的认识和与个性心理特征有关的因素。

1. 消费观念对购买行为的影响

消费观念是人们对商品价值追求的取向,是消费者在进行或准备进行消费活动时对消费对象、消费行为方式、消费过程、消费趋势的总体认识和评价以及价值判断。消费观念的形成和变革是与一定社会生产力的发展水平及社会、文化的发展水平相适应的。经济发展和社会进步固然使人们的消费观念不断地发生变化,但传统的观念或多或少地影响人们的行为。如中国人选择黄金饰品时,偏向金的纯度——金要足赤,纯度越高越好;款式风格变化不是太大,品种较为单调。又如在确定在什么地方购买时,消费者首先想到的可能是大商场的珠宝专柜,因为他们更相信大商场的商誉,这些都是受中国消费者传统消费观念的影响。

2. 价值观念对购买行为的影响

中国自古就有"黄金有价玉无价"的说法,这种说法是基于对黄金和珠宝的价值认识而出现的,基本的理解是黄金在市场上有公认的价格,而珠宝的价格则是仁者见仁、智者见智。在现实中,黄金的变现能力强,而珠宝的变现能力很差,特别是珠宝企业在近年来的珠宝营销中高标价、低折扣,更让消费者对珠宝首饰没有信心。但是,名贵珠宝首饰所表现出的升值潜力和投资价值吸引了众多的投资者和消费者。于是,受价值观念的影响,市场上出现了多元化的购买行为:注重"看得见的价值"的消费者倾向于购买黄金等贵金属首饰,追求品位和投资价值的消费者倾向于购买名贵高档珠宝首饰或品牌首饰,更多的消费者追求消费时尚化和个性化而选择购买时尚珠宝首饰,这是不同价值观念对顾客购买行为影响的结果。

3. 购买心理对购买行为的影响

珠宝消费是非专业消费,珠宝首饰购买者并非珠宝专家,他们在购买珠宝首饰时,对珠宝商家的商业行为总会有一种防范心理。因为他们不专业,所以,他们怕买到假货;因为他们对价格不了解,所以,他们怕买贵了或买不到物有所值的产品;因为他们对珠宝首饰没有足够的消费信心,所以,他们对所买的珠宝首饰是否有价值或与他们付出的金钱是否价值相当存在疑问。谈到珠宝首饰的价值,还有现实

的问题：黄金首饰随时可以变现，而珠宝首饰一旦遇到变现的问题，不仅是变现难，而且价值也大大缩水了。不同的消费者购买珠宝首饰的心理不同，其选择倾向当然也会有差别。

4. 个性对购买行为的影响

个性是一个人在特定的生活环境和社会环境中长期生活而形成的对现实世界产生的较为稳定的态度和习惯性行为的特征。它是人在心理素质的基础上，在一定社会历史条件下，通过各种社会实践活动形成和发展起来的。个性包括三个方面的含义。第一，个体倾向性，包括个体的需要、兴趣、动机、理想和信仰等，是个人寄予企业产品的愿望和理想。第二，个性心理特征，包括个体的能力、气质和性格等。能力是指消费者能够顺利完成某种购买活动，并直接影响效率的心理特征，气质是指消费者在各种购买活动中所表现出来的心理过程的速度、强度、稳定性和指向性等特征，性格则是指消费者对现实比较稳定的态度和习惯性行为方式，消费者的个性心理特征是这三方面特征的综合反映。第三，自我形象，指人的个体倾向性和个体心理特征的具体表现形式。消费者树立的自我形象可通过物质的、精神的、社会的、道德的等多方面因素表现出来，表现形式则是指其谈吐、情绪、穿戴和行动等。因此，消费者往往要求所购的商品与自己的形象相称。很显然，不同的个性会有不同的选择。

四、企业因素对消费者购买行为的影响

影响消费者购买行为的企业因素总的来说表现在两个方面。一是企业在消费者心目中的形象，即企业在消费者心目中的整体看法和评价。周大福首饰之所以能够成为中国大中城市家喻户晓的珠宝品牌，是因为它在广大消费者心目中树立了一个良好的品牌形象，再加上它来自香港，具有世界一流的首饰工艺，所以，它受到了消费者的拥戴。二是企业的营销组合，即企业向消费者提供的产品、制定的价格、选择的销售渠道和采用的促销组合方式是否真正满足消费者的需求，企业的经营理念是否得到消费者的认同，更具体地说是企业文化建设成果对消费者在社会上或消费者心目中产生的效应。企业文化建设包括经营观念文化、企业管理文化和企业营销文化。企业文化建设的成果对消费者购买行为的影响是综合的、长期的，如果企业文化建设得到了消费者的广泛认同和接受，会极大地刺激他们的购买欲望，影响他们的购买行为。关于这个问题，我们将在相关章节中作进一步阐述。

除以上因素影响消费者的购买行为外，人的生命周期的不同阶段的购买行为也是不同的。如女性在首饰消费方面，年轻时可能喜欢比较前卫的首饰，结婚时可能选择具有一定纪念意义或象征意义的首饰，而到中老年时期可能选择保值的、能够传给后人的首饰。在市场营销活动中，我们要全面地分析各种影响消费者购买

行为的因素,根据目标市场的具体情况,调动一切营销策略,有针对性地引导消费者的购买行为,使企业在市场竞争中永远立于不败之地。

第三节 如何抓住消费者的心

利用现代市场营销观念对消费者的购买心理和购买行为进行分析,是研究现代市场学的基础课题之一,也是珠宝首饰营销学重视的研究课题。只有掌握了消费者的购买心理及影响消费者珠宝购买行为的因素,才能因势利导,掌握营销的主动权,努力将对珠宝首饰有需求或有潜在需求的客户转换为现实客户,将新客户转换为老客户、忠诚客户。为了实现这一目标,企业必须想顾客之所想,急顾客之所急,供顾客之所需,一句话,就是要紧紧抓住顾客的心。那么,如何才能抓住顾客的心呢?

一、系统策划,树立良好的企业形象

当今珠宝市场,企业的挑战不仅来自行业内市场竞争的挑战,还要应对多方面的挑战,如产业结构调整的挑战、成本的挑战、消费者选择倾向的挑战、社会责任的挑战等,珠宝企业只有在市场上的同类产品中独树一帜,建立差异化形象,才能吸引消费者的注意,增强消费者的购买欲望。珠宝首饰是高档消费品,没有一个好的企业形象,就不能取得顾客的信任;没有一个好的企业形象,就不能体现出产品的档次。所以,建立一个好的企业形象是取得顾客信任的第一步,是珠宝营销取得成功的基础。

企业形象系统包括视觉识别系统、行为识别系统和理念识别系统。视觉识别系统是用来让消费者识别企业的,是给消费者的第一印象,其展示的专业化程度、产品档次、企业规模是给消费者信心的基础,为了抓住消费者的心,首先要建立一个良好的视觉形象;行为识别系统是企业形象的动态展示,是消费者对企业进一步了解和建立消费信心的前提条件,它展示的是企业员工素质、专业化程度和企业的管理水平,只有一个好的行为识别系统才能与消费者建立一个良好的互信关系;理念识别系统是企业形象建设的核心内容,是企业文化建设成果的具体体现,它代表了企业的经营观念、经营管理水平和营销水平。我们强调要树立一个好的企业形象,绝不是说珠宝企业应该注重企业表面的"粉饰",而是说要建立一个系统的、内涵深刻的企业形象。表面的企业形象"粉饰"只能给消费者一个短暂的良好记忆,但当他们对企业有深入了解后,如果企业形象没有实质的内涵,是不可能得到他们的认同的。为了留住顾客,珠宝企业必须加强企业文化建设,形成企业独特的企业

经营观念文化、企业管理文化和企业营销文化。提高企业文化水准是推动企业实施企业形象战略的核心内容。

二、突出特色,做消费者喜欢的品牌

当今社会,品牌消费已成为一种潮流,创造品牌也是满足消费者认牌购买的需要。但是,一个品牌要成为能给消费者留下深刻印象的品牌,就必须有品牌特色和个性,只有具备了让消费者看得见、讲得出的品牌特色和个性,并以特色的产品和特色的品牌文化将这种个性展示出来,才能更多地吸引对品牌有需求的消费者。综观当今中国珠宝行业规模各异的珠宝品牌,其特点无一例外的是品牌特色和个性的缺失,少数品牌虽然在品牌形象和产品组合等方面作出一些设计和创新,但差异化程度并不明显。这也是我国珠宝行业从事品牌建设以来产品同质化问题一直没有解决的根本原因。

做一个消费者喜欢的品牌,需要企业全体员工在持续一致的品牌理念指导下长期坚持不懈地努力。品牌要经过系统的策划,要有一个持续一致的经营理念,并在此基础上经过企业长期的、努力的宣传推广,形成企业和广大社会公众普遍认同和接受的品牌文化。同时,在品牌文化框架下,企业应规划特色鲜明的营销组合策略,向产品注入文化的内涵,以文化吸引那些对品牌特色有追求的顾客,以品牌的感召力形成品牌的向心力,将顾客的心紧紧连接在一起。

三、清晰的定位,锁定目标顾客群体

这是一个与品牌特色相关的问题。我们从事珠宝营销,首先要搞清楚市场上存在哪些方面的需求,需求的量如何,哪些需求是本企业(品牌)的产品能够满足的。对企业的产品有需求的顾客就是企业的目标顾客。企业从事市场调研的目的之一就是要寻找目标顾客群体并精确锁定目标顾客群体,了解他们的购买能力、购买心理、购买行为和动机、审美观念和购买倾向。然后,精细地策划营销组合策略,准确地向他们传达产品诉求,表明企业的产品正是为他们设计的,他们的需求正好是本企业产品能够满足的。通过一系列市场营销活动,企业应努力将这些潜在的顾客转化为现实顾客,并通过他们的口碑效应传播产品特色,扩大顾客群体,提高企业(品牌)的市场占有率。

许多珠宝企业缺乏自己的营销主张,市场定位不清晰,目标顾客不明确,不是主动寻找和发掘顾客的需求并满足其需求,而是盲目地跟着潮流走,结果将企业引向绝路。由于近年来市场竞争激烈,在商场设立专柜从事钻石经营的各钻石品牌纷纷出招进行促销,有的推行折扣策略,有的推行实价策略,有的推出特价、展销价促销,各种策略都能起到一定的促销效果。在北京市场上有这样一个企业:企业规模并不大,产品也没有什么特色,为了提高销售业绩,他们似乎想集所有商家的促销手段于一身,在产品价格设计上,短短 8 米的柜台分别设有特价专柜、折扣价专柜、实价专柜和展销价专柜,似乎什么样的顾客都想争取,结果是什么样的顾客都没有争取到,因为他们任何一类价格的产品在商场里都没有竞争力。市场竞争是十分残酷的,如果企业产品没有鲜明的特色或产品特色不是顾客所需要的,是不可能受到顾客青睐的。

四、细心体察,迎合顾客的需求

当企业建立了良好的企业形象,策划了独具特色的品牌,锁定了目标顾客并向他们传送了准确的定位信息,剩下的事就是如何满足顾客的需求了。

营销是为了满足顾客未满足的需求。对于商业企业来说,用产品去满足顾客的需求是执行层面的工作,因此建立好一支优秀的营销团队显得尤为重要。营销团队是企业经营理念的执行者,企业形象的展示者,企业文化的传播者,更是企业利润的创造者。当企业经过一系列的营销策划活动将顾客引进我们的店堂后,顾客的需求能否真正得到满足就要靠基层销售人员的表现了。市场上每天步入企业经营场地的顾客可能不计其数,每位顾客的需求可能不尽相同,销售人员要细心体察,通过与顾客的沟通和交流,了解他们的真实需求并努力达成交易,用企业的产品满足他们的需求。一个优秀的销售人员会用亲和力建立沟通的渠道,用熟练的专业知识搭起信任的桥梁,用敏锐的眼光发现顾客的需求,用娴熟的技巧推销企业的产品,在整个营销过程中,不仅让顾客的需求得到满足,企业的销售业绩得以实现,还让顾客对自己怀着感激之情,对企业(品牌)留下深刻的印象。

五、不断创新,紧跟时尚潮流

市场是动态的,特别是当今的信息社会,信息传播速度的加快也加快了市场的裂变,新的审美观念、新的流行时尚呼唤新的产品问世,这就要求珠宝企业密切关注市场的变化,以创新的产品迎合这种变化,满足市场新的消费需求。

珠宝企业创新的源泉来自市场的变化。为了掌握市场变化的风向,珠宝企业必须持续从事市场调查与研究,根据市场变化的趋势设计开发新的产品,并主动出击,强化新产品的推广宣传,将对新产品有需求的顾客牢牢抓在自己手里。可以说,在日新月异的珠宝市场上,谁注重市场调研和新产品开发,谁就会走在市场的前列,成为市场的领跑者。如果一味地因循守旧、固步自封,终将成为市场的弃儿。当然,创新的灵感还可来自竞争对手,我们通过市场调研,了解竞争对手的经营行为的变化,并针对其变化作出相应的反应,同样可以获得创新机会,但紧跟竞争对手的企业只能在市场上充当追随者的角色。

创新不仅能引导市场潮流,而且还能吸引老顾客的眼球,使他们产生新的购买欲望。因此,把握时代的脉动,紧跟市场的节奏,不断地推出新的产品,让新老顾客时刻关注着企业,企业的经营业绩将会不断地提升。

六、善待老客户,发挥口碑效应

老客户是值得企业关注的一个群体。老客户是企业经过长期的培育,投入许多有形和无形的成本才争取到的,留住一个老顾客的成本远远低于争取一个新客户的成本。同时,如果给老客户留下美好的印象,为老客户提供了满意的产品,企业将从他们那里得到丰厚的回报。一方面,能争取他们的再次购买,更为重要的是能发挥他们的口碑效应,为企业带来更多的新客户。企业的品牌宣传和促销固然也能吸引来新客户,但企业要付出高昂的代价。另一方面,老客户的口碑效应远比企业自身的宣传更有效,更能取得客户的信任。

客户关系管理越来越受到企业的重视,许多企业早已开始建立客户信息资料库,记录着客户的喜好、购买能力、购买状况、产品使用情况和反馈意见等。这种客户资料的积累是十分必要的,它是企业的宝贵财富,也反映了企业对客户的重视。有了客户资料的积累,企业就可以随时与客户取得联系,跟踪产品的使用状况和客户对产品的意见,了解客户的需求。如果客户需要,企业可以随时为他们提供服务。在一些有纪念意义的日子里,企业为他们送一份礼物、送上一句问候,他们都会为企业的行为所感动。日积月累,企业与客户之间就会建立一种良性的互动关系,客户就会成为企业品牌(产品)的推广者。

七、追求卓越,为顾客提供满意服务

珠宝企业所从事的一切市场营销活动都要以市场为导向、以顾客为中心、以顾客满意为前提。珠宝营销中的服务包括售前服务、售中服务和售后服务。售前服务是指从事营销活动之前的一切策划活动,包括识别客户的需求、引导客户的选择、向客户准确地传达企业的经营理念和产品信息等。企业(品牌)形象策划、产品策划、人员素质的培训、营销环境的准备,都是为了提供良好的售前服务而进行设计的,目的是树立一个专业的、值得顾客信赖的形象和舒适温馨的购物环境。售中服务是客人进店后销售人员为其提供的服务,包括热情接待、了解客人的需求、引导客人认识产品的质量到最终达成交易的全过程,在这一过程中,导购人员的热情、专业、体察入微是十分重要的,它会让客人感受到自己受到尊重、得到关爱,温馨的服务会让客人感动并留下深刻而美好的印象。售后服务是产品销售以后的跟踪工作和销售承诺的兑现过程。售后服务是对售前、售中服务给客人留下的美好印象的强化过程,如果售前、售中服务做得很好,且销售承诺得到了很好的兑现,会加深客人对企业（品牌）的认知，口碑效应和顾客的忠诚度才能形成，这样的客户才有可能成为企业的老客户。

市场经济环境中的企业竞争是十分激烈的，在市场竞争条件下，企业的任何竞争优势都可能被竞争对手模仿而失去竞争力，但真诚对待客户的服务理念是任何企业都不可能复制的。对珠宝企业来说，如何增强服务意识、提高服务水平是每个珠宝企业值得深思的问题。

本章小结

顾客是上帝，顾客是我们的衣食父母，顾客是我们利润的来源，我们的事业能否取得成功，关键就要看我们拥有客户的数量。所以，珠宝企业进入市场从事珠宝营销活动，必须分析顾客对珠宝首饰的需求，了解顾客的购买心理和购买动机，以此为基础，根据不同顾客购买目的的不同，有针对性地设计产品、推销产品，为顾客提供心细如丝的服务，让顾客的需求从心理上得到最大限度的满足，只有这样才能抓住顾客的心。珠宝企业在正确经营理念的指导下，企业经营者只要用"心"感受顾客，用"心"感动顾客，最大限度地争取顾客的支持、理解和爱戴，企业的营销就必然会取得成功。

思考题

1. 简述马斯洛的需求层次论，说明它对珠宝营销的指导意义。
2. 消费者购买珠宝首饰的心理动机有哪些？
3. 简述消费者购买珠宝首饰的目的。
4. 哪些因素影响消费者的购买行为？
5. 论述售后服务对珠宝企业的重要意义。

第五章　企业战略　高瞻远瞩

第一节　概　述

　　企业的经营战略是指企业从整体和长远的利益出发,就企业的经营方向、经营目标、企业资源与环境的积极适应等问题进行的一种谋划。企业在制定企业的经营战略时也必须在审慎分析市场发展态势的基础上,结合企业自身的综合实力和市场竞争状况,从整体出发、以战略的眼光规划企业的未来。"战略"一词原为军事术语,含义是"指导军事全局的谋划",是军事统帅为达到战争预定的目标而对其拥有的资源进行整体谋划的过程。将战略思想运用于企业经营管理之中,便产生了企业战略这一概念。系统的企业经营管理的战略思想产生于西方,是在企业经营管理理论发展过程中逐渐形成的一种基于企业长远发展的谋划,继而上升为一种经营战略理论。

　　我国古代军事史中也不乏战略谋划的经典案例。《三国演义》中的《隆中对》即是诸葛亮未出茅庐之时向刘备提出的谋取天下、复兴汉室的战略建议。刘备与诸葛亮初次谈话,首先指出当前的总体态势:"汉室倾颓,奸臣窃持国柄,皇上蒙受欺凌。"而当时的天下大势是:"董卓入京以来,豪杰并起,掠州夺郡者不可胜数。"其中两名最强劲的对手及应对策略:"曹操拥兵百万,挟天子以令诸侯,不可与之争锋;孙权占据江东,历经三代,深得民心,可作盟友。"接着,诸葛亮将刘备在身世、形象、企图心等个人特质上的优势进行了分析:"信誉著称于天下,收揽英雄,思贤若渴。"此种情势下,为了实现战略目标,应先占有荆州和益州,形成三足鼎立之势,对外结交孙权,对内修明政治,一旦局势有变,有利时机出现,便派一名将军统领荆州大军向宛城、洛阳前进,并建议刘备亲自率领益州军队席卷关中,逐步实现既定的战略目标,即"霸业可成,汉室可兴也"。此后,诸葛亮以《隆中对》的战略目标为蓝图,辅佐刘备、刘禅,联吴抗曹,奠定三足鼎立局势。

　　由此可见,要打赢一场战争,必须在对当前宏观环境进行分析的基础上,结合自身的综合实力客观评价自身的优势,确立长远的目标,并在明确的任务目标的基础上,集中优势资源确立各阶段性目标,逐步实现最终目标。

纵观国内外企业的发展史,成功的企业无一例外地都有一套系统的经营战略。发明之神的盛田昭夫创建的日本 Sony 公司,初创时只是 30 余人的小厂,面临产品选择的问题。当时日本最畅销的产品是电热水器,而 Sony 公司却选择了录音机,因当时美国尚未普及,日本还没有此产品,而音乐是人们精神生活的一部分,产品一定有市场,再加上制造技术简单,能马上产生效益。Sony 公司以此产品快速完成资金的原始积累,从而成为全球知名的电器制造商。联想集团的发展与柳传志的战略思维是分不开的。联想集团是 1984 年从中国科学研究院计算机研究所分离出来,以 80 万元的注册资金起家的企业。其最大的优势是发明了汉卡(即西文汉化处理器),其次是技术优势,中国科学研究院计算机研究所代表了当时中国计算机最高水平。应该说,他们选择计算机制造最有利可图,但是,他们选择了以贸易起家,主要是因为中国的计算机刚起步,有十分广阔的市场,而技术水平不如外国,而且当时中国处于加入 WTO 的酝酿阶段,市场的大门不久将向世界打开,如果选择计算机制造业,可能经受不起外国产品的冲击,优势可能马上变成劣势,更不易完成资金积累。由此可见,战略的选择对一个企业的发展来说是多么重要了。

珠宝企业要不要有系统的经营战略呢?答案是肯定的。企业的经营战略是企业在未来一段时间内的奋斗目标和奋斗方向,是对企业未来的清晰描述,既反映了企业文化中蕴含的经营理念、企业精神、宗旨与价值观,又是对企业实现其奋斗目标的切实可行的阶段性步骤的具体规划,是企业在现在的环境状况和未来的环境变化条件下如何运作的纲领性文件。只有对企业的经营战略进行了系统的规划,企业才有奋斗的目标和方向。

指导企业生存和发展的战略,必须是在对宏观环境进行全面的分析,结合行业的发展现状及竞争状况的前提下,客观评估企业自身综合实力及能掌控的资源,结合市场实际而制定的。也就是说,在规划企业的经营战略时,我们要考虑:宏观环境允许我们做什么,我们拥有的资源适合在行业内做什么,行业内有什么业务值得我们去做,以及如何在企业的经营目标、外部环境和内部条件三者之间取得动态平衡。这种决策方法称为 SWOT 分析法。

SWOT 分析法又称为态势分析法,就是企业决策者在企业优势(strengths)和劣势(weakness)以及外部环境的机会(opportunities)和威胁(threats)的动态结合的分析中,确定生存和发展战略的一种简单的决策分析方法。运用这种方法,可以对企业在市场上或行业中所处的地位进行全面、系统、准确的研究,从而根据研究结果制定相应的发展战略。

优势与劣势是企业的内部因素,具体包括:竞争态势、资金来源、企业形象、技术力量、规模经济、品牌影响力、产品质量、市场份额、成本优势、广告攻势以及企业的市场运营和综合管理能力等。如果一个企业在某一方面或几个方面的优势正是珠宝行业企业应具备的关键成功要素,那么,该企业的综合竞争优势就强一些。反之,如果在某一方面或几个方面存在劣势,参与市场竞争有较大的风险,就要考虑回避。

机会与威胁是企业的外部因素,具体包括:国家与行业政策的变化、宏观经济的增长与衰退、新产品开发的成功与失败、新市场开拓的成败、新需求的产生与客户需求的改变、外国市场壁垒解除、竞争对手的失误与增加等。企业的外部因素有的是来源于宏观环境因素,有的是来源于市场环境因素。来源于宏观环境因素的机会与威胁是企业不能改变的,适则存,不适则亡;来源于市场环境的机会与威胁是企业可以掌控的,抓住机会,顺势而为,就会为战略的成败奠定一个好的基础。如果市场环境带给企业的是威胁,则要尽力回避,及时制定好应对策略。

我们通过市场调查取得详细的有关环境因素的信息后,将各种环境因素根据轻重缓急或影响程度等排序方式,构造SWOT矩阵(图5-1)。在完成环境因素分析和SWOT矩阵的构造后,便可以制订出相应的行动计划。制定计划的基本思路是:发挥优势因素,克服弱点因素,利用机会因素,化解威胁因素;考虑过去,立足当前,着眼未来。运用系统分析的综合分析方法,将排列与考虑的各种环境因素相互匹配起来加以组合,得出一系列企业未来发展的可选择的经营战略。

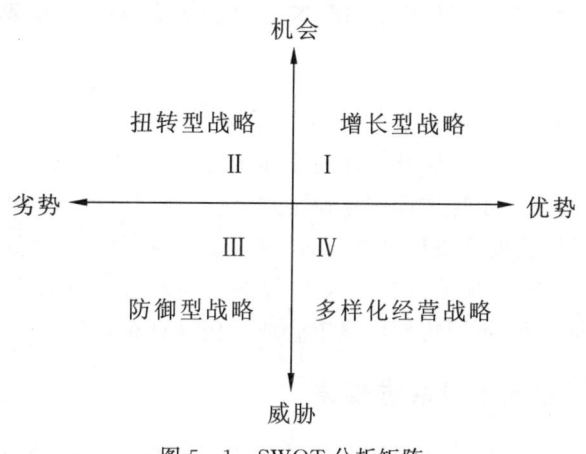

图5-1 SWOT分析矩阵

增长型战略:即处于第Ⅰ象限的企业,它们具有很好的内部优势和众多的外部机会,应当采用密集化战略、同心多样化战略、垂直一体化战略等,促进企业经营业务的快速增长。企业通过严格的成本控制,以价格作为主要的竞争手段,在激烈的市场竞争中进一步发挥企业在市场的优势。

扭转型战略:即处于第Ⅱ象限中的企业,面临着巨大的市场机会,却又受到企业内部各种劣势的限制,应当采用扭转型战略,在弥补和消除内部劣势的同时最大限度地利用外部环境带来的机会。处于这种状况的企业应抓住市场机会中的一个或几个,发展特色优势业务,并努力将这一特色优势业务做成强势业务,提高市场竞争能力。

防御型战略:即处于第Ⅲ象限的企业,内部存在严重的劣势,外部又面临着强大的威胁,应当采用防御型战略。处于这种状况的企业自身没有任何资本参与市场竞争,更没有实力实施扩张战略,可能处于被市场淘汰的边缘,应该采用相对保守的战略,守住现有的经营成果,在经营过程中逐步适应外部环境,同时,努力改善企业经营管理状况,提高核心竞争能力,避开威胁并逐步消除劣势。

多样化经营战略:即处于第Ⅳ象限的企业,存在一定的内部优势,但外部环境威胁着企业的生存,这类企业可以利用自身的优势,采用多样化经营战略,通过多样化经营分散环境给企业带来的风险。

SWOT分析的最大好处是将企业与其所处的环境放在同一矩阵中,可以直观地反映出企业与环境的适应状况,对企业经营战略的制订具有重要的指导意义。

第二节 行业演进下的珠宝企业战略思考

改革开放以来,中国的市场结构发生了深刻的变化,珠宝行业经历了从无到有、从以国有企业为主体向民营企业为主体的转型,经历了以价格战为主体的市场竞争的洗礼,最终走上了珠宝品牌建设之路,它是珠宝行业从幼稚走向成熟的必由之路。在行业成长速度突飞猛进的今天,珠宝企业应该如何规划企业的发展战略呢?本节将从认识行业的演进规律入手,系统分析珠宝行业的市场演进过程,在此基础上探讨不同类型、不同规模的珠宝企业如何规划企业的经营战略。

一、认识行业的市场演进规律

按照产业经济学理论,一个行业成长过程中的市场竞争的演进一般分为三个阶段:离散竞争市场、同质化竞争市场、异质化竞争市场。不同阶段的市场特征是不同的(表5-1)。

在行业产生初期,消费者没有固定的审美倾向,处于被教育和引导的阶段,市场集中程度低,市场竞争不是很激烈,每个企业都可以找到自己的生存之道;随着市场逐渐被打开、消费者对行业认识的加深和市场扩张带来的企业数量的增加,市场开始向同质化发展,市场竞争逐渐变得激烈,市场需求和产品的同质化导致企业营销手段的同质化,同质化竞争导致行业利润大幅压缩甚至消失,企业的市场规模开始分化,一些企业顺势发展扩大经营规模,实力较小的企业可能在市场竞争中被淘汰出局,行业的集中度因马太效应而逐渐提升;处于中间的企业或地方品牌为了生存,开始通过创新开发特色产品,以抓住消费者逐渐呈多元化、差异化需求的趋势,于是,行业的发展形成异质化竞争格局。

表 5-1 行业的市场演进阶段及特征

行业演进过程	离散竞争市场	同质化竞争市场	异质化竞争市场
市场集中度	较低的市场集中度	综合实力占前几名的企业的市场集中度迅速上升	处于领导地位的企业市场份额有所下降,但实力稍逊的企业市场份额继续上升
市场特征	地方品牌林立,缺乏行业领导品牌,消费者缺乏品牌意识。有实力的企业进行区域市场扩张	部分实力强的企业迅速扩张,销售扩张迅速,挤占地方品牌的份额,品牌意识开始建立	部分地方品牌以特色的产品、独特的卖点形成特色经营,以市场细分策略蚕食市场,部分地削减领先企业的份额

二、珠宝行业的市场演进过程和中国珠宝企业的成长

中国珠宝首饰行业自 20 世纪 80 年代中期才开始复兴的,虽然经历的时间不长,但成长速度很快,行业的成长和演进趋势异常迅猛。这里,我们结合中国珠宝行业的产生、发展和现状对珠宝行业的市场演进过程作简要分析。

在珠宝首饰行业兴盛初期(20 世纪 80 年代中期至 1993 年),消费者缺乏珠宝购买能力和购买理念,珠宝企业数量较少,消费者对珠宝首饰的选择倾向更多是受企业的引导,市场竞争尚不激烈,这一阶段的中国珠宝市场属于离散竞争市场。1993 年以后,我国珠宝市场开始转型,民营珠宝企业代替国有珠宝企业成为市场的主体,企业数量急剧膨胀,市场竞争趋向激烈,但市场竞争基本上还是同质化竞争市场(1993 年至 2003 年),珠宝企业的产品同质化和营销策略的同质化掩盖了消费者的异质化需求。珠宝行业开始倡导品牌建设,部分实力稍强的品牌开始了品牌扩张,挤占了众多地方品牌的市场,但它们控制和整合市场的能力有限,使同质化的市场竞争更加激烈,珠宝企业的获利能力大大降低。同时,香港珠宝品牌强势进入内地珠宝市场,他们借助内地与香港首饰文化的一脉相承,凭借香港珠宝时尚的款式、优秀的工艺、准确的市场定位和精细的营销组合策略迅速在市场竞争中脱颖而出,迅速成为内地珠宝市场的主流品牌。

1. 离散竞争市场阶段中国珠宝业的成长

离散竞争市场阶段是我国珠宝市场的复兴期和成长期。在这一时期,珠宝行

业因市场需要而产生,从业人员因生存的需要而转行进入珠宝业,企业没有系统的战略规划,产品以低档为主,处于珠宝消费的初级阶段,消费者的购买水平也不高,在被教育和引导中接受珠宝首饰,没有固定的消费倾向和审美倾向。但这时的珠宝市场成长很快,20世纪80年代初,珠宝零售总额不足2亿元,从业人员不足10万,珠宝企业不足千家,而到了2001年,珠宝零售总额达到800多亿元,从业人员300多万,珠宝企业3 000多家,至此珠宝行业已经初具规模。

而这时的香港珠宝企业正基于长远的战略规划而修炼内功,他们借助香港是国际知名的珠宝首饰加工设计中心的地位,大力宣传珠宝首饰工艺,在香港这个自由的市场中参与市场竞争,树立品牌形象,从长远的角度规划其企业的经营战略,静待进入内地珠宝市场的时机。

2. 同质化竞争市场阶段中国珠宝业的品牌培育

实际上,20世纪90年代后期,中国的珠宝市场竞争已经进入了同质化的市场竞争,这时的珠宝市场的特点可归纳为:产品无特色,企业无形象,营销无策略,行业无品牌。在这种背景下,企业在产品同质化的市场竞争中,只能祭出价格战的武器,于是,从1999年开始,一场以打折为主要形式的价格大战在珠宝行业上演,直到今天也没有平息。为了改变这种混乱的市场状况,从2000年开始,中国珠宝玉石首饰行业协会倡导品牌建设,向全国推荐"中国珠宝首饰业驰名品牌"的活动,首次在全国范围内组织了中国珠宝品牌的宣传活动。经过筛选,46家企业的珠宝品牌入围最后的评选,在中国珠宝玉石首饰行业协会珠宝驰名品牌推选委员会严格而公正的评选下,16个珠宝品牌最终被推荐为"中国珠宝首饰业驰名品牌"。2002年,中国珠宝玉石行业协会又向全国推荐了24个"中国珠宝首饰业驰名品牌"。这种品牌推荐活动有力地推动了珠宝企业的发展,在珠宝行业内形成了重视品牌、宣传品牌、学习品牌、培育品牌的良好行业风气,充分发挥了名牌产品和品牌企业在珠宝行业内的"龙头"作用,带动了整个行业的进步和发展。2003年,中国名牌战略推进委员会又发起了"中国名牌"评选活动。至2010年,由中国名牌战略推进委员会和中国珠宝玉石首饰行业协会评审的珠宝名牌和驰名品牌共156个,分布在全国31个省市(不包括港澳台)中的20个省市。同时,珠宝行业经营业绩逐年提升,2007年我国珠宝零售总额达1 700亿元,2010年更达到2 450亿元,成为全球第二大珠宝消费国。在品牌建设过程中,一些具有前瞻性眼光的优秀珠宝企业基于企业发展战略的需要,开始塑造品牌形象,培养企业的经营特色,为品牌建设与发展打下了良好的基础。

但是,我们也必须看到,创造品牌绝非一日之功,而是要靠珠宝企业长期艰苦的努力。因为品牌并不是以一个响亮的名字、一种美观的形象以及媒体的大加渲染就可以成为品牌的,还必须有一种战略的眼光、一个先进的经营理念、一套全面的管理体系、一批优秀的管理人才、一系列优质的产品和一套完整的售后服务体系,除此之外,品牌更需要实力和时间的检验,品牌不是自己吹捧出来的,而是消费者在不断的消费体验中逐步认同的知名度、信誉度、满意度和忠诚度。按照这样的要求,我们可以说,中国珠宝业的品牌之路还很漫长。在企业的发展战略中,每一个企业要根据自己的实际情况,制订切实可行的品牌战略规划,通过企业全体员工长期坚持不懈的努力,才能最终成就品牌之梦。关于这个问题,我们在品牌战略一章中再进行具体探讨。

三、市场演进中的香港珠宝企业

在中国珠宝市场演进的过程中,香港珠宝品牌扮演着重要角色。当中国政府向全世界发出改革开放政策的信号时,不同企业都在根据自身的优势和实力思考布局内地珠宝市场的经营战略。

早在改革开放初期,中国政府向当时的GATT(关贸总协定,后改为世界贸易组织——WTO)发出申请,要求恢复中国在关贸总协定的缔约国地位。这是一个中国即将开放市场的信号,因为关贸总协定缔约国地位的一个基本要求是该国实现市场经济体制,这意味着中国市场的大门即将向世界打开。从这时开始,敏锐的香港企业家们就开始作进军内地市场的准备。由于中国当时黄金经营政策尚属中国人民银行管制,宏观环境条件使香港珠宝不能在内地迅速拓展市场,他们便选择不同的方式布局内地珠宝市场。

1. 周大福进入内地珠宝市场的战略思维

珠宝企业经营战略策划最为成功的案例当数著名的香港珠宝品牌——周大福。在20世纪30年代以前,周大福只不过像香港满街可见的金店一样,是一个靠打金、卖金维持生计的金店而已。1956年,周大福珠宝金行由郑裕彤先生接手经营,并创立了999.9纯金首饰成色标准,逐渐形成了本企业的产品特色和企业形象,使金行成为以经营纯金首饰为主要特色的金行,并在香港珠宝市场取得了一定的知名度。20世纪60年代,周大福的触角伸向了钻石,通过艰苦的努力成为了全球钻石垄断组织——戴比尔斯公司的看货商。所有这一切,为周大福的下一步发展奠定了坚实的基础。而使周大福能够在中国内地珠宝市场站稳脚跟并迅速拓展市场的主要原因还是与其战略思维不无关系。

20世纪90年代初,周大福选择立足香港珠宝,以大陆来香港的游客为目标市场,与香港旅游部门挂钩,成为香港定点的旅游购物景点,不仅带动了产品的销售,而且提升了周大福在内地客人心目中的品牌形象和知名度。为了让内地消费者更多地认识周大福的产品和品牌,他们在展销大厅中设立专柜,到内地参加在全国各地举办的珠宝展销会,只展不销,让消费者了解周大福品牌,了解周大福的产品,了解周大福的首饰工艺。在内地珠宝商纷纷利用珠宝展销会赚钱的时候,周大福所想到的是建立企业形象和品牌威望,为进入内地市场作准备,以至周大福还未进入内地珠宝市场,就已经有了很高的知名度和良好的品牌形象。

随着国内改革开放政策的不断深入和珠宝市场的不断发展,周大福也不失时机地向中国内地市场进军。1998年,周大福在国内的第一家专营店在北京建国门贵友商场开设,它的开设对周大福开拓国内市场具有里程碑式的意义。此后,周大福在国内业务的发展进入了高速发展期。一方面,他们直接投资在各大商场设立周大福专柜,另一方面以特许加盟的方式招募加盟商,并在广东深圳和顺德设立品牌运营中心和设计加工中心。至2005年,周大福在内地珠宝市场的连锁店达300多家,覆盖了全部省级城市市场。这时,周大福调整市场扩张策略,回购市场已经成熟的省级加盟店,将它们全部改为直营店,在二、三线城市仍以特许加盟的方式拓展市场。至2010年,周大福在内地珠宝市场的连锁店已拓展至1 100多家。

透过周大福拓展内地市场的轨迹,我们发现,周大福的市场拓展既有清晰的战略思路,又有明确的阶段性步骤,同时,在企业经营战略的指导下,周大福在市场运营过程中培育了一大批与市场拓展相适应的管理队伍,清晰的经营战略和精细的企业运作管理保证了企业拓展高效有序地进行。可以说,周大福今天能成为中国内地市场最有影响力的珠宝品牌,是与其清晰的发展战略密切相关的。

2. 周生生珠宝拓展大中华市场的战略思维

周生生珠宝是香港周生生集团公司旗下的珠宝品牌,以经营珠宝金饰为主,包括黄白金珠宝首饰的制造、零售及批发,1934年即在广州开展业务,1948年在香港奠基,1973年在香港上市,是香港最早上市的珠宝品牌,也是大中华地区著名的珠宝首饰制造商和零售商。"周生生"的名字,有"周"而复始、"生生"不息的意思,而"周"是其创办人的姓氏。周生生立足经典,70多年来致力于引领时尚潮流,致力于不断的产品创新,以时尚、优雅和活力的形象,优质、精湛的工艺及多元化产品为品牌理念。这个理念贯穿于周生生的品牌设计、服务之中,可为顾客带来一份首饰以外的喜悦。2005年,周生生集团还取得全球最大钻胚供应集团戴比尔斯旗下DTC国际钻石商贸易公司的钻石配货商资格。

早在1994年,周生生便选择立足于香港、开拓大中华地区,特别是内地珠宝市场业务,发挥其贵金属制造的优势,吸收更多国际化的设计理念,融合国内外的先进工艺,坚持以创新的产品满足顾客的需求。至2010年,周生生在香港拥有42家分店,此外,周生生还有8家以"点睛品"品牌经营的分店;在台湾,周生生设有21家分店;在大陆,1994年以来,周生生稳扎稳打,由北至南以直营连锁的形式拓展经营业务,在各主要城市的知名商场设立珠宝专柜或店中店近200家,展示了其来自首饰发达地区的良好品牌形象。

在拓展内地珠宝市场的过程中,周生生与周大福选择了连锁经营的两种完全不同的商业模式。周大福在市场拓展初期以直营连锁和加盟连锁并用的方式,不仅很好地借用了加盟商的力量,也为周大福分担了经营风险,同时也为周大福探索适合内地珠宝市场的管理经验和培养珠宝企业经营管理储备人才创造了条件。随着企业综合管理能力和市场运作能力的积累,当周大福具备了全面掌控市场的能力时,便迅速回购一级市场的加盟店,变加盟店为直营连锁店,同时在二、三级市场上推行加盟连锁经营。这样的模式使周大福珠宝的市场知名度和市场占有率迅速提高,成为内地市场家喻户晓的珠宝品牌。而周生生一直凭自身的实力以直营连锁的形式拓展市场,拓展速度不如周大福那么迅猛,市场知名度和市场占有率自然也没周大福那么高。由此我们也可以看出,不同战略思维会产生不同的结果。

3. 后起之秀——金至尊

金至尊最初是2003年由香港恒丰金业科技集团投资成立的香港珠宝品牌,主要从事设计、研发、销售以"金至尊"品牌命名的名贵珠宝钻饰、足金饰品及企业礼品。公司致力于弘扬中华民族文化,在香港首创"金厕所"(厕所内所有设施都是用黄金和珠宝结合制成)及以黄金复制的圆明园十二生肖图像和观音金像,吸引了众多来自大陆和世界各地的客人参观购买,使金至尊的品牌声誉迅速提高。

公司成立不久,金至尊便规划公司拓展内地市场的战略,以周大福为榜样,借鉴周大福拓展内地市场的经验,以连锁经营的方式向内地市场强力扩张。在企业形象上,金至尊力求塑造一个新潮、时尚、受年轻人追捧的形象;在产品上,金至尊走款式新颖、时尚、多元化的产品之路,努力运用现代科技,将时尚设计转化为至尊精品,以产品设计领导国际潮流,品牌形象已受到内地消费者的认可和青睐,品牌代言人陈慧琳小姐更凭借其"高贵、创新、自信"的形象将金至尊珠宝"至美追求,幸福拥有"的品牌理念演绎得更加贴切、完美。公司的经营目标是将金至尊品牌店开到世界每一个大城市。企业的愿景、目标激励着一代金至尊人为实现企业梦想而不懈地努力。至2007年,公司在内地珠宝市场拓展了230余家连锁店,品牌声誉迅速提高。但2008年恒丰金业集团主席林世荣先生的突然去世给公司带来了致命的打击,公司不得不进行清算。香港资源控股有限公司看好金至尊品牌的市场价值,联合多名股东将金至尊品牌收购至旗下,继续金至尊以前的理念,致力于拓展内地市场,扩展其零售网络版图,至2010年,公司已拥有连锁店360多家。

4. 谢瑞麟专业特色

谢瑞麟进入内地市场之前的战略思维与周大福几乎是一致的,同样是与香港旅游部门合作,吸引大陆游客并完成资本积累。

打金出身的谢瑞麟既无资金实力,又无产品优势,只能发挥技术优势,走专业特色发展之路。最初他靠着一位赏识他的老板借给他的3 000元港币开始创业,在产品设计上不断创新,生意日益兴隆。1971年,谢瑞麟以自己的名字注册了公司,经过10多年的努力,1987年,谢瑞麟在香港联交所上市,成为香港知名的珠宝品牌,并成为香港首饰设计和首饰工艺领先的代表。1997年,谢瑞麟进入内地市场,以钻石饰品和18K金饰品为主打产品,以直营连锁和加盟连锁并存的方式进行市场扩张。谢瑞麟凭借自身已在消费者心目中建立起来的专业形象,突出专业特色,以精工和品质取胜于市场,注重产品创新,不时推出新产品。2002年,谢瑞麟先后于香港、北京、上海、广州、天津及吉隆坡开设具时代感的旗舰店,提升品牌形象。2003年开始的"香港自由行"给香港的首饰业带来了巨大机遇,谢瑞麟抓住机会在香港建立展厅,向来自内地的游客展示其产品加工流程和谢瑞麟精细的首饰工艺,以18K金产品为"龙头"兼以钻石饰品,以展示带动销售,不仅取得了良好的销售业绩,也在内地游客心目中建立了良好的口碑,提高了谢瑞麟的品牌知名度。

尽管谢瑞麟集团在近20年期间的投资中屡屡受挫,但对谢瑞麟从事珠宝经营的企业形象没有造成太大的影响,以专业的技术、优质的工艺、不断创新的产品,得到内地消费者的认同和接受。进入内地珠宝市场以来,其拓展市场的步伐从未停止,截至2010年底,谢瑞麟在香港、内地共有连锁店190余家。

四、珠宝行业市场集中度分析

据统计,进入内地的香港珠宝品牌不足10家,但在内地珠宝市场的销售业绩十分惊人,以武汉市场为例,周大福、谢瑞麟是较早进入武汉市场的香港珠宝品牌,在消费者心目中得到了广泛的认同,金至尊进入武汉市场较晚,但市场拓展步伐较快,它们在武汉市场上均享有较高的知名度。在品牌形象上,香港品牌在消费者心目中的品牌形象已经确立,他们以良好的企业形象、优质的首饰工艺及引领时尚的产品和服务赢得了消费者的信任;在产品创新上,他们不时地推出时尚产品,引领时代潮流;在销售额上,根据武汉的市场调查,周大福在武汉开设了17家加盟店,再加上谢瑞麟、金至尊、周生生等香港品牌,销售额占市场总额的30%以上;在市场覆盖率上,香港品牌几乎覆盖了全国一级市场;在品牌认知度上,据2007年4月份河南《大河报》与调查公司对郑州珠宝市场的调查数据显示,珠宝品牌在郑州消费者心目中的认知度为:周大福32.08%、谢瑞麟14%、戴梦得12%、周生生11.6%,郑州消费者认可的四大珠宝品牌中,有3个是香港品牌,市场认知度超过57%。在2010年春节期间对杭州某商场的调查统计中,内地最大的珠宝连锁经营品牌的月销售额不及周大福的10%。

从以上数据可以看出,无论是在市场覆盖率、市场占有率还是在品牌认知度上,香港珠宝品牌都占主导地位。随着消费者品牌意识的增强,香港品牌的市场集中度将会进一步提高。在这种竞争态势下,中国内地珠宝企业应该重新审视行业的发展态势,从战略的高度规划本企业未来的发展战略。

第三节 行业演进下的珠宝企业战略模式

珠宝行业的市场演进催生珠宝企业发展战略的分化。根据产业经济学理论,行业的集中度与行业的成熟度是正相关的。十年的同质化市场竞争催生了行业"马太效应"的形成,香港珠宝品牌已经占据了"金字塔"的顶端。在这种竞争态势下,中国内地珠宝企业如果不及时从同质化市场竞争中解脱出来,客观冷静地分析市场发展态势,调整企业经营战略,香港珠宝品牌的市场集中度将会进一步提高,内地珠宝品牌的市场份额将会进一步降低,这对中国内地珠宝企业争夺更多的市场份额是十分不利的。

客观分析中国珠宝行业的市场竞争态势,会发现香港珠宝品牌在内地市场已经取得依靠地位,国外珠宝品牌正在大举进入,同质化市场竞争正在向异质化市场竞争转化。国内珠宝企业仍在同质化的市场中以价格竞争为主要手段进行搏杀,这对珠宝企业应对未来的市场竞争是十分不利的。内地珠宝企业必须根据企业的综合实力(经济实力、管理能力、创新能力和品牌影响力)作好企业定位,确定未来的发展目标,谨慎选择企业发展的战略模式。这里,我们仅从珠宝企业的市场(品牌)扩张的角度探讨珠宝企业的发展战略模式。

一、先布局全国市场再提升市场竞争力的战略模式

这是综合实力比较强的珠宝企业可以使用的一种战略模式,这种模式的战略思维是:在企业品牌还没有市场知名度时,以一致的企业形象和品牌形象尽最大的努力在地理概念上占领市场,扩大经营区域,然后,通过企业的经营行为提升市场占有率和品牌知名度,逐步形成一个全国知名的品牌。结合国内珠宝企业的发展战略,我们可以把这种模式称为"周大生"模式。

周大生作为国内首家以钻石生产、批发、零售为一体化的珠宝企业,为了顺应国内珠宝市场的发展,于1999年在深圳成立了深圳市周大生钻石首饰有限公司,全面负责周大生珠宝国内市场的运营、服务及管理,致力于钻石文化的推广和传播,全方位提升自身品牌价值。这期间周大生也逐渐完成了从数量扩张、粗放经营向注重品质、打造品牌的转变,全面完善内部运营管理体系。2003年,周大生成功引入连锁经营的商业模式,一方面在经济发达城市设立自营店,一方面在全国范围内招募加盟商,使周大生的品牌经营范围迅速扩大,短短三年之内成为市场覆盖范

围最大的国内珠宝品牌。在品牌运营过程中,为了适应品牌管理的需要,周大生在北京、河南、西北、西南建立了四大物流中心,直接归属于周大生总部运营中心,物流中心能更完全、更便捷地在当地指导销售及经营管理。同时,在全国设立独立存在的20多个区域办事处,区域管理人员从市场考察、市场准入、招商开始着手,从选址、洽谈、签约步步发展,从配货、培训、服务全方位进行管理。区域办事处的设立有助于了解全国各地市场背后的特点和消费者的习惯,更加贴近消费者心理,根据各地的消费特点提供优势的产品组合,打造符合市场特色的产品模型,并形成周大生产品的特色风格,规范周大生的品牌形象和加盟商的市场运营。周大生自2002年签约第一家加盟店以来,持续保持旺盛发展的势头,全国门店数量从2007年末的500家增加到2008年的将近700家,截至2010年底更是发展到1 300家。目前,周大生珠宝在国内市场份额还在进一步扩大,逐步成为国内连锁规模最大的珠宝品牌。

当完成市场布局后,接下来要考虑的事就是如何提升企业的形象和品牌知名度,力争成为国内珠宝行业的领导性品牌。周大生将2009年定为品牌提升年,公司将进一步着力打造品牌,提升服务质量,力争推动品牌形象迈上新的台阶。早在2009年初,公司就提出了"顺势布局,稳健发展,领军行业赢千店;完善机制,健全体系,锻造团队铸品牌"的口号。在考虑宏观环境因素的基础上,对公司的发展战略、营销、行政体系作出规范,提高品牌的竞争力,努力将周大生品牌打造成为:全国连锁店规模最大的珠宝品牌、全国发展速度最快的珠宝企业、集团综合实力位列全国前三甲。

提高企业的市场竞争力是选择这种战略模式的企业在完成市场布局后要考虑的首要问题,也是企业成败的关键性步骤。为了提高企业的市场竞争能力,首先,要强化企业内部的管理,保证各级管理机构高效有序地运作;其次,要规范加盟商的经营行为,真正形成一个统一的企业(品牌)形象,真正使加盟商与加盟总部形成一个有机的整体;再次,就是通过不断的创新逐步形成企业的产品特色,真正从同质化的市场竞争中摆脱出来,以特色的产品、特色的服务吸引企业定位的目标顾客,并努力培养顾客的满意度和忠诚度,逐步稳定老顾客和不断培养新顾客,提高产品的市场占有率,保证企业在市场竞争中的领先地位。

二、先局部形成优势再复制局部优势的战略模式

当一个企业的综合实力还不足以布局全国市场时,其战略可以是稳抓稳打,先在局部市场站稳脚跟并成为优势和特色的经营模式,当在局部市场形成经营特色和竞争能力优势并完成资金的积累后,迅速地将这种经营模式复制到另一个局部市场,最终形成一个布局全国的品牌。在当前中国珠宝市场"马太效应"突显的环

境中,这应该是我国珠宝企业规划企业经营战略的主要思路。这种模式的战略思维是:当企业实力不济时就考虑占领更大的市场范围,必定会分散力量,在所有局部市场的竞争中都处于弱势,与其这样,不如集中优势资源在局部市场取得突破,当在某一区域市场取得竞争优势并积累了一定的综合实力后,迅速地将这种模式复制到另一个区域市场。深圳市吉盟首饰有限公司拓展国内零售市场即是采用了这种战略模式。

深圳市吉盟首饰有限公司是2000年成立的一家专业从事铂金、钯金、黄金、18K金、镶嵌饰品、金属镀层流行饰品生产加工、批发、零售的综合类大型珠宝首饰企业。公司以"打造享誉国际的华人珠宝品牌"为使命,将深厚的珠宝文化、独特的时尚创意和精湛的制造工艺完美融合,将美轮美奂的珠宝首饰传递到全国各个城市定为发展目标,以中高端消费群中崇尚个性、热爱生活、追求完美的女性为核心顾客,以注重创新作为企业的核心经营理念。2004年荣获"中国珠宝首饰业驰名品牌",2005年被国家质量监督检验检疫总局认定为金属镀层流行饰品的"中国名牌"。创新是吉盟首饰规避同质化市场竞争、树立企业品牌的有力武器。面对我国珠宝行业出现的产品同质化问题,吉盟首饰专门组建了研发团队,持续研发创新型产品,从同质化竞争中率先突围,先后首创了钯金、千足钯金、彩钯、千足铂金饰品,填补国内市场空白,成为珠宝行业产品研发的典范。

从事贵金属制造和新产品开发只是吉盟首饰发展战略的第一步。为了争取更好的经营业绩,提高品牌知名度,吉盟首饰在战略上进行了调整,产业链由生产向零售终端环节延伸。2001年,吉盟首饰在长沙办事处开设了第一个专柜,新颖时尚的产品很快受到消费者的追捧,品牌的市场知名度迅速提高,吉盟首饰顺势布局,争夺更多的市场份额。当"试水"长沙成功后,吉盟首饰于2002年又在成都设立办事处,以成都为突破点,拓展四川市场,将长沙的经营模式迅速复制到四川市场。2003年,重庆办事处成立,进军重庆零售市场。随着企业形象的建立和知名度的提高,公司于2008年建立连锁经营体系规范,在全国范围内推行加盟连锁经营,努力将吉盟珠宝打造成在国内有影响力的知名品牌。

三、"农村包围城市"的战略模式

我国珠宝市场的复兴是从经济发达的大中城市开始的,不同地区珠宝首饰业发达的程度有很大的差别,在同质化的市场中,珠宝首饰业越发达的地区市场竞争越激烈。在激烈的市场竞争中,综合实力不强的企业必定处于劣势地位,与其这样,不如到市场竞争相对不是很激烈的二、三线城市发展自己的事业。这是一种"宁做鸡头、不做凤尾"的战略思维,这种战略思维的核心是:避开竞争激烈的经济发达城市的市场,努力培育珠宝首饰业尚不发达地区的市场,在地方市场站稳脚跟,做地方市场的"老大",积累经济实力,探索企业经营管理经验,一旦时机成熟,再介入大中城市的市场竞争。

深圳周六福是一个综合实力不强、在珠宝行业中名不见经传的品牌,为了在竞争激烈的中国珠宝市场取得立足之地,他们喊出了"只要周大福没有涉及到的市场,我们就是市场老大"的口号。他们到二、三线城市市场去争取企业的发展空间,同样取得了较好的经营业绩。

金伯利钻石有限公司是总部设在上海,以拓展钻石专营店为主要经营形式的企业。20世纪末,他们还是一家总部设在河南郑州、仅在河南的二线城市开设了数十家钻石专卖店的企业。当中国珠宝首饰价格战响起时,通过对珠宝市场竞争态势的分析,他们审时度势,调整企业的经营发展战略,主动放弃了市场竞争较为激烈的一线市场的经营业务,将经营重点放在珠宝首饰业相对落后的中西部地区的二线珠宝市场的钻石零售业务拓展上。在产品上,"金伯利"注重突出钻石的质量,强调钻石"贵乎稀有、万里挑一"的产品质量设计原则;在售后服务上,公司率先推出钻石"六保"服务,用优良的品质、优质的服务营造"中国钻石专家"的品牌形象。经过近些年的努力,金伯利已在上海及中西部地区设立钻石专卖店600余家,靠销售网络对市场的覆盖以及优质的产品和服务取得的口碑效应,获得了良好的知名度和信誉度,提高了企业的市场竞争力。完成了中西部地区二线市场的布局后,金伯利钻石迅速进军一级市场,意在中西部地区市场形成企业的强势地位,我们形象地称其战略为"农村包围城市"的战略。

四、"做地区老大"的战略模式

实际上,在中国珠宝玉石行业协会和中国名牌战略推进委员会认定的中国珠宝驰名品牌和中国名牌中,绝大多数是地方品牌,他们在全国珠宝市场上并没有很高的知名度,只是在其所在的地区有很高的品牌声望,这是在"做地区老大"的战略思维下实施企业发展战略的结果。其中,北京的"菜百首饰"、南京的"宝庆银楼"是这种战略思维的典型代表。这种战略的核心战略思维是:企业在当地已经营多年,具有一定的市场知名度和固定的客户群体,在此基础上,只要企业紧紧抓住本地顾客的购买心理,努力提升企业形象,形成企业的经营特色,提升企业的核心竞争力,打造一个本地消费者信任的品牌,使企业的经营业绩再上一个台阶是完全可能的。

北京菜市口百货商场股份有限公司在20世纪90年代初是一个濒临倒闭的商场,为了解决公司的生存问题,他们凭着在以前经营中与供应商的良好关系,得到他们的支持,做起了黄金生意,1996年被有关部门授予"中国黄金首饰第一家"的称号。"菜百首饰"以此为契机,一方面,加大品牌宣传力度,以"菜百黄金"规模大、品种全、工艺好、价格低的经营特色树立"中国黄金首饰第一家"的品牌形象,确立其在北京黄金经营上的优势地位;另一方面,广泛与供应商建立合作关系,引进钻石、珠宝首饰、翡翠首饰供应商,从单纯经营黄金转向全方位经营珠宝,经营面积扩大至1~4楼近万平方米。为了确立"菜百首饰"在市场的优势地位,企业的经营管理者们制定了"以黄金首饰赚人气、以大众化产品赚利润、以高档珠宝首饰树形象"的经营策略,这一营销策略收到了奇效,"菜百首饰"的人气急剧上升,一年四季,顾客人流如潮,成为北京市场上黄金销量最大、最受欢迎的珠宝品牌。

除此之外,南京的"宝庆银楼"、沈阳的"荟华楼"均是当地的老字号,它们均是在改革开放的大潮中实施品牌战略而恢复的老字号企业。在经营过程中,他们以老字号企业的文化底蕴、老字号企业形成的知名度和顾客忠诚度为基础,在新的市场环境中规划发展蓝图,实施品牌战略,吸收新的管理理念,以良好的专业形象、以建立产品差异在当地珠宝首饰市场上确立竞争优势。在当前的市场竞争态势下,它们在企业差异化的定位、提炼差异化的卖点和制定科学的营销组合等方面的成功经验是值得我们借鉴的。

五、弱势企业的另类战略思维

在我国珠宝行业发展的进程中,由于资金实力、市场运营能力的差异,导致企业规模有很大的差异。大企业与中小企业之间,在品牌、资金实力、融资能力、技术能力、人才资源和市场控制等方面都存在着巨大的不对称,甚至是全方位的差距,这就是我们这里所说的弱势企业。他们与大企业相比有太多的弱势,如何与大企业展开市场竞争呢?特别是在"大鱼吃小鱼"的时代,他们如何找到企业的生存发展之路呢?

大企业与小企业之间的综合实力差距是全方位的,但市场竞争又是处在同一个竞技场,直接交锋是不可避免的。小企业在交锋中能否占据主动取决于企业的战略思维。自古以来,两兵交锋以弱胜强者不可胜数,企业经营中中小企业成功超越大企业的案例也大有存在,归纳起来,其赶超的模式有三种:一种是笨鸟先飞的常规思路;另一种是走捷径,或者更准确地说是区别于大企业、大品牌的"另类生存法则";第三种是"闪电出击"的游击战法,这种模式将在市场竞争战略中讲述。

1. 笨鸟先飞

2002年是中国珠宝行业竞争最为激烈的年代,企业产品的同质化严重,几乎所有的珠宝企业纷纷祭出价格大战的利器,以打折的方式在同质化的市场上搏杀,珠宝行业进入了前所未有的大浪淘沙时代。正是在这一年,以吴锋华为总裁的深圳市大凡珠宝首饰有限公司成立了。面对严峻的市场竞争态势和公司名不见经传的实力,吴锋华对公司的未来别有一番思考。如果按照传统的经营思路参与市场竞争,在公司实力和品牌都不占优势的情况下必定处于劣势地位,且在同质化市场竞争中只能将企业带入死胡同。要想使公司进入快速的发展轨道，必须走在市场的前列，摆脱同质化市场竞争的困扰，以超前的思路走引领市场的道路。在这种思路的引导下，吴锋华决定瞄准全球珠宝市场，秉承"品质创造价值"的经营理念，以专有技术为支撑，以原创设计为核心，打造国际高端珠宝品牌。在这种战略思想的指导下，一个全新的品牌——TTF诞生了。

通过多年的技术攻关，TTF拥有数项中国专利技术。作为中国最大的玫瑰金生产商之一，TTF永久性地解决了14K、18K玫瑰金变色和断裂的难题；"钻石丝绸"技术将钻石镶嵌得像丝绸一样柔软，工艺全球领先；浓硫酸代替氰化钾炸金技术，解决了贵金属首饰加工工艺中剧毒化学品的污染问题，具有非常强的环保性；镀膜电金技术工艺成功解决了水银底镀膜电金这一技术难题，达到世界先进水平。TTF还拥有一流的首饰设计和制作团队，倡导"以现代设计手法，表现东方文化精髓"的设计理念，设计的作品在国内外著名的珠宝展销会上受到珠宝采购商的追捧，初步实现了TTF"中国设计，畅销全球"的经营理念，受到业界好评与市场认可，成为有能力发布全球首饰流行趋势的珠宝公司之一。

可以想象，如果没有吴锋华超乎平常的前瞻性思维，如果没有挑战市场的胆量与勇气，那么，"大凡"也只能变为"平凡"。"笨鸟先飞"的思路即总是比大企业、大品牌想在前头，走在前头。知道自己小，小企业就要比别人更勤于思考，注重创新，不断地将核心技术、核心理念转化为竞争优势，方可立足于大市场，成就大事业。

2. 小企业的另类生存法则

市场竞争条件下，小企业的战略如果有效但缺乏核心竞争力，"笨鸟先飞"获得的优势常常马上招致对手的模仿，甚至是更为高明的模仿，实力小的模仿者可以从模仿中获利，实力大的模仿者可能直接导致先行者的死亡。所以，在核心竞争力缺失的情况下，走"笨鸟先飞"之路是有风险的。这就导致多数小企业从"智猪博弈"中获得启示，思考另外一种生存法则。

在博弈论经济学中，"智猪博弈"是一个著名的纳什均衡的例子：假设猪圈里有两头猪，一头大猪、一头小猪。猪圈的一头安装着一个控制猪食供应的踏板，每踩一下踏板会在猪食槽的另一头释放10个单位的猪食，但是谁按按钮就会首先付出2个单位的成本，若大猪先到槽边，大小猪吃到食物的收益比是9∶1；同时到槽边，收益比是7∶3；小猪先到槽边，收益比是6∶4。那么，在两头猪都有智慧的前提下，最终结果是小猪选择等待，让大猪去踩踏板。小猪选择搭便车的原因很简单：在大猪选择行动的前提下，小猪也行动的话，小猪可得到1个单位的纯收益（吃到3个单位食品的同时也耗费2个单位的成本，以下纯收益计算相同），而小猪等待的话，则可以获得4个单位的纯收益，等待优于行动；在大猪选择等待的前提下，小猪如果行动的话，小猪的收入将不抵成本，纯收益为-1单位，如果小猪也选择等待的话,那么小猪的收益为零,成本也为零,总之,等待还是要优于行动。

这种例子在经济社会无处不在。如公司内部大股东比中小股东出了更多的钱,因此责任心会更大,必定更加关心公司的状况,小股东正是料到这一点,所以放心地在一边偷偷懒,坐享其成。在市场竞争中,开拓一个新市场常常可获得可观的撇脂利润,但同时也面临着开发风险,教育和引导消费者要投入广告费用,谁来踩踏板不言而喻,小企业常常坐享其成。

弱势企业在未完成资金原始积累时,这不失为一个有效的办法。这种战略的要点是:迅速跟进,见好就收,千万不要取得一点成绩就夜郎自大。接下来就是要找准定位,寻求本企业的生存发展之路。

3. 专心于补缺市场

补缺市场是大企业、大品牌忽略了的市场,市场竞争不可能非常激烈,同时,如果补缺市场有足够的市场需求,补缺市场也能成就一番大事业。

水晶饰品是近年来的热销产品,自 20 世纪 80 年代以来一直长盛不衰。水晶经营由于投资小、收益快,吸引了众多的创业者参与经营。东海是我国著名的水晶之乡,仅这里从事水晶经营的个体经营者就数以万计,他们几乎渗透到全国每个城市。可以想象,水晶市场的竞争异常激烈。在昆明从事水晶经营的东海某水晶经营者觉得做一般的水晶饰品已经无利可图,便考虑做特色水晶,如金发晶、绿幽灵等。将目标客户锁定在一个很小的细分市场中,这种细分市场是大的珠宝企业不会涉及到的,在小企业中,先行者也会取得领先优势。通过几年的经营,该经营者在昆明已享有很高的知名度,几乎垄断了昆明高档、特色水晶的市场份额。

本章小结

本章我们仅从珠宝企业现有的综合实力和市场竞争态势出发分析了珠宝企业的经营战略思路。企业经营战略是对长远经营思路、经营方向、经营目标的谋划,其重点是未来企业经营要达到什么样的目标,目标的实现要有切实可行的阶段性步骤。本章所述内容实际上是企业在确立未来经营目标的基础上,根据自身实力和市场竞争态势如何迈出第一步的战术思路。关于企业经营战略,我们还要强调如下几点。

1. 客观评估企业综合实力是确定企业经营战略的基础

我们分析了大量香港珠宝企业拓展内地市场取得成功的案例,也分析了本土珠宝企业的成功案例。其实只想说明一个问题:运作成功的珠宝企业都有一个共同的特点,即他们都会冷静地分析当前中国珠宝市场的竞争态势,客观评估自身的综合实力,在此基础上规划企业的经营战略,并坚定不移地按照既定的战略向着经营目标迈进。

按照企业的综合实力,我们可以把企业分为市场领导者、市场挑战者、市场追随者和市场补缺者,不同的角色实施不同的战略,并且根据环境的变化不断调整企业经营战略,企业经营才能取得成功。我国本土企业(如金伯利、菜百首饰等)在激烈的市场竞争中取得经营的成功,成为珠宝行业的佼佼者,一个根本的原因就是他们对本企业的市场地位有一个清醒的认识,对企业的经营战略有一个清晰的思维。如果综合实力与企业选择的经营战略错位,只能使企业在市场竞争中处于尴尬的境地。

2. 竞争优势是企业制定经营战略的依据

有市场就会有竞争,而最终谁会在市场竞争中取胜,取决于企业所能掌控的核心竞争优势。TTF之所以能够成为当今珠宝首饰业创新设计的领军企业,并不在于它有多么雄厚的资金实力,也不在于它有人才济济的团队,而在于企业领导者有高瞻远瞩的眼光和敢为天下先的魄力,有整合各种资源的能力,有长期坚持不懈地向企业长远的目标奋斗的精神。我国多数珠宝企业在多年的市场竞争中已经拥有一定的竞争优势,如何将这些竞争优势有效地整合,形成企业的核心优势进而形成核心竞争能力,是企业管理者们要考虑的问题。以企业的核心竞争能力为依据制定的经营战略才是引导企业走向成功的战略。

3. 战略的实施要有清晰的阶段性战术

企业的经营战略是对企业未来的经营思路、经营方向、经营目标的谋划,战略的实施必须要有战术的配合。战术是企业经营阶段性目标,阶段性目标的有效实施才能保证总体战略目标的实现。周大生的目标是做国内综合实力前三甲的品牌,为了实现这一目标,他们首先以特许经营的商业模式完成了全国市场的布局,成为国内珠宝行业中门店数量最多的企业。但门店数量最多并不代表市场占有率最高,品牌形象最好。所以,周大生把2010年定为品牌提升年,力争在品牌形象、品牌知名度、产品质量、企业内外部管理等方面更上一个台阶,以适应企业经营战略的要求。我们相信,只要有企业阶段性战术步骤的配合,并坚定不移地实现各阶段性目标,企业经营战略的实现指日可待。

4. 创新是企业经营战略成功的保证

珠宝企业的创新包括产品的创新、设计的创新、生产工艺的创新、营销模式的创新等。创新是企业生命力的源泉,同时也是保持企业竞争优势的根本。特别是珠宝行业的领导型企业,它们是行业中多数企业追赶的对象,如果没有创新,就会被别人追赶甚至超越而退出领导者的地位。只有通过创新保持企业旺盛的生命力,才能永远走在市场的前列。但是,目前珠宝企业的创新很难受到知识产权的保护,能给企业带来价值的创新都会很快被竞争对手模仿,使企业特色和产品差异不断缩小甚至消失。这可能是一个全球性的难题,但我们也应该注意到,注重创新的企业永远是引领行业的企业,而模仿者总是后继者,所以,企业要不断创新,通过创新形成企业的核心竞争力。

思考题

1. 简述SWOT分析法,及在珠宝企业经营战略时如何运用。
2. 说明珠宝行业演进过程中不同阶段的市场特征。
3. 总结珠宝行业演进过程中本土企业与香港企业经营战略和市场运作的差别。
4. 我国珠宝企业经营战略有哪几种模式?
5. 简述珠宝企业制定经营战略的依据。

第六章 市场竞争 相机而动

市场竞争是市场经济的基本特性,只要有商品生产和商品交换就必然存在竞争。一个社会市场化程度越高,社会分工越细,市场竞争就越激烈。回顾我国改革开放以来市场的发展,国家经济政策由计划经济向市场经济转型,各个行业都弥漫着竞争的火药味,珠宝行业也不例外。特别是整个珠宝行业由国有企业为主导转向以家族式企业为主体、市场竞争由离散竞争市场转向同质化竞争市场时,竞争的激烈程度可谓到了白热化程度。因此,参与市场竞争要有战略,企业要从战略的高度审时度势,结合企业在市场竞争中的地位制定相应的竞争原则,通过市场竞争使企业获得应有的利益。同时,企业参与市场竞争也要考虑到如何使整个珠宝行业在有序的竞争中健康发展,否则企业就有可能成为市场的搅局者。本章我们将在了解市场竞争能力相关理论的基础上,从分析中国珠宝市场的竞争现状和特点出发,分析不同实力的珠宝企业如何参与市场竞争以及如何培养企业的核心竞争能力,制定有利于企业乃至整个行业健康发展的竞争战略。

第一节 市场竞争概述

在前面的章节中我们讲到了有关企业经营战略问题,战略的核心问题是获得竞争优势。在企业拥有的竞争优势的基础上参与市场竞争,才能稳定或提升企业在市场上的竞争地位,企业才能在竞争中不断成长。珠宝企业制定市场竞争战略首先要分析当前的市场结构,认识珠宝行业市场竞争的特点,在此基础上,才能结合企业的综合实力制定出适合行业发展的竞争战略。

一、市场竞争类型

市场经济条件下,依据市场竞争程度的不同,市场竞争可分为:完全竞争市场、完全垄断市场、垄断竞争市场和寡头垄断市场四大类型,不同的市场竞争类型有不同的特点。

(1)完全竞争市场是一种竞争不受任何干扰和阻碍的市场。在这种市场情形下,市场上存在着众多的买者和卖者,其中任何一个买者或卖者的购买量或销售量都不足以影响整个行业的供求状况;产品是完全同质的,所有企业向该市场提供的同类产品之间没有本质的差异,没有哪个买主或卖主对市场有绝对的影响力,买主对于是谁生产的这类产品毫不关心;经营者进出行业自由,不存在任何限制,如果新企业进入这个行业存在障碍,产品的价格就会被抬高;企业和顾客之间对于市场信息是很灵通的,如果不能掌握市场信息,就会给试图抬高物价的人以可乘之机,因此,企业只需接受由市场供求关系决定的价格即可。

(2)垄断竞争市场是一种既有垄断又有竞争的市场情形。市场上存在较多的厂商,厂商与厂商之间存在着激烈的竞争,厂商之间的产品既有一定的差别,又有一定的替代性。在这种市场情形下,厂商提供的产品在质量、品牌等方面都存在一定程度的差异,但能够互相替代的产品也很多,市场竞争异常激烈,价格就在这种竞争中形成。这时,品牌和差异化的产品设计对制定价格策略有很大的支配作用。

(3)完全垄断市场是由一家企业完全控制市场的情形,产品在市场上是独一无二的,没有任何相近的替代品,这时企业的定价主动权完全掌握在自己手上。定价策略既要考虑企业自身的短期利益,又要考虑企业的长远利益,以不失掉消费者为原则。

(4)寡头垄断市场是由少数几家大厂商共同控制着珠宝市场,每个厂商都足以影响市场的供求状况和价格水平。在这种市场情形下,价格往往不是由供求关系决定的,而是由寡头垄断者协商操纵。这种价格比较稳定,价格竞争比较缓和,而非价格竞争同样比较激烈。

二、我国珠宝市场竞争的特点

我们在前面已经分析了中国珠宝市场复兴以来的市场演进过程及当前我国珠宝市场的竞争状况。通过分析,我们已经知道,中国当前的珠宝市场是一个同质化的竞争市场,市场竞争以价格竞争为主要手段。同时,一些具有前瞻性眼光的企业开始走上品牌化建设的道路,随着品牌形象的建立、品牌特色的形成和企业自身的品牌推广,品牌的知名度、市场占有率逐步提高,市场竞争逐步由完全竞争市场向垄断竞争市场转化。

当前中国珠宝市场的竞争状况正是处于经历了同质化市场竞争后开始向垄断竞争市场转化的阶段。在这种转型过程中,香港珠宝品牌已站在金字塔的顶端,周大福、金至尊、谢瑞麟等香港品牌的市场占有率明显领先于中国内地珠宝品牌,它们都有可能在未来的中国珠宝市场竞争中成为垄断竞争市场的主角。国内珠宝品牌如周大生、戴梦得、金伯利等品牌,以自己的商业模式完成了在中国各主要城市或部分城市的市场布局,已成为中国内地珠宝企业的领军者,如果竞争战略选择得当,它们完全有可能同香港品牌一争天下。同时,我们还要看到另外一种市场发展态势,那就是国际顶级珠宝品牌纷纷入驻中国市场,全球著名的奢侈品品牌卡地亚、蒂芬尼早在 20 世纪 90 年代末期便已入驻中国。近年来,更多的国际品牌加快了入驻中国市场的步骤,这是中国珠宝市场迅猛发展引起国际珠宝界人士关注的结果。

从市场竞争状况来看,一线市场(省级城市及经济发达的地级城市)由产品和价格的竞争转向品牌竞争,这些市场的消费者大多已经具有了品牌意识,相信品牌、购买品牌产品已成为他们的选择倾向,钻石等高档首饰饰品是这些消费群体的首选;而二、三线市场(地、县级城市)以本土品牌和地方品牌为主导,是黄金首饰的主要消费市场。

第二节 珠宝企业竞争战略选择

20 世纪 80 年代初,著名战略学家迈克尔·波特(Michael Porter)提出"五力"分析模型(图 6-1),用于竞争战略的分析,可以有效地分析企业的竞争环境。波特认为,企业战略的核心是获得竞争优势。影响企业竞争的因素有很多,但基本因素有两个方面,一是企业所在产业的赢利能力和管理水平,如企业进入的是夕阳产业还是朝阳产业,显然,朝阳产业更有发展潜力;二是企业在该行业中所占的竞争地位,它直接影响到战略选择。波特将影响企业竞争的各种力量归纳为"五力"并建立了五力分析模型。这五力分别是:供应商的讨价还价能力、购买者的讨价还价能力、潜在竞争者进入的能力、替代品的替代能力、行业内竞争者现在的竞争能力。一种可行的竞争战略的制定首先应该包括确认并评价这五种力量,不同力量的特性和重要性因行业和公司的不同而变化。波特模型对珠宝企业制定竞争战略同样具有指导意义。

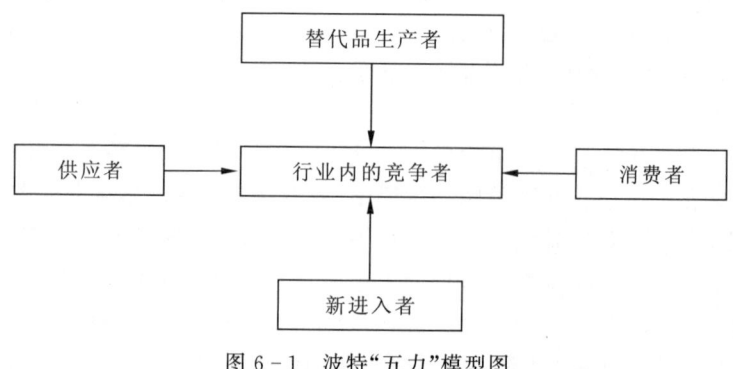

图 6-1 波特"五力"模型图

一、对供应者的分析与战略选择

供应者是指为珠宝企业从事生产经营活动提供所必需的原材料、成品、半成品的单位或个人。珠宝企业从事市场营销活动,必须要保证企业产品的有效供给。供应商的作用首先是保证供应链的畅通,其次是要从供应环节获取竞争优势。在市场营销活动中,企业总是围绕这两个方面做工作。

企业与供应商是利益联盟,供应商为珠宝企业提供适销对路的产品,珠宝企业在营销活动中才能取得更好的经营业绩,实现更大的销量和利润,企业才能向供应商购买更多的产品。供应商提供的产品质量和价格直接影响到经销商的产品销售和竞争能力,为了实现双赢,供求双方必须保持良好的合作关系。然而,很多原因可能会打破这种良好的合作关系,一是资本的逐利性,即任何一方都希望在交易中获取更大的利益;二是成长的不协调性,珠宝企业在企业发展的不同时期对产品的需求是不一样的,当某一供应商的产品供应不能满足其需要时,经销商不得不更换供应商,而供应商也是嫌贫爱富的,任何一个供应商都喜欢与资金实力强、诚信程度高的经销商打交道,资金实力小的企业常常会受到歧视性待遇,在产品价格、付款方式等方面不能享受到同等的待遇。所以,经销商无时不在寻找更多、更好的供应商。

供应商的增加对经销商来说是件好事,它加剧了供应环节的市场竞争,使商业谈判的砝码向经销商倾斜,供应商会采取一切优惠政策留住经销商。而对经销商来说,供应商的增加给了他们更多的选择机会。

珠宝企业在寻找供应商时,除了要寻找到适销对路的产品之外,更为重要的是如何在供应环节获取竞争优势,如寻求与产品质量更好、价格更合适的供应商合作,并努力将这种竞争优势转换成企业的核心竞争力。一旦有了良好的供应渠道,企业就能获得成本上的优势和更大的利润空间,为企业实施低成本战略创造条件。低成本优势可从两方面获得。一方面可以通过精细化管理来获取,另一方面可以从供应环节获得,从供应环节获得的成本优势是最基本的竞争优势。周大福为了在钻石经营中获得成本优势,以收购矿山的方式成为戴比尔斯的看货商,并自己设立钻石加工厂,减少了中间环节,取得了第一手的货源。为了降低运营成本,周大福将其首饰加工厂、设计中心和运营中心全部设在内地,一方面方便了企业的品牌运营,另一方面取得了成本领先优势,为实施低成本战略创造了条件。

二、对消费者的分析与战略选择

消费者处在供应链的终端,是不以赢利为目的的珠宝首饰的最终购买者。

从某种意义上来说,市场竞争实际上就是顾客的竞争。顾客的竞争就像杠杆原理，本企业的顾客数量增加了，竞争对手的顾客数量就会减少。珠宝企业在经营过程中所做的一切市场策划活动都是围绕着争取更多的顾客、提高市场占有率进行的。而作为竞争手段的服务战略是从战略的高度对企业服务的意识、内容和质量进行系统的规划，企业在珠宝营销活动中不仅要追求市场占有率，更要强调顾客的满意度和如何培养顾客的忠诚度。一项客户忠诚度研究表明，81％的忠诚客户将掏出更多的钱继续在他们所忠诚的企业购买商品或服务，约一半人称他们会在所忠诚的企业购买更多的商品，或对促销商品有所反应。因此，分析消费者的需求、爱好、消费行为，有针对性地为目标市场提供产品/服务，制定相应的服务战略，对于争取更多的顾客具有重要意义。

如何制定以培养顾客忠诚度为目的的服务战略呢？培养顾客的忠诚度，首先要从将顾客转换成公司的客户开始，通过增加转换成本（例如：增加宣传投入、以比竞争对手更优惠的价格向顾客提供优质产品、向顾客馈赠礼品等），让顾客有购买公司产品/服务的机会，通过消费体验培养顾客的满意度。如果公司希望赢得长期客户和市场份额，就必须了解影响顾客忠诚度的不同因素。这需要从以下五个方面制订一整套培养顾客忠诚度的相互协调的计划。第一，通过市场调研，对企业定位的目标顾客群体进行长期的跟踪调查，掌握他们的需求、爱好、购买行为以及他们所需要的服务内容；第二，把忠诚度推动力与客户体验相结合，确保服务内容与目标客户群的需求一致，制定忠诚度衡量标准并结合标准确定每项服务内容的细节；第三，将顾客忠诚度建设贯穿于营销流程的每一个环节中；第四，跟踪每个客户的忠诚度，积极解决每一个可能导致忠诚度受损的细节问题；第五，不断强化、加强顾客与公司的沟通，增加主客之间的感情，让顾客永远跟着公司走。

客观地说，中国珠宝行业复兴以来，服务问题一直没有受到重视，绝大多数公司缺乏服务意识，没有从战略的角度规划企业的服务战略，使顾客与商家之间出现信任危机，更谈不上什么忠诚度了。如果在网络上浏览一下各大论坛我们会发现，几乎没有一个公司的服务是让顾客满意的，这不能不说是珠宝行业经营多年来留下的重大隐患。其实，顾客的要求很简单，他们无非是想买到货真价实的产品，享受到与他们付出的金钱相适应的服务，由于缺乏专业知识和信息不对称，他们对商家本来就存有戒心，一旦他们在消费中受到不公正待遇——哪怕问题不是出在商家，他们也会有上当受骗的感觉。顾客与商家始终站在对立面，又何谈忠诚度呢？了解顾客的想法，针对顾客的需求、爱好和购买行为制定相应的服务战略，并在经营中不断提高服务水平和服务质量，最大限度地让客户满意，这是建立顾客忠诚度的基础。在当今珠宝行业，在服务意识普遍薄弱的情况下，建立服务战略是应对未来市场竞争的有力武器。谁重视服务，率先加强服务意识，谁就有可能在同等实力的企业中拥有更多忠诚度高的顾客。

三、对潜在进入者威胁的分析与战略选择

在市场经济条件下,任何行业,只要有市场前景,就可能有潜在进入者。潜在进入者进入市场有两个方面的影响:对消费者来说,潜在进入者的进入使市场上销售同类产品的企业增加了,使他们有了更多的选择;而对企业来说,潜在进入者的加入使市场竞争更加激烈,新进入者会瓜分部分市场,现有企业则减少了市场机会。

对现有企业来说,分析和应对潜在进入者进入市场对企业造成的威胁可以从两个方面入手:第一,设置进入壁垒,使潜在进入者不敢进入;第二,分析潜在进入者的实力和进入姿态,看其是否有能力瓜分企业的市场份额。

设置进入壁垒使潜在进入者不敢进入是一件难度极大的工作,它取决于企业是否具备核心竞争能力。基于核心竞争能力设置进入壁垒可以从两个方面入手:一是规模经营;二是实施创新战略,保持企业在市场上的领先地位。在规模经营情况下,如果企业在市场上拥有了足够高的市场份额和顾客忠诚度,就不怕来自任何一方的市场竞争,只需采取有力的措施维护好现有客户,使客户不至于流失,同时,通过创新保持企业在市场上的领先优势,任何潜在进入者都不足以动摇企业在市场的地位。

从某种意义上来说,潜在进入者的加入对企业并不完全是一件坏事,更多企业的加入可以形成聚集效应,促进市场的繁荣,对潜在进入者的态度,关键要看潜在进入者以什么姿态进入市场。如果潜在进入者是以"共荣"(即共同繁荣市场)、以市场补缺者的姿态进入,则会使市场产品更加丰富,每个企业的目标市场更加明确,反而会使企业的产品特色更加鲜明;但如果新进入者是以"侵入式"的姿态进入市场,则可能会打破现有市场的竞争格局,企业如何应对,这就要考虑自己的综合实力了。对于现有企业来说,必须坚决制止新进入者的侵入者行为。

总之,考量新进入者进入市场对整个市场格局带来的变化,应综合评估新进入者的实力和核心竞争能力,同时对本企业的综合实力也要有足够的认识。如果在市场上有足够的影响力和创新能力,通过创新保持企业在市场上的领先地位,就不会畏惧任何新进入者带来的市场竞争格局的变化。

四、对替代品生产者的分析与战略选择

一般来说,替代品常常出现在两个不同行业中,企业产品在功能上互为替代,从而在企业与企业之间产生相互竞争行为,这种源自于替代品的竞争会以各种形式影响行业中现有企业的竞争战略。这类替代品已超出了我们的讨论范围,我们这里要讨论的是由于行业内的各类创新和流行时尚的改变出现的替代品对现有行

业的冲击。在科学技术水平日新月异的今天,新技术、新产品、新工艺不断出现,带动着市场不断地变革,每个企业都面临着产品被淘汰的危险。在珠宝首饰行业,一种新的时尚潮流替代过去的时尚潮流是随时可能发生的事。2000年新的国家珠宝首饰行业标准出台后,迅速推动珠宝首饰行业出现了一个新的潮流:传统市场上销售的24K黄金首饰和Pt900镶嵌首饰迅速被千足金首饰和Pt950镶嵌首饰所取代。因为追求贵金属首饰的高成色是我国珠宝消费者的传统消费意识,一些企业数百千克的黄金首饰和数万件镶嵌首饰面临着时尚潮流的变化而被淘汰,这些企业的损失是可想而知的。当然,这种损失对企业来说还不是致命的,因为贵金属材料和宝石都是可以提纯利用的,损失的只是加工费、鉴定费及加工损耗而已。如果一个流行时尚迅速地被另一个流行时尚所取代,原来的产品完全被市场所淘汰,企业将会面临倒闭的危险。所以,企业经营者们要及时预测市场的变化,以创新的产品迎合未来的流行趋势,根据市场的发展态势不断地创新是企业抵挡替代品生产者最有力的武器。

技术的革新可能对行业中现有的企业造成重大冲击,但企业只能通过发展新技术抑制本企业的产品被替代。对珠宝企业来说,颠覆性的技术作为核心竞争力是很少的。在珠宝行业内,不大可能有像通讯行业中数字信号替代虚拟信号使整个行业发生根本变革的技术,技术创新是替代历史工艺的主要途径,不断的技术革新会推动行业的发展。珠宝企业的领导者们要有忧患意识,居安思危,紧盯市场的发展态势,不断创造新技术、发展新工艺,迎合市场发展的需要,做市场的领跑者。当一个潮流即将被另一个潮流取代时,企业都会因自身的创新而走在行业的前列。

五、行业内竞争态势分析与战略选择

市场竞争首先要搞清楚的是同谁竞争、竞争的目标是什么,即要搞清竞争对象、市场竞争者是谁、为什么要同他竞争或者说竞争要达到什么目的。否则,竞争就是盲目的,综合实力不在同一水平上的同业者是不会成为竞争对手的。所以,市场竞争,首先是要弄清楚竞争对手和目标,其次是要评估自己的实力,关键是要确定企业在本行业中的地位,继而决定其竞争战略。按照综合实力的不同,企业可分为市场领导者、市场挑战者、市场追随者和市场补缺者,不同综合实力的企业有不同的竞争战略。

1. 市场领导者的竞争战略——防御战

市场领导者是行业中的老大,在行业中拥有最高的市场占有率,是所有企业进攻的对象,要么向其发起挑战,要么模仿其产品,要么以其弱点来作为比较对象体现自身的优势。实力与之相当的企业会以各种方式向其发起挑战,瓜分其市场份额,迫使其失去市场领导者地位;而综合实力明显弱于它而致力于形成自己特色的

企业则会避免与其竞争,以自身的产品特色自己定位目标市场。因此,市场领导者为了维护自己的市场领导者地位,在确定其竞争战略时的核心思想应该是如何维护其市场地位的防御战,采取强有力的行动抵抗各种企业向其发动的进攻。市场领导者可以从三个方面采取行动:一是通过市场拓展提高市场占有率;二是通过创新和保护知识产权来保持企业的领先优势,维持顾客的忠诚度并拓展新的客户;三是正面防御,对竞争者的进攻作出坚决的反击,在反击中巩固自己的势力。

周大福是最早进入内地珠宝市场的香港珠宝品牌。进入内地之初以迅雷不及掩耳之势采用连锁经营的形式拓展内地市场,在短短几年之内通过自身的品牌运营,品牌知名度和市场占有率不断提高,成为中国珠宝行业的老大。当其他企业模仿跟进时,周大福更是凭借自己的品牌优势顺势拓展,不断提高市场占有率,迅速完成在全国各主要城市的市场布局,维护其市场老大的地位。

一旦成为行业的老大,必定成为其他企业进攻的对象,为了维护自己的市场地位,周大福在拓展市场的同时,通过创新和保护知识产权来保持自己的领先地位。为了突显品牌的个性化,周大福结合中国珠宝的消费现状,不定期推出有企业代表性的黄金首饰、钻石首饰款式。如近年来陆续推出的"爱意系列"、"福星宝宝"、"彩虹系列"、"绝配系列"、"骄人系列"、"迪斯尼公主首饰系列"、"水中花系列"、"结婚系列"等深受中国珠宝消费者的欢迎。在促销方面,尽管周大福在国内消费者心目中已经有了很高的知名度,但其在广告宣传上仍然投入了大量的资金,引领消费潮流。周大福还为"福星宝宝"系列产品申请专利,成为周大福的特有产品,近10年来在市场上一直长盛不衰。

武汉有一家全国知名的商场——武汉广场,在长期的经营中,凭着先进的管理理念和精确的市场定位在全国商品零售业享有很高的地位,珠宝零售也取得了不俗的业绩。当1999年中国珠宝行业以打折为主要形式的价格大战打响时,武汉多数商场的珠宝专柜也纷纷加入,给处于商界"龙头"地位的武汉广场的珠宝销售带来很大的影响,商场内的部分经销商也急不可耐地想加入这场价格大战。为了有效地反击竞争者的挑战行为,维护武汉广场的市场地位,经过细致的策划,武汉广场在2000年五一国际劳动节到来之前,打出"40年来头一回"的宣传口号(即商场成立40年来第一次),联合旗下的世贸广场一起在五一期间进行为期三天的钻饰六折的促销活动。精心策划的宣传活动调动了武汉三镇珠宝消费者的购买热情,三天的促销活动创造了平均每小时近百万的销售纪录。在随后进入的珠宝销售淡季,武汉广场对参与打折的部分品牌进行了品牌清洗,重新引入一些高端品牌,重新确立武汉广场的市场定位。武汉广场的这场促销活动对一些商场的打折销售行为是一种有力的反击,可谓是领导者的反击式防御。

市场领导者在市场竞争战略布局中的一个要点就是不要暴露自己的弱点,市场领导者的弱点可能就是市场挑战者向其发起挑战的突破口。防御的方式还有很多,如机动式防御、缩减式防御、先发制人式防御等,这里就不一一罗列了。

2. 市场挑战者的竞争战略——进攻战

几乎所有企业都可能成为挑战者,这些企业可能是与市场领导者实力相近的企业,也可能是行业中二流以下的企业。这些企业可以采取不同的竞争战略,但总体战略思路是如何打一场进攻战。不同类型的企业进攻战的方式是不一样的,它们可以抓住市场领导者的弱点向其发起全面攻击,力争从各个方面瓜分市场领导者的市场份额,但如果属于双方共同的弱点,它们会安于现状而不扰乱竞争局面;它们也可以从某一侧面向市场领导者发起攻击,试图在某一领域或某一目标市场夺取比市场领导者更多的市场份额,或进攻与本企业实力接近、目标市场选择一致的企业,力争成为某一领域的市场领导者。所以,市场挑战者参与市场竞争的一个总体战略思路是打一场进攻战,试图通过进攻从市场领导者那里争取更多的市场份额。根据企业实力的不同,进攻战的战术可以是正面进攻、侧翼进攻、迂回进攻或游击式进攻,选择哪种进攻方式取决于企业的实力。正面进攻常常是实力与市场领导者相近的企业的挑战行为,其他进攻方式则是实力相对较弱的企业的进攻方式,我们将在下面的内容中探讨。

香港金至尊珠宝是2003年开始进入内地珠宝市场的,对内地珠宝行业来说是新进入者,其实力已经构成了对市场领导者——周大福的挑战。从经营的产品来看,两个企业有极为相似的地方,产品组合完全一致,都是来自香港的珠宝品牌,所不同的就是金至尊是一个新兴的珠宝品牌,当它进入内地珠宝市场时,周大福已经布局了300余家连锁店,在市场上已经有了一定的影响力。通过对周大福的分析,金至尊的管理者认为,周大福的品牌特征十分明显,拥有香港黄金成色标准的创造者和戴比尔斯看货商两张王牌,产品组合清晰,在内地市场上有了一定的品牌知名度,但从周大福这个品牌名字来看,有点老态龙钟的味道,金至尊决定以此为突破口,形成一个与周大福不同的定位,以产品创新增强品牌活力,在品牌特色上力求打造一个年轻人喜欢的品牌,以周大福一样的模式展开市场拓展,向周大福形成挑战态势。2003年以来,金至尊成长势头异常迅猛,只可惜集团主席林世荣在2008年突然去世使品牌拓展进程受挫,2010年公司经过重组,重拾以前的发展势头,未来几年,金至尊必定向周大福发起有力挑战。

实力不同的企业进攻的方式是不同的,综合实力与市场领导者不相上下的企业在具体的战术上会向其发起正面进攻,即一方面抓住其弱点,试图给其致命一击,突破对方的防守区域,形成自己的鲜明特色,通过正面进攻瓜分竞争对手的市场份额,另一方面发挥自身的优势形成鲜明的品牌特色,力争超越竞争对手成为市场领导者。

3. 市场追随者的竞争战略——侧击战

市场追随者是行业中的二、三流企业,以综合实力来看,它们可能是走专业特色道路的品牌,在行业中的某一领域是市场领导者,或者是在区域市场上有一定知名度的企业,也可能是综合实力弱于市场领导者的企业。它们在市场竞争中的总体思维是一致的,即避开同市场领导者在正面战场的争夺,以侧击的方式尽可能多地抢占市场领导者的市场份额。但不同的企业或品牌侧击的方式是不同的。

谢瑞麟可谓钻石经营领域走专业特色路线的市场领导者,但相对于周大福来说它又是市场追随者。所以,谢瑞麟在规划竞争战略时,一方面要考虑以大众化的产品瓜分周大福的市场份额,同时要考虑发挥本品牌在技术上的特色优势保持自己的领先地位,扩大市场占有率。所以,谢瑞麟在钻石切工、首饰款式和首饰工艺上不断地创新,争取更多的顾客,不与周大福展开正面的市场竞争,而是以自身的特色优势争夺更多的顾客,提高品牌的市场占有率。

相对于多数进入内地珠宝市场的香港品牌而言,布局国内珠宝市场的中国珠宝驰名品牌和在区域市场上有一定知名度的地方品牌即是处于市场追随者的地位。在市场竞争中,由于它们缺乏核心竞争能力,品牌影响力也不如香港品牌,更没有足够的实力在短期内通过产品创新或渠道突破或品牌传播超越香港品牌,因此,它们在市场竞争中处于被动地位。为了取得更多的市场份额,它们可能会以降价、打折、改进服务、增加产品差异为诱饵,还可能会通过模仿市场领导者,尽可能多地瓜分市场领导者的市场份额。

作为一个市场补缺者必须清楚地认识到自己如何保持现有的顾客及如何赢得一定数量的新顾客,为自己设定清晰的成长路线。市场竞争是利益之争,一味地以上述方式瓜分市场利益必然会引起市场领导者的强烈反击,一场艰难的殊死搏斗最终会导致两败俱伤,这是我们不愿看到的结果。任何企业不管规模的大小、实力的强弱,维护市场的共同繁荣与成长是每个企业的责任。所以,市场追随者在规划企业的经营战略时,除了要考虑尽可能多地瓜分市场份额,更主要的是要通过市场调查与研究,精确地锁定目标市场,围绕目标市场的需求从事产品开发与创新,以独特的产品满足目标市场的需求,形成企业的核心竞争力,不断提高企业的市场地位。

4. 市场补缺者的竞争战略——游击战

市场补缺者是行业中的小企业、小品牌,不管是综合实力还是品牌知名度同大企业、大品牌都不能相提并论,无力参与市场竞争,也不可能对大企业、大品牌构成威胁,只能依靠某一专业特长发现和占领某些细分市场。所以,其战略思维是:立足于某一特定的细分市场,做细分市场的专家,并密切注意这一细分市场是否被大企业所重视及重视的程度,随时准备望风而逃,迅速将经营业务拓展到珠宝行业的另外一个领域。

娄兰珠宝是在中国地质大学珠宝市场从事珠宝经营的不知名品牌,早在2001年,他们通过市场调研发现,在地质大学珠宝市场中钻石、翡翠、水晶等饰品的竞争非常激烈,但在地质大学乃至整个武汉市,除了几个专业古玩市场外,和田玉的经营几乎是一个空白。他们决定进入地质大学珠宝市场专门从事和田玉的经营,目标市场直接指向传承中国玉文化、喜欢购买、收藏和田玉的玩家这一很小的细分市场。

一听到"娄兰"这个名字,人们就会自然联想到它应该是来自新疆的品牌,新疆是和田玉的故乡,因而消费者自然会想到在这里来购买和田玉。娄兰珠宝自2003年入驻学苑珠宝以来,尽管经营规模不大,但取得了较好的经营业绩,已在武汉的和田玉玩家中取得了较高的知名度。

像娄兰珠宝这样专注于某一细分市场从事珠宝营销,对综合实力企业不强、品牌知名度不高的企业来说是一种理想的选择,因为它是大企业、大品牌忽略的市场,经营业务不会同主流企业发生冲突,所以,市场竞争不会太激烈。对于不知名的小品牌在规划企业的发展战略时,应该注重寻找这种具有发展潜力的补缺市场,努力在这一补缺市场上做出特色,成为这一补缺市场的专家。当然,如果市场潜力巨大,也会引起大企业的关注,当它们大规模进入且小企业尚未形成经营规模不能抵挡其进攻时,小企业最好的办法是迅速转向进入另一个被大企业忽略了的补缺市场或在销售渠道上进入一个大企业尚未进入的新市场,这就是我们这里所说的市场补缺者应对市场竞争的游击战。小企业在渠道上的游击战法相对可行,但不断地变换经营领域还是有一定难度的,所以,市场补缺者在实施游击战法时,关键还是要考虑如何成为市场的专家,以专业化的特色建立企业的形象,维护企业的商誉,培养顾客的忠诚度,这是对抗大企业攻击的最有效的办法。

第三节 珠宝企业市场竞争制胜方略

在珠宝市场不断走向成熟的过程中,珠宝企业参与市场竞争靠投机取胜的机会已经越来越少了。市场竞争制胜首先是依靠企业拥有的优势资源,再加上企业管理者的精心策划,将资源和人的智慧结合在一起,努力将优势资源转化成竞争优势,继而形成企业的核心竞争力。市场竞争的过程也是企业经营特色的形成过程,在现代市场竞争中,珠宝企业营销制胜的方略有如下几种。

一、以不断的创新取胜

在现代市场经济条件下,科学技术的飞速发展,消费需求的日新月异,使得企业时刻面临着被淘汰的危险。在市场变革的过程中,谁能把握变革的趋势,谁能掌握消费者需求的走向,及时研制出适合市场需要和消费者需要的产品,谁就能赢得市场、赢得顾客,掌握市场竞争的主动权。创新是企业具有竞争力的前提,珠宝企业的创新可以围绕着开发新工艺、设计新款式、拓展新市场、创立新的商业模式等方面进行。

1. 开发新工艺

我们在上一章中提到的深圳的 TTF 正是以创新取胜于市场的楷模。作为一个名不见经传的企业到享誉国内外的知名品牌,TTF 正是靠走创新之路,不断开发新工艺,有效地避开了国内珠宝行业的同质化市场竞争,以创新的产品、创新的工艺走在市场的前列,使之成为企业的核心竞争力。

2. 设计新款式,引导市场潮流

长期以来,中国珠宝行业的同质化市场竞争,问题就在于企业不注重在首饰设计领域的投入,产品一味地抄袭和模仿,品牌与品牌之间没有实质性的差异,也不利于品牌特色的形成。在这种市场环境中,谁注重款式设计,不时地推出新产品,谁就会走在市场的前列,在市场竞争中处于有利地位。当然,新产品的市场推广除需要大量的资金投入外,还需要借助品牌影响力,这无疑是大品牌的专利。但是,如果企业不注重产品开发,就永远只能走在别人的后面,实现超越永远只是一个梦想。

3. 拓展新市场

一个新的市场的拓展是有很大的风险的,因为企业要背负着市场培育的责任。但一旦市场拓展成功,企业就是在这个市场上的第一人,拥有比后继者更多的客户和更高的市场占有率,在市场竞争中就可以处于优势地位。在机会与威胁并存的时代,企业为了生存和发展,就要有挑战的勇气,不断拓展新的市场,寻求企业生存和发展的机会。

4. 创立新的商业模式

一种新的商业模式可能为企业带来巨大的发展机会。近年来,周大生成功地将加盟连锁经营模式引入珠宝行业,使周大生在不到 10 年的时间迅速成长为国内最有影响力的珠宝品牌;钻石小鸟成功地实现在网上销售钻石,随后又建立了网店加体验店的商业模式,使其成为中国最大的钻石网络营销机构,他们都是创立新的商业模式的典范。

二、以优秀的质量取胜

质量是企业的生命,这是所有企业喊了多少年的口号,实际情况也确实如此。企业产品只有具备良好的内在质量,才能在社会公众的心目中树立独特的产品形象,在产品的性能、安全性、可靠性、可用性、维修性、合用性、美学和经济性等方面为消费者提供更多的利益。让消费者买得放心,才能吸引更多的消费者。许多珠宝企业都试图开发高质量的产品,以通过提高产品的质量形象在区域市场中树立独特的企业形象,以此来吸引消费者的"眼球",这确实是争取顾客和为企业带来利润的明智之举,因为高质量就意味着消费者买得放心,意味着高价格,从而为企业带来更丰厚的利润。但是,企业追求的高质量必须以满足区域市场的需要为前提,一味地追求高质量而脱离区域市场客观需要的做法是注定要失败的。

珠宝企业追求的产品高质量一定要是顾客看得见的高质量。珠宝是消费者不甚了解的产品,如何让消费者认同企业产品的高质量是值得企业经营者们研究的一个问题。高质量不是靠企业自己喊出来的,只有顾客能够感受到的高质量才能获得顾客的认同,才能为企业带来效益。精于打质量牌的企业经营者们会将企业产品质量分为两个部分,一部分是用来"看"的产品高质量,一部分是用来"卖"的产品高质量。用"看"的高质量吸引顾客的目光,争取顾客对产品高质量的认同,取得顾客的信任;用"卖"的高质量对消费者展开促销,为企业带来利润。许多珠宝企业的店堂或橱窗里,常年陈列着几件所谓镇店之宝的"天价"产品,其无与伦比的质量也伴随着无与伦比的价格,给人以"优质优价"的印象。但是,这种做法很容易给人一种故弄玄虚的印象。企业应该以可比的质量与价格去说服顾客,让顾客产生认同感,认为该产品确实物有所值。同时,企业也不能为获得利润而高价低卖,它会失去顾客对企业产品高质量的信任感。某企业曾公开展示一件钻石饰品,标价178万元,最后却以58万元成交,一时舆论哗然,对该企业的产品质量与价格提出了质疑,严重损坏了企业及其产品在消费者心目中的形象。

任何一个企业都希望以质量取信于顾客,但确实有许多工作要做:一是企业的经营者和管理者要注重企业的产品质量,真正将其视为企业的生命;二是需要时间让社会公众了解企业的产品质量,一旦企业产品在社会公众心目中树立了独特的产品质量形象,企业在激烈的市场竞争中就会立于不败之地。

三、以低廉的价格取胜

价格竞争历来是市场竞争的重要手段之一。产品的价格是由商品成本、采购成本、销售成本、应缴税金和企业利润等因素共同决定的,对于众多珠宝企业来说,由于供应商的同源性使得企业的商品成本都是相同或相近的,大型珠宝企业由于其采购量的原因,商品成本会略低一些,但这一微略的差别并不足以作为企业用作低价策略的依据。有些珠宝企业为了降低商品成本,试图深入珠宝产地,寻找一手的货源,但又无形中增加了采购成本,同时还要承担可能造成的货物积压的风险。应上缴国家的税金是一固定的比值,对所有商家都是一样的。如此看来,企业要以较低的价格取胜,要么降低企业利润,要么降低采购和销售成本。降低企业利润是所有企业都能做到但又不愿意做的事情,因为利润是企业经营的主要追求目标。但在激烈的市场竞争条件下,降低利润是商家不得已而为之的事情。事实上,中国的珠宝市场已经进入微利时代。在企业内部管理过程中,降低采购和销售成本是实行"以较低价格取胜"策略的最有效的手段,降低成本就意味着增加了利润空间。所以,我们可以说,加强企业管理是参与市场竞争的有力武器。

实施"以较低的价格取胜"策略的方式有如下几种。

(1)品质更好,价格相同。企业可以以"品质更好,价格相同"的口号向宣传"品质好,当然价格高"的企业发动攻势。某珠宝公司宣称:"如果把您在市场上购买的克拉钻石拿来交换本公司 50pt 的钻石,您仍然会感觉到划算。"意思是说:在本公司购买 50pt 的钻石,价格与市场价相同,但以品质论价,它与市场上的克拉钻相当。这一策略突显了该公司的钻石"品质更好,价格相同"。

(2)品质相同,价格较低。即为顾客提供与其他企业品质相同的产品,但价格却比其他企业低一些。价格竞争常常是小企业用于瓜分大企业市场份额的有力武器,提供给顾客的珠宝首饰品质与大企业相同,但价格却比大企业低。采用这一方式参与市场竞争时要注意:价格要低得适度,一方面,过低的价格竞争使大企业无法容忍时会招致大企业的强力反击;另一方面,过低的价格可能会使顾客怀疑产品的质量是否有问题。

(3)品质较逊,价格大幅度降低。在中国人的心目中,珠宝首饰始终是神秘、珍贵而价值连城的物品。许多消费者希望拥有它,但又因其价格望而却步,如果企业主要经营品质稍逊的珠宝,而价格又大幅度低于一般珠宝饰品,必将会吸引大多数大众消费者。

但是,实施"以较低的价格取胜"的竞争战略需要注意以下三点。

(1)注意价格与质量的可比性。以上讲述的低价策略的各种方式都是建立在价格与质量的可比性基础上的,没有比较就体现不出企业价格的优势。企业所倡导的比较质量一定是能够让顾客看到或感受到的质量或质量差异,如钻石的"4C"标准是可以通过钻石鉴定证书反映出来的,本企业同品质的钻石首饰如果价格明显低于其他企业,将会对顾客形成很大的吸引力。没有可比性的质量与价格,其说服力是十分苍白的。

(2)低价格必须以维持企业正常经营所需费用为前提。在市场竞争激烈的条件下,珠宝企业会不惜降价来参与市场竞争。竞争的目的是抢占珠宝市场份额,为企业带来短期或长期的利润或效益,但一味的低价可能会带来许多负面效应,如损害企业形象、让部分老客户对企业失去信任、企业经营得不到应有的回报等。所以,企业实施低价竞争必须经过周密的策划,必须为企业带来维持正常经营所需的利润。这是低价策略的底限,突破这个底限,企业将是十分危险的。

(3)低价竞争必须全面分析珠宝市场营销环境和企业环境。企业要考虑低价能否让区域市场的消费者接受,是否会引起合作者的反感,是否会受到竞争者的排挤和反攻;必须全面权衡利弊,从市场营销环境的实际出发,做出周密的计划与布置。如果市场营销环境的任何一个因素对企业的低价竞争造成影响,企业都将是十分被动的。低价策略还要考虑另外一些问题,一是我们平常所说的"顾客对价格是永远不会满足的",它告诉我们,价格低要有一个"度";另一方面,顾客对珠宝并不了解,一味地低价是否会让顾客怀疑产品质量有问题。

四、以更多的折扣取胜

珠宝打折促销是上世纪末开始在国内兴起的一种主要促销方式。其实,自从有了市场以来,这种促销方式一直被各行业所沿用,短期打折促销、对老顾客打折让利促销都普遍地被商家所利用。而如今,珠宝首饰的打折已成为珠宝商家参与市场竞争的有效手段,打折虽然有损产品形象、企业形象和顾客对珠宝首饰消费的信心,但也确实满足了部分消费者贪便宜、图实惠的虚荣心。武汉的某珠宝企业就是靠打折取胜的珠宝商家之一,其珠宝首饰标价比正常的市场价还要高出一倍之多,在此基础上打折当然会有很大的折扣空间。理论上讲,珠宝首饰的打折有诸多弊端,但从短期来看,这家企业确实是成功者。中国珠宝玉石首饰行业协会领导孙凤民先生曾经讲到:中国的珠宝市场已进入微利时代,市场打折只有两种情况,要么是虚标高价,要么是以次充好。孙先生的这番话准确地道出了珠宝打折的欺骗性。但明知道是欺骗,为什么还有那么多消费者愿意购买呢?这可能正是我国珠宝消费者消费理念不成熟的表现。客观地讲,打折销售固然对企业形象和产品形象是一种损坏,但也确实满足了那些买优惠、图实惠的消费者的购买心理,对于只图短期利益的企业来说不失为一种好的招揽顾客的方式。但可以肯定,这种企业在市场上是不会走得太远的。所以,这种竞争方式要慎用。

五、以优质的服务取胜

市场营销学中,服务被认为是产品的一个重要组成部分。在激烈的市场竞争中,服务质量也越来越引起珠宝企业的重视。优质的服务不仅有利于在社会公众中建立独特的企业形象,更有利于在消费者心目中建立广泛的信誉度。优质的服务可以成为在企业与顾客之间建立信誉度和忠诚度的桥梁。

珠宝营销的服务包括售前服务、售中服务和售后服务,优质的售前和售中服务是珠宝营销取得成功的前提,因此引起了珠宝商家的广泛重视。企业为了做好营销而不遗余力地设计售前服务、售中服务,如策划企业形象、为顾客创造良好的购物环境、热情地接待顾客、耐心地解释顾客提出的各种问题等。而售后服务却被珠宝商家忽略了,或者说没有引起足够的重视。

珠宝市场是市场经济的产物,但在珠宝营销中,特别是在售后服务问题上总是带有计划经济的影子,重销售轻服务的现象始终存在。在珠宝消费热形成之初,几乎所有的商家都没有具体的售后服务条款。我们在珠宝商家的展台前都会看到这样的提示:贵重商品,售后概不退换。近年来,珠宝市场逐渐规范了,多数商家有了具体的服务条款,但在关键问题上仍然千方百计地找借口搪塞,于是我们又看到这样的提示:珠宝首饰是贵重商品,请您认真挑选,售后概不退换。这一现象让消费者感觉好像卖珠宝首饰就像扔垃圾一样,扔出去就不用再管了。可以想象,这样的服务如何建立消费者对企业及其产品的信心呢?

珠宝企业在激烈的市场竞争条件下从事市场营销活动,都希望突显企业个性、突出产品的差异化特征,以增强企业的竞争能力。优质的服务也是企业产品差异化的重要方式之一。

以优质的服务取胜,就是要求从战略的高度看待优质服务的重要性,制定全面具体的服务措施,为顾客提供满意、放心的服务。从某种程度上来说,应该将售后服务摆在比售前服务、售中服务更重要的位置。有了优质的服务,顾客才会买得放心,才能提高对企业的信任度和忠诚度,才能留住老顾客和争取更多的新顾客,企业形象也在社会公众的心目中逐渐建立起来了。

六、以广泛的分销渠道取胜

单一的区域珠宝市场,其市场潜力毕竟是有限的,不管企业品牌的影响力如何,最多也只能在区域市场上取得主导地位,同业的竞争者必定要在其中分得一杯羹。即使是百分之百地占领了区域市场,也只能说是在某个区域市场赢得了营销的成功。企业要取得广泛的发展空间,必须拓展和占领尽可能多的区域市场,直到拓展到国际市场。

周大生是近年来以广泛的分销渠道、以加盟连锁为主要经营方式取得成功的典范,在不到10年的时间完成了全国的市场布局,这为周大生的品牌发展奠定了良好的基础。看到周大生的成功,其他品牌也纷纷效仿,能否像周大生一样取得成功,还是取决于企业是否具有核心竞争能力。企业的分销活动一定要遵循量力而行的原则,要在人力、物力、财力有足够储备的基础上有计划、分步骤地进行。人力资源是企业各种经营取得成功的关键,企业经营在于管理,管理则需要人才。只有在日常经营活动中注重发现和培养人才,做好人才的储备工作,才能供用时之需。物力和财力是分销活动取得成功的保证,分销活动需要大量的资金投入,如促销费用、销售开支、货物储备等。如果不遵循量力而行的原则,分销渠道选择得越多,企业则输得越惨。

七、以强势品牌取胜

有关品牌营销成功的案例,我们已经知道了很多,最经典的案例当数可口可乐与其他可乐之间的口味差异问题。如果隐去品牌名称和商标,消费者是很难根据口味从众多品牌的可乐中区分出可口可乐的。然而当他们看到品牌名称之后,却愿意为购买可口可乐付出较高的价格。这就是品牌的价值体现,也说明了建立品牌对企业参与市场竞争的重要性。

可以肯定地说,未来的珠宝市场是一个由数个珠宝品牌主导的市场,建立强势品牌是未来珠宝市场营销取得成功的关键。但是,珠宝营销的艺术并不是选择一个好的品牌名称,花上一大笔钱大量广泛地投入广告,就可以建立品牌,然后就靠这个品牌赚钱。想要建立强势品牌,除了要作品牌形象设计和品牌宣传以外,还有很多工作要做。首要的是加强企业内部管理,强化企业经营者和管理者的品牌意识,加强企业的文化建设,刻苦修炼内功,在市场营销中树立良好的企业形象和品牌形象,以优秀的产品质量和优质的服务赢得消费者的认同、信任和拥戴。强势品牌的市场地位一旦确立,将会为企业带来巨大的经济效益。但是,从确定品牌战略的那一刻起,自始至终都要注重品牌的管理,维护品牌形象,并不失时机地进行品牌扩张,努力保持品牌在市场上的强势地位。这个问题我们将在相关章节中继续探讨。

第四节 珠宝企业竞争战略制定的程序和原则

一、珠宝企业制定竞争战略的程序

珠宝企业制定竞争战略要充分考虑到参与市场竞争的目的和战略目标,当然,我们可以简单地说,企业参与市场竞争的目的是为了获取更大的利益,目标是战胜竞争对手,但关于谁是企业的竞争对手、采用什么样的竞争方式才能获得更大的利益等问题,需要我们在对竞争对手进行分析的基础上,结合企业的核心竞争优势制定有效的竞争战略。这就是说,制定竞争战略要遵循一定的程序。

1. 识别企业的竞争者

竞争不是盲目的,首先要搞清你的竞争对手是谁,同时还要识别将本企业当作竞争对手的企业。金至尊进入中国内地市场之初就清楚地知道它是为了挑战周大福而来的,同时,金至尊也面临着内地众多品牌对它的挑战。这就告诉我们识别竞争者的方法：企业选择的竞争对手一般是与自己的实力相当或比自己实力强大的企业，它们的产品相同或相似，争夺相同或相似的目标市场，所以，它们互为竞争对手或一方向另一方发起挑战。市场竞争是综合实力的较量，客观评价市场上各种竞争力量的综合实力是识别竞争者的有效办法。

2. 确认竞争对手的目标

在确定了主要竞争者之后，接下来就要确定每个竞争对手的目标：即他们在市场上寻求什么；不同的企业竞争目标各有侧重，竞争者虽然无一例外的是为了利益，但这是局部利益之争还是整体利益之争，是短期利益之争还是长期利益之争，局部利益与短期利益之争背后是否还隐藏着更深层次的战略意图。对竞争对手的目标有了清醒的认识后，才能从战略上布局本企业的应对方式。

3. 判断竞争对手的策略

行业内的竞争力量通常可以分为不同的战略群组，群组之间的竞争战略越相似，它们之间的竞争就会越激烈。因此，我们可以将现有的竞争企业按照竞争战略的相似性划分成不同群组，对不同的群组分别实施不同的竞争战略。比如，一个群组以非常完整的产品系列、中等的价格和良好的服务来占领市场，另外一个群组则以相对集中的特色产品、高质量、高价格、优质的服务来占领市场，这两个群组之间竞争的是不同的目标顾客群体，彼此之间的竞争就不会太激烈。企业在对竞争战略进行决策之前，要判断所有竞争战略群组取胜于市场的策略，关注其产品特色、价格策略、渠道选择、促销组合方式等，为本企业的竞争战略选择提供依据。

4. 评价竞争对手的优势和劣势

在制定本企业的竞争战略之前，还要评估竞争者的优势和劣势，这是对竞争对手市场竞争能力的评估，要在掌握必要的竞争者的经营数据的基础上，结合实际的市场调研，客观评价竞争者的市场占有率、赢利能力、资金实力、产品和服务等方面的特点；最好让顾客参与对竞争者的评价，即要求顾客按不同的属性及其重要性来评价竞争者与本企业提供的产品和服务的价值，从而更好地了解竞争者的弱点，同时也发现本企业的薄弱环节，这将有利于企业在市场竞争中取得主动地位。

5. 选择要攻击和要回避的竞争者

在评估所有对手的基础上，结合企业的综合实力，选择企业的攻击目标，确认我们能同哪些对手展开竞争，应该回避哪些竞争对手。企业竞争的目标可以从以下几种类型中选择。

(1) 综合实力强与弱的竞争者。市场竞争的目的是要获得更大的利益，占领更多的市场份额。与综合实力弱的竞争者展开竞争，实力弱的竞争者占领的市场小一些，竞争虽然更容易取胜，但对企业来说，竞争付出的成本小但收益也小。与综合实力强的竞争者展开竞争,企业付出的成本会更大一些,但只要抓住对手的弱点向其发起猛攻,一旦取得市场的主动权,企业的收益会大得多,能够增强企业的整体实力。

(2)经营业务近与远的竞争者。如果两个企业的业务范围相差很远,则不能互为竞争对手,虽然他们选择的目标顾客群体可能是相同的,但满足的需求是不同的。比如,以高档钻石饰品为主要经营业务的企业与以高端翡翠为主要经营业务的企业是不可能互为竞争对手的。所以,市场竞争主要是经营业务相近的企业之间的竞争。

(3)竞争方式"好的"与"坏的"竞争者。市场竞争的目的是为了企业的最大收益,同时推动整个行业向前发展。市场的繁荣靠行业中的所有企业共同维护,如果我们选择的竞争对手在市场竞争中不择手段,可能会使行业的发展受到制约或给行业造成毁灭性的打击,这种"坏的"竞争者是不能作为竞争对手的。只有选择"好的"竞争对手才能在竞争的过程中,既有竞争又有合作,共同推进行业的进步,维护市场的繁荣。而对于那些"坏的"竞争者要尽可能回避。

6. 选择最佳的竞争方式

选择好的竞争方式就是要抓住对手致命的弱点,发挥企业的优势,迅速在竞争中取得主动地位,这就要求企业在竞争方式上有所选择。市场竞争是制约与反制约的过程,只有抓住竞争对手不能改变的弱点加以攻击才是最有效的。金至尊在向周大福发起攻击时,不是以价格竞争,因为价格是双方共同的弱点,而是在品牌形象上形成鲜明的对比,以"精力充沛的年轻人"形象对垒"老态龙钟的周大福"。在竞争方式的选择中,要考虑如何形成企业有别于竞争对手的经营特色,并努力将这种经营特色转化为竞争优势,形成企业的核心竞争力。

二、珠宝企业竞争战略选择的原则

珠宝行业是市场经济的产物,市场经济条件下企业参与市场竞争是不可避免的。但是,珠宝企业在制定竞争战略时应兼顾行业的健康发展、企业的成长和企业的社会责任,也就是说,珠宝企业在选择竞争战略时要遵循一定的原则。

1. 市场竞争的前提是为企业带来利润

珠宝企业从事市场营销活动,首要任务是通过投资珠宝行业获得最大的收益。企业通过对市场环境细致的分析后,选择自己的投资方向,确定企业的市场地位,继而通过竞争手段为企业取得生存和发展的空间,进而为企业带来利益。没有哪个投资人不是为了利益而参与市场竞争的,可以是短期利益,也可以是长期利益,所以,逐利是投资人参与市场竞争的真实动机。既然是这样,企业就应该认真作好调查研究,发现市场机会,找准进入市场的机会和切入点,发挥自己的优势,通过市场竞争占据有利地位,为实现企业的赢利创造条件。

2. 市场竞争应以不损坏消费者利益为前提

市场竞争是十分残酷的,用"你死我活"的斗争来形容其实一点也不过分。在市场竞争过程中,企业会不择手段,突出本企业的优势,战胜竞争对手。比如,为了体现产品的价格优势,企业会想方设法降低成本,保持成本领先就能保持更大的利润空间或更大的降价空间。当市场竞争激烈企业纷纷选择降价促销时,企业的利润空间会被无限地压缩,这时,有的企业可能会选择降低产品质量、减少售后服务来获取利润空间,甚至用以假充真、以次充好的方式欺骗消费者,这是企业道德所不允许的。珠宝营销必须考虑如何保护消费者的利益,消费者是企业利润的来源,从建立品牌忠诚度的角度来说,损害消费者利益也是损害企业的长远利益。

3. 市场竞争应以不破坏市场秩序为原则

市场竞争本质上来说是利益之争,企业参与市场竞争的目的是为了获得更大的利润,同时推动市场的健康发展。在市场竞争中,每个企业都要注重不断地发展新技术、改进工艺、拓展新市场,形成企业的核心竞争力,在竞争中不断成长,而不是不择手段互相残杀,对市场秩序造成破坏。比如,企业为了挖掘竞争对手的客户,模仿竞争对手的主打产品并以低于成本的价格倾销,以体现自身的价格优势。这种做法下企业固然可以在竞争中争取到更多客户,但对竞争对手甚至对整个行业造成了打击,这是对市场秩序的破坏,不利于行业的健康发展。

4. 市场竞争应倡导既有竞争又有合作

市场竞争中企业突出自身的优势是无可厚非的,打击竞争对手也是必要的,但处于同一竞争群组的企业必须考虑到如何维护市场的大局,维护双方的共同利益。可口可乐和百事可乐是一对竞争对手,为了维护双方的市场份额,排挤其他竞争对手,它们可以结为战略联盟;周大福与金至尊的市场竞争从来不把价格作为竞争的武器,因为价格是双方的弱点。市场竞争的过程是竞争与反竞争、制约与反制约的过程,竞争双方必须维护共同的利益,在涉及到共同的利益时应充分地合作,同时,发挥自身的优势,在竞争中壮大成长。

本章小结

本章的主题叫"市场竞争,相机而动",意思是说,市场竞争环境是在不断变化的,企业的市场竞争地位也是可以改变的,企业要根据这些变化迅速调整竞争战略。

市场竞争是企业利用自己的核心竞争优势对各种社会资源的争夺。比如,企业有强大的经济实力或拥有广泛的市场,能为供应商的产品提供大的销路,为供应商带来利益,那么供应商便愿意与企业合作;企业产品有特色且这种特色正是消费者需要的,又能为消费者提供满意的服务,就能争取更多的顾客;企业具有强大的品牌影响力和品牌忠诚度,就不惧任何新进入者瓜分自己的市场份额。总之,企业在市场竞争中制胜,重要的是培养自己的核心竞争能力。

行业中的大部分企业,相互之间的利益都是紧密联系在一起的,作为企业整体战略一部分的企业竞争战略,其目标在于使得自己的企业获得相对于竞争对手的优势。因此,在实施中就必然会产生冲突与对抗现象,这些冲突与对抗就构成了现有企业之间的竞争。能否在市场竞争中取胜,首先是取决于企业的综合实力,包括企业的经济实力、企业管理能力和市场运作能力。

市场竞争是利益之争,我们可以将企业的综合实力与参与市场竞争获得的利益情况做一矩阵,具体分析一下不同企业的竞争战略思维(如图6-2)。

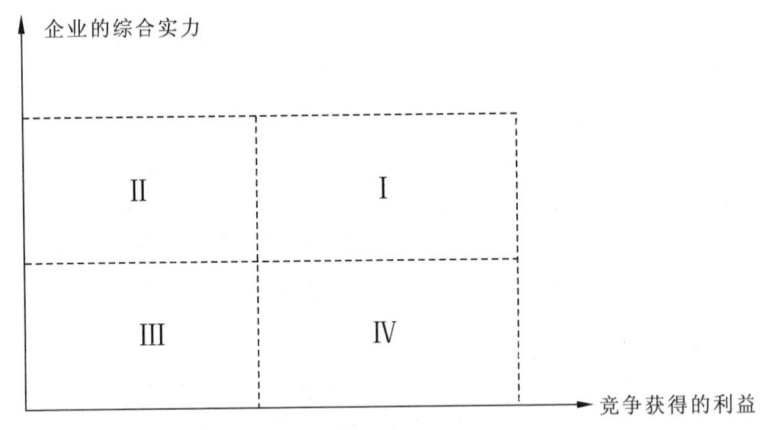

图6-2 市场竞争的利益矩阵

处于Ⅰ区的企业综合实力很强,参与市场竞争能获得较大的利益,表明这类企业选择的竞争战略得当,具有很强的竞争能力,在市场上具有不可动摇的市场领导者地位。它们要考虑的是如何保持这种竞争态势,提高顾客的忠诚度,稳定企业的市场份额,以不断的创新保持领先优势,阻止其他竞争者瓜分企业的市场份额。处于Ⅱ区的企业虽然具有很强的实力,但在市场竞争中处于弱势地位,不能为其带来更多的利益,表明这类企业核心竞争能力缺失,没有发挥出企业应有的优势。一方面,它们在同与自己实力相当的企业竞争中因缺乏自己的特色优势而处于劣势地位,另一方面,它们自己定位的目标市场可能被一些更具特色优势的小企业所瓜分。这类企业必须调整竞争战略,突出自己的特色优势,增强企业的竞争活力,一方面从大企业那里争夺更多的市场份额,另一方面采取强有力的措施阻止小企业瓜分自己的市场份额,对它们实行坚决地打击,逐步扭转企业在市场竞争中的劣势。处于Ⅲ区的企业综合实力弱,参与市场竞争也不能为企业带来利益,这可能与它们没有明确的目标市场选择和产品定位不清有关,因为它们不会对竞争者构成威胁,所以,这类企业常常被竞争者忽略,如果不及时改变战略,它们很可能在市场竞争中被无情地淘汰。这类企业最好的竞争方式是走专业特色的道路,发挥自己专业特色的优势,在珠宝行业的某个领域获得自己的生存之路,或者是占领被大企业忽视了的补缺市场,在某个专业领域或补缺市场找到自己的生存发展空间。处于Ⅳ区的企业综合实力不强,但参与市场竞争为企业带来了丰厚的利润,表明这类企业具有鲜明的产品特色和旺盛的市场活力。这类企业常常是大企业打击的对象。如果这类企业仅仅是靠模仿大企业的战略以低价格的优势瓜分大企业的市场份额,就应该尽量保持低调,不要触怒大企业,以免招致大企业的强力反击,如果是以技术创新领先于市场的企业,则可以高调宣传自己的优势,通过不断的创新永远走在市场的前列,不断积累实力使自己成为本行业的领导者。

总之,市场竞争一方面是企业综合实力的较量,另一方面也取决于企业的战略选择,只有结合企业的综合实力,客观评价企业在市场竞争中的地位,在此基础上选择的战略才是有效的战略。同时,市场竞争地位是可以改变的,市场竞争环境也是不断变化的,企业的市场战略也要相机而动。而要在市场竞争中永远立于不败之地,还是要培养企业的核心竞争能力。

思考题

1. 结合我国珠宝市场的现状分析完全竞争市场的特点。
2. 从供应商那里可以获得什么竞争优势?如何保持与供应商的良好合作关系?
3. 简述如何培养顾客的忠诚度?
4. 一个区域市场的大企业可以采用哪些方法阻止新进入者的进入?
5. 替代品对珠宝市场会造成什么样的威胁?如何防止?
6. 论述珠宝行业内处于不同竞争地位的企业竞争战略思维。
7. 简述珠宝企业制定竞争战略的程序。
8. 简述珠宝企业制定竞争战略的原则。
9. 论述珠宝企业市场竞争制胜的具体方法。
10. 珠宝企业参与市场竞争的核心问题是什么?

第七章　品牌——珠宝营销永恒的主题

随着我国改革开放的深入和经济的高速发展,珠宝首饰已继房产、汽车之后成为第三大消费热点。珠宝首饰行业是市场经济的产物,珠宝企业在激烈的市场竞争中求得生存和发展,建设品牌是应对市场竞争的有力武器。

每一个企业都明白:没有品牌的企业只能实行薄利多销,而且随时有被挤垮的危险,品牌可以给企业带来丰厚的利润,并且使自己的市场份额固若金汤,企业所做的事情最重要的一件就是打造出一个或数个光芒四射的品牌。本章将首先引导大家认识品牌及建设珠宝品牌的意义,其次分析中国珠宝品牌建设的现状,最后归纳中国珠宝品牌建设的模式。

第一节　品牌及珠宝品牌概述

一、品牌的概念和特征

品牌(Brand)一词源于古挪威语,意为打上烙印,用以区分不同生产者的产品(包括劳务)。美国市场营销协会(AMA)在 1960 年对品牌的定义:品牌是一个名称、名词、标记、符号或设计,或是它们的组合,其目的是识别某个销售者或某群销售者的产品或劳务,并使之同竞争对手的产品和劳务区别开来。不同的学者研究品牌的视角不同,会有不同的定义。我们可以从四个层面来理解品牌的含义。

从表面来看,品牌是一个名称、一种符号、一个图案或是它们的组合。品牌名称就像一个人的名字一样,把一个人从一群人中间区别出来。创造品牌是为了让消费者便于记忆,就像认识一个人一样,先记住名字,再了解其性格特征,最终达到认识这个人的目的,这可能是创造品牌的初衷。

从产品层面上来看,品牌是一种定位,包括产品的质量定位、价值定位和利益定位。品牌意味着过硬的产品质量。有人对购买品牌产品的消费者做过这样的调查:你为什么要购买品牌产品,90%的人回答是品牌产品有过硬的质量,但什么叫质量过硬呢? 质量过硬可以归纳为四个方面:①质量是品牌产品的一种标准,消费者通过消费感受或通过其他途径已经认同了这个标准。②质量是品牌经营者对消费者的一种承诺,即品牌产品含着对质量的承诺。这种承诺经过消费者多年的消费体验,已经相信这个承诺了。品牌的承诺也代表着价值,而这种价值正是顾客所认同的价值。更进一步地说,品牌应该是消费者价值观所追求的。这种价值可以是物质产品,也可以是情感的表达。③质量是一种风格,不论何时何地,无论市场如何变化,品牌产品质量的风格是决不动摇的。④质量过硬是一种实效,即能给消费者带来实际的意义或作用。没有实效的质量就没有大的意义,有实效的质量也是卖点,没有产品质量为保证的"优秀"品牌就像没有坚固基石的空中楼阁,随时会倒塌。许多企业都在喊"质量就是生命",所有成功的品牌都会视质量为生命,如果一个品牌不注重产品质量,品牌便成了一个没有生命、无身可依的孤魂了。

  品牌也代表着品位,消费者选择购买品牌的产品从某种意义上来说也是购买品牌所代表的品位。品位的高低本身就是定位,品牌的定位直接指向追求高品位的顾客。企业通过宣传,将品牌定位的信息传递给消费者,同时也向顾客传递品牌产品所代表的利益,如果这种利益正是目标顾客所需要的,并且通过消费体验对品牌产生了信任,他们将成为品牌的忠实消费者。

  从品牌的核心特征来看,品牌是一种差异。品牌不是卖优秀,不是卖更好,而是卖差异。品牌营销的核心是与众不同的差异,发展竞争对手赶不上的差异。品牌的差异包括两个层面,其一是形式上的差异,即经营与其他品牌不同的产品或在营销组合策略上与竞争对手形成差异,比如,别人卖钻石,我卖翡翠,这可以直接形成差异,从而可以有效地避免正面的市场竞争。但是,只要有利润,其他品牌就会跟进,这种差异化的格局就会立即被打破,就会演化出另一层面的含义——领先。同样是从事珠宝营销,本品牌的产品质量永远优于其他品牌,且这种产品质量是消费者能够感受到的、有需求的质量,同样会形成差异。所以,营销的核心点就是差异化,品牌的力量也来自于差异化。

  从市场层面来看,品牌一定有四个"度",即知名度、信誉度、美誉度和忠诚度。品牌的形成建立是一个长期的过程,品牌核心内涵的构建也是一个长期的工程。企业应该进行品牌宣传推广,提升品牌的形象,扩大品牌的知名度。品牌的知名度对产品的销售成绩有巨大的影响。很多时候广告让消费者形成首次购买,然后,品牌的质量让消费者产生继续购买,经过反复的消费体验形成了消费者对品牌文化的长期认同,继而就形成了品牌的信誉度。消费者通过对品牌产品的使用,认为它确实质量可靠,物有所值,就会对品牌赞美有加,形成了品牌的美誉度。这两个"度"会在消费者中形成口碑效应,反过来支持知名度的提高。消费者通过对品牌产品的消费感受,形成了独特的消费情感,每当对某种产品有消费需求时就会想到某品牌,这就是品牌的忠诚度。所以,这四个"度"是相辅相成的,踏踏实实做品牌者会使这四个"度"相互渐长,而做势者只能将品牌当作"做秀"的工具,而不是真正具备了品牌经营理念和理解了品牌的内涵。这样即使通过品牌推广在短时期内能形成火暴的场面,但短暂的火暴过后就是长时间的冷清,从长远来看是没有使品牌成功的可能的。

总之,从表面看来,品牌仅仅是一种或一系列产品的名称,但实际上"品牌是一种错综复杂的象征(大卫·爱格语)"。正如麦克·梅尔德伦所说的那样:品牌是感官、理性和感性这三种诉求要素混杂而成的结果。感官诉求是产品或服务以外的展现形式,是可以直接感觉到的方式;理性诉求是产品或服务的功能表现;感性诉求则是品牌提供的心理报偿、品牌所激起的心境、所引发的联想等。

二、品牌的内涵

品牌包括六个方面的内涵:属性、利益、价值、文化、个性和用户。

1. 属性

知名的优质品牌应能够在顾客心目中勾勒出产品的某些特质。如奔驰汽车勾绘出的是一幅经久耐用、昂贵且机械精良的汽车图像;卡地亚反映出的是皇室珠宝的尊贵;周大福描绘的是香港珠宝首饰的精细工艺与优良品质。一个没有任何属性的珠宝品牌是不会有很强的市场生命力的。

2. 利益

优秀品牌应暗示着某种利益,而不仅仅是企业的代名词或企业的特色,这种利益应该给消费者一种很强的诱惑力。卡地亚暗示的利益不是其辉煌的历史和精湛的手工艺,而是其"皇帝的珠宝商、珠宝商的皇帝"给佩戴者的尊贵感。

3. 价值

优秀品牌应能暗示出该企业拥有的价值感。价值的高低是品牌地位决定的,任何一件普通的产品只要与某一品牌结合起来就会身价倍增。卡地亚一直为拥有全球珠宝界一流的设计和技术精湛的手工艺师而自豪,卡地亚销售部门的负责人在接受香港亚洲电视台记者的采访时曾经说道:我们不是贵金属商,也不是珠宝商,我们出售的是卡地亚的设计和工艺,一语道破了卡地亚品牌代表的价值。

4. 文化

优秀品牌背后蕴藏着丰富的文化,这种文化是品牌运营者利用几十年甚至上百年的时间逐步累积的品牌独特的内涵。这种文化对内表现在经营与管理上,对外表现在引领消费潮流上。如美国著名的珠宝品牌蒂芬尼(Tiffany)在1886年创造出了闻名世界的"六角皇冠形"珠宝镶嵌工艺,被视为钻石镶嵌工艺的经典之作。时至今日,它仍深受消费者的喜爱。所以,优质的品牌是引领珠宝潮流、传播珠宝消费文化最有力的工具。

5. 个性

优秀品牌应能展现出一些个性化的特点。假如我们将卡地亚珠宝看作是一个人的话,我们可以认为他是一个精力旺盛的人,一个善于思考和探索的人,一个紧跟时代步伐的人,这就是卡地亚品牌的个性。

6. 用户

用户即品牌指向的目标市场。优质品牌的这一内涵也说明了珠宝品牌的市场定位和目标顾客的选择。它应能暗示出购买该珠宝品牌的顾客种类。经过100多年的经营,卡地亚珠宝被赋予了皇室珠宝的美誉,不仅因为他们最早是为皇室贵族服务,也暗示着他们是为富人制造珠宝首饰的。

因此,品牌是一个复杂的符号。品牌最持久的含义是其价值、文化和个性,它们构成了品牌的实质。

三、品牌的作用

品牌的基本作用是有效区别,即帮助消费者辨认产品及生产者、区分不同的质量和产品特征,其根本作用是为企业创造最大利益。所以,从不同的角度谈品牌的作用,其认识是不同的。在现代营销中品牌主要有如下作用。

1. 有助于顾客认牌购买

品牌的建立是由于竞争的需要,是用来识别某个销售者的产品或服务的。品牌设计应具有独特性,有鲜明的个性特征,品牌的图案、文字等应与竞争对手有所区别,代表本企业的特点。同时,互不相同的品牌各自代表着不同形式、不同质量、不同服务的产品,可为顾客购买、使用提供借鉴。通过品牌人们可以认知产品,并依据品牌选择购买。

2. 有助于企业吸引忠诚的顾客

品牌是顾客记忆商品的工具,企业不仅要将商品销售给目标顾客,而且要使顾客通过使用对商品产生好感,形成品牌忠诚度,从而重复购买。顾客通过对品牌产品的使用,形成满意度,就会围绕品牌形成消费经验,存贮在记忆中,为将来的消费决策形成依据。一些企业更为自己的品牌树立了良好的形象,赋予了美好的情感,或代表了一定的文化,使品牌及品牌产品在消费者或用户心目中形成了美好的记忆,其目的就是为了形成品牌忠诚度,将客户变成终身客户。

3. 有利于树立企业形象,宣传企业的产品质量

品牌是产品质量的象征。企业设计品牌、培养品牌,必定要在产品质量上下功夫,在售后服务上作努力。同时,品牌形象代表企业形象,企业从长远发展的角度必须在产品质量上形成一定的特色。品牌,特别是知名品牌代表了一类产品的质

量档次,甚至是一个行业的质量标准,也代表了企业的信誉。品牌形象直接与品牌的产品质量、企业形象联系在一起了。

4. 品牌注册后形成商标,可以取得法律保护,以免竞争者侵权

企业经营品牌,必定将品牌名称和品牌标志注册成商标,获得商标所有权,使这个品牌名称和品牌标志受到法律保护。商标作为一种无形资产,有其价值,可以通过转让、许可给他人使用,或质押来实现其价值。而品牌效应一旦形成,就可能招致竞争者的仿冒,注册形成商标的品牌应寻求法律的保护,避免竞争者侵权。

四、品牌的类型

在品牌成长过程中有不同的层次,从不同的视角认识品牌有不同的类型。

(1)按品牌知名度和辐射地域的大小,品牌可以分为地区品牌、国家品牌、国际品牌和全球品牌。品牌的发展需要一个长期的过程,一个品牌总是先在某一个特定地区的市场竞争中成为地区性品牌,然后拓展至全国,成为全国性品牌,接着才有可能在国际市场上展开竞争,竞争获胜后发展为国际性品牌。严格地说,我国珠宝品牌是地区品牌。

(2)按品牌产品在市场上的地位,品牌可分为领导型品牌、挑战型品牌、追随型品牌和补缺型品牌。对于任何品牌来说,谁也不会甘愿做市场的老二,品牌的竞争旨在扩大市场占有率,不断提升品牌的市场竞争地位。

(3)按品牌消费层次的不同,品牌可分为大众化品牌和奢侈品品牌。大众化品牌面向广大消费者,其特征是价格合理、购买方便、质量上乘、高市场占有率。奢侈品品牌是指面向少数甚至极少数公众群体,以高定价、低产量为特征的品牌。贵族品牌的目标市场是上流社会和社会的精英群体,购买者不是购买产品的实用功能,而是品牌所象征的地位和品位。

(4)按品牌所包括的产品数量,品牌可分为单一产品品牌和系列产品品牌。单一产品品牌是指只包含一个产品的品牌;系列产品品牌是指一个品牌包含许多甚至是该名称公司下属的全部产品,通常源于企业对原有品牌的延伸。

(5)按品牌所有权的不同,品牌可分为销售商品牌、制造商品牌、服务商品牌。

五、珠宝品牌概述

珠宝首饰似乎与王公贵族有着千丝万缕的联系,珠宝品牌更是如此。绝大多数全球知名的珠宝品牌都诞生在西方,并且都是经历了数十年甚至上百年的时间,它们普遍与皇室、名门、达官贵人的喜好联系在一起,被广大消费者尊为名贵的奢侈品。这些品牌代表着珠宝界最高工艺的时尚艺术品,以绚丽缤纷的晶莹姿态,征服了每双注视它们的眼睛。

卡地亚是众多珠宝爱好者熟知的品牌，创立于1847年，当时由路易斯·弗朗西斯·卡地亚(Louis-Francois Cartier)接掌其师位于巴黎的珠宝工坊，卡地亚品牌于此诞生。1899年卡地亚迁往现址，巴黎和平街13号，很快就获得了欧洲王室的青睐。1902年，即将登基为爱德华七世的威尔斯王子曾经赞誉卡地亚为"皇帝的珠宝商，珠宝商的皇帝"，并于1904年委任卡地亚为英国王室的皇家珠宝供应商。卡地亚三兄弟游历世界所体验的异国文化，深深地影响了卡地亚精品的风格。今天无论是高级珠宝，还是时尚珠宝系列，无不传递着帝王的气息。2004年，卡地亚在北京钓鱼台国宾馆芳菲苑举办了"卡地亚龙之吻珠宝系列发布会"，创作灵感全部来自于中国传统文化中的"龙"元素，表现龙在中国传统文化中所代表的尊贵与帝王之气。卡地亚精品都本着出色的制作工艺、独特风格和专业技术来传达品牌价值。

与卡地亚齐名的珠宝品牌还有诞生于美国的奢侈品珠宝品牌蒂梵尼，同样具有100多年的历史。法国和意大利是奢侈品珠宝品牌的故乡，宝诗龙、梵克雅宝、宝格丽等很多顶级珠宝品牌都诞生在这里。这种光彩夺目的饰品，似乎只会在童话中的皇后、公主身上出现，或是出现在超级明星身上。今天，这些顶级奢侈品珠宝品牌已陆续出现在中国市场上，中国消费者有机会近距离一睹昔日皇室贵族珠宝的芳容。

中国是一个文明古国，珠宝首饰业也有悠久的历史，许多百年老店至今还保留着历史的足迹，如上海的老凤祥、沈阳的荟华楼等。但由于少有推广，以致至今还没有一个珠宝品牌走入国际珠宝品牌之列。近年来，我国重视珠宝品牌建设，一批珠宝品牌正在迅速成长，特别是进入内地市场的香港珠宝品牌，它们在香港这个国际大都市修炼品牌内功，以良好的品牌形象迅速向国内外市场拓展，除在内地、香港、台湾等地具有较大的市场影响力外，周大福、金至尊等品牌已将经营业务拓展至海外。相信在不久的将来，来自中国的奢侈品珠宝品牌将问鼎全球珠宝市场。

第二节 品牌在珠宝营销中的意义

珠宝首饰被认为是奢侈品，购买或拥有珠宝的象征意义远远超过其自身的价值。首先，珠宝在过去是王宫贵族们的奢侈品，是财富、权力和地位的象征，佩戴名贵珠宝首饰就像穿名牌服装、开高级轿车一样，是财富和身份的彰显；其次，珠宝自古以来就被人们赋予一些特殊的功能和效用，使得人们去追求它，企盼拥有它。如钻石代表恒久和坚忍不拔，是永恒爱情的象征；翡翠具有治病和保健的功能，等等。这些美丽的传说和特殊的功用在很大程度上刺激了人们的消费需求，与其说购买珠宝是为了某种需要,不如说是为了乞求一种心理满足。所以,珠宝企业实施品牌战略,建立珠宝品牌在珠宝营销中具有特殊的意义。

一、建立品牌是品牌识别的需要

目前的中国珠宝市场是一个产品同质化的市场,不同企业的产品哪怕稍有差异,也不会轻易被消费者识别。在产品同质化的年代,用不同品牌标识产品,成为消费者区别产品的基础标识。一旦企业产品品牌化,建立了清晰的品牌识别系统,就能够在众多的同类商品之中独树一帜,有利于消费者在最短时间内找到自己所信赖和愿意使用的品牌。通过品牌识别系统的形成,品牌形象为更多消费者所认知,品牌形象建立的过程,也是凝聚人们对于品牌信任的过程。随着品牌形象的建立,消费者对品牌产生认知,逐步形成品牌的知名度,通过对品牌产品的消费和享受品牌应有的服务,形成品牌信任度、美誉度和忠诚度,品牌资产也在这个过程中逐步建立。同时,个性鲜明的品牌识别系统是品牌战略策划者制造市场区隔的利器,企业借此创造和保持领先的品牌形象,吸引对品牌产品有需求的消费者。

二、建立品牌是消费者认牌购买的需要

站在消费者的立场上来说,个性鲜明的品牌是在经历优胜劣汰的市场竞争之后最终胜出并值得信赖的品牌,特色鲜明的品牌形象使得消费者在作出购买行为之时,首先从心理上就能够得到品质和信任的保证,缩短了品牌与消费者之间的心理距离。

珠宝首饰消费是非专业消费,绝大多数消费者对珠宝首饰并不了解。也就是说,珠宝首饰消费不同于一般日常生活用品的消费,因为消费者对珠宝首饰不了解。其品质如何、品质与价格的对应关系如何,这是一个非专业的消费者无法了解的。于是,社会上就有了"黄金有价玉无价"、珠宝销售是"三年不开张,开张吃三年"的说法。消费者认为珠宝首饰是暴利产品,价格问题自然成了珠宝商家与消费者之间的一道鸿沟。其实,消费者的这种心理是可以理解的。根据工业管理的研究,消费者的冒险率(consumer's risk)事实上是生产者冒险率(producer's risk)的两倍。也就是说消费者其实不如生产者,消费者所冒的风险应该大于生产者。难道买冰箱的比卖冰箱的更懂冰箱吗?难道买手机的比卖手机的更懂手机吗?所以,其实消费者是比生产者吃亏的。冰箱、手机如此,珠宝首饰消费何尝不是如此呢?那么,如何消除或者淡化消费者在购买珠宝首饰时的这种疑虑呢?答案只有一个,那就是建立品牌!前已论及,品牌是一种定位,品牌的产品代表着一种品位,品牌代表高质量。作为一个非专业的珠宝消费者,没有什么比品牌更能取得他们的信任了。

三、建立品牌是提升珠宝首饰价值的需要

珠宝首饰并非日常消费品而是文化饰物,消费者购买珠宝首饰不是追求其实用价值,更多的是追求其情感价值。所以,建立品牌可以从三个方面提升珠宝首饰的价值:第一,品牌可以增强消费者对企业及其产品的信任度,树立他们购买的信心,影响他们的购买心理和购买行为,提高产品的销量,通过营销为企业创造更大的价值,同时也提高了品牌产品的市场占有率;第二,一旦企业品牌化,品牌的产品就提高了珠宝首饰的品位,品牌本身就可以带来品牌溢价,通过品牌赋予珠宝首饰更高的价值,满足他们对利益的追求,这是品牌价值的体现;第三,通常珠宝首饰被认为是一种奢侈品(当然,并不是所有珠宝首饰都是奢侈品),购买珠宝首饰在很大程度上是为了获得心理满足,佩戴珠宝首饰是为了炫耀,为了显示身份,他们追求的不是珠宝首饰本身的价值,而是其概念价值(或情感价值),品牌应该是这种概念价值的最好表达方式,品牌定位越高,概念价值越大。在这种情况下,珠宝企业有什么理由不去创造一个更大、更响亮的品牌呢?

第三节 我国珠宝行业品牌建设的现状

一、我国珠宝品牌建设的背景和过程

1997年前后,随着我国市场经济体制的确立,我国珠宝首饰行业迅速发展,从宏观环境上来讲,中国即将加入WTO已成为各行各业热议的话题。加入WTO,我国的国门将向全世界打开,中国本土企业将要面对来自全球市场竞争的压力。如果我国珠宝首饰行业不加快本土珠宝品牌的培植和建设,提高它们的市场竞争能力和综合实力,在未来的市场竞争中,本土品牌必将处于劣势地位。

为了有效地应对中国加入WTO以后来自首饰业发达国家和地区对本土企业的冲击,行业有识之士提出了珠宝品牌建设问题。中国珠宝玉石行业协会也利用其在社会上和行业中的影响力与号召力,在全国范围内组织了中国珠宝首饰业品牌建设的宣传活动。2001—2002年,经基层珠宝行业协会的推荐及中国珠宝玉石协会认真严格的筛选,最终有40家珠宝品牌被认定为"中国珠宝首饰行业驰名品牌"。如北京的"戴梦得"、"菜百",上海的"老凤祥"、"老庙",西安的"达尔曼"("达尔曼"于1996年在上海证券交易所上市,是我国珠宝业第一个上市公司,现已被停牌),深圳的"爱得康"、"兆亮",昆明的"昆百大",武汉的"新世界"、"金兰"等。中国珠宝驰名品牌就在这种为了应对全球市场竞争的背景下仓促出炉了。至2010年,

由中国名牌战略推进委员会和中国珠宝玉石首饰行业协会评审的珠宝名牌和驰名品牌共 156 个,分布在全国 31 个省市(港澳台除外)中的 20 个省市(表 7-1)。

表 7-1 本土珠宝名牌、品牌分布情况一览表

地区	中国名牌	驰名品牌	地区	中国名牌	驰名品牌	地区	中国名牌	驰名品牌
广东	17	46	福建	2	11	新疆	0	2
北京	2	16	安徽	0	5	河南	1	3
上海	1	5	辽宁	0	5	海南	1	2
天津	0	2	云南	2	4	陕西	0	1
江苏	0	16	山西	0	5	黑龙江	0	1
浙江	6	13	四川	0	3	湖南	0	1
山东	0	11	湖北	2	3			

数据来自中国珠宝玉石首饰行业协会网站 www.jewellery.org.cn

这 156 家珠宝名牌和驰名品牌以地方品牌居多,在全国珠宝市场运营的品牌不足 50 家,而具有一定知名度和市场占有率的品牌不足 20 家。周大生是国内市场最具影响力的珠宝首饰品牌之一,2003 年以来,周大生借鉴连锁经营的商业模式,在国内珠宝市场迅速扩张,成为内地珠宝品牌的"领军人物"。周大生目前已是全国最大规模的珠宝连锁品牌,连锁店数量达 1 300 多家,营销网络覆盖全国 31 个省市的 300 多个大中城市。周大生品牌运营的成功带来了全行业的仿照效应,目前在全国运营的国内珠宝品牌几乎无一例外地选择加盟经营模式拓展自己的品牌,一些珠宝品牌构建了系统化的品牌运营体系,但一些管理机制还不成熟,尤其是近年来,行业内产品同质化和价格战等问题愈演愈烈,市场运营能力和品牌管理能力缺乏,始终无法完成对珠宝市场领导者的超越。

二、我国本土珠宝品牌的现状

中国珠宝首饰市场是一个年轻的市场,珠宝品牌建设还不到十年的时间,珠宝企业既没有品牌建设的系统经验,也没有珠宝品牌建设的理论作指导。正因为如此,中国内地珠宝品牌的发展遇到了各种瓶颈,这些瓶颈主要表现为品牌无战略、定位不清晰、产品无差异等。下面,我们对中国内地珠宝品牌的现状作详尽分析。

1. 缺乏长远的战略眼光

前已论及,为了建立在中国珠宝首饰市场上有竞争能力的珠宝品牌,中国珠宝

玉石首饰行业协会在全国推动了"中国珠宝首饰行业驰名品牌"评选活动,"驰名品牌"的评选似乎给这些珠宝企业注入了强心剂,纷纷加入了珠宝行业品牌建设的行列。他们并不是以此为起点,正确认识品牌的内涵,修炼品牌内功,从长远发展的角度出发规划品牌形象,而是忙于品牌速成,披上"驰名品牌"的外衣,将它作为获取短期利益的工具。在消费者关注品牌的初级阶段,靠着这件"外衣"尚能吸引部分消费者,但是,当其他品牌(如香港品牌)更能吸引消费者的"眼球"时,他们便手足无措了。这类企业对如何运作品牌和发展品牌没有清晰的思路,更多地停留在广告、口号的层面从事品牌宣传,品牌建设成了一个空洞乏味的口号,缺乏品牌应有的内涵和核心价值。

2. 缺乏清晰的市场定位

在"千家万户做品牌"的时代,市场上瞬间出现了大量的珠宝品牌,但这些品牌都没有想过它们的服务对象是谁,即品牌缺乏清晰的定位。品牌定位是品牌营销的基本前提之一,通过准确的定位锁定品牌的目标市场并清晰地向目标顾客传递定位信息,让顾客知道品牌产品是专门为他们设计并能满足他们利益需求的。我国珠宝品牌都存在定位泛化的问题,只是回答了"我是做什么的"这个简单的品牌属性问题,品牌定位没有针对性,不能向特定的目标市场传递品牌的诉求以及品牌利益和品牌价值。他们在品牌定位上总是认为"市场无限大",或者说将目标市场定得越大,成功的把握也就越大,所以,总是试图把所有细分市场作为品牌的目标市场。结果,这种泛化了的定位实际上相当于没有定位,不能精确把握目标市场、目标顾客的需求,更不能准确地向目标市场传递品牌的诉求,产品的卖点难以与消费者的需求吻合,直接导致了品牌难以形成特色和发挥应有的竞争力。

3. 缺乏品牌特色和个性

我国珠宝首饰市场是一个以同质化产品为主体的市场,包括一些香港珠宝品牌在内,普遍缺少产品特色,香港珠宝品牌尚可通过不断的产品创新保持一定的差异,而本土珠宝品牌一味地相互模仿和抄袭,普遍存在企业无特色、品牌无个性、产品无差异的问题。在市场不规范、不成熟的情况下,这种品牌尚可以生存,但随着市场竞争的日益激烈,没有差异化的品牌就没有强有力的"卖点"支持。缺乏差异使品牌陷入了平庸,企业无特色便不能吸引其目标市场;品牌无个性就满足不了个性化需求,不能引领时尚潮流;产品无差异就形成不了差异化的竞争优势。所以,我国形成了珠宝品牌"千店一面、百厂同样"的尴尬局面。在当今珠宝首饰市场竞争日益激烈的环境中,缺乏差异化的品牌只能陷入同质化市场竞争的泥潭,在差异化明显的珠宝品牌面前展开市场竞争显得毫无还手之力,只能祭出价格战的武器,在苦苦支撑中寻求一点薄利,甚至将品牌带入死亡的边缘。

4. 缺乏系统的品牌运作能力

品牌建设是一个系统的市场运作过程，是企业为了实现其长远的发展战略目标，长期注重企业文化建设并将其建设成果融入品牌的核心内涵之中，对外加强品牌宣传、塑造品牌形象，对内强化企业管理、塑造企业精神的结果。品牌建设过程是企业文化的建设过程，是企业精神的塑造过程，也是企业核心理念、核心价值观的形成过程，需要企业经营管理者既有品牌运作的理论知识，也有管理品牌的实践能力。

中国内地珠宝品牌建设时间短，既没有品牌建设的经验，也没有管理品牌的能力，一切都是在摸着石头过河，导致品牌规划不系统，品牌运作不规范，形成不了规范的品牌经营模式，成就不了知名品牌也就在情理之中了。近年来，不少珠宝品牌在拓展市场的过程中，出于品牌管理的需要，纷纷建立了自己的品牌运营管理系统，但品牌运作不仅要有一个规范的管理系统，更要一个专业的品牌运营队伍为品牌运营提供保证。

5. 缺乏有效的营销组合方案

我国珠宝品牌战略可以说是为了应对市场竞争而仓促出炉的，所以，我们可以把它们称为速成的珠宝品牌。品牌的诞生没有经过系统的策划，也就谈不上有效的营销组合策略。在产品上，由于缺乏清晰的市场定位和目标市场选择，因此也缺乏有针对性的产品组合策略，企业往往盲目迎合消费者的需求；在价格上，所有品牌的价格策略都是为打折而设计的，在激烈的市场竞争中，他们没有任何竞争优势，价格战是他们参与市场竞争的唯一武器；在渠道选择上，不是根据自身的特色选择渠道模式，而是盲目跟风、一哄而上，近年来品牌加盟之风的兴起实际上就是这种盲目跟风的表现；在促销上，没有系统的品牌促销方案，更缺乏品牌整合传播能力，企业的促销不是为了强化品牌的核心理念，也不是为了系统地宣传品牌形象，而是为了追求一点短期的利益。

制定科学的营销组合策略是品牌营销取得成功的基本保证，同时，营销组合策略是一个整合系统，各因素之间是互相支持的。如适当的价格组合策略可以带动产品的销售；渠道的选择可以提高市场占有率，进而提高品牌的知名度；有效的促销组合方案不仅可以带动产品的销售，提高市场占有率，还可以提升品牌形象。我国本土珠宝品牌缺乏一套行之有效的营销组合方案，也就是说，是为了在市场竞争中不被淘汰，为了一点薄利而苦苦搏杀，这样的营销组合方案反而加快了它们死亡的进程。

6. 缺乏产品质量观念和服务意识

一个优秀的品牌必定有一个明确的产品质量观念和一套系统的服务理念，而这些正是内地珠宝品牌所不具备的。内地珠宝品牌产品普遍缺乏持续一致的质量特色,更谈不上品牌所代表的产品质量内涵。在激烈的市场竞争中,每一个企业都希望获取成本领先优势,一个优秀的品牌必定会通过强化企业内部经营管理降低经营成本,而内地珠宝品牌则是在质量上"下工夫"。他们利用消费者对珠宝首饰质量的不了解,在产品质量上设置陷阱,或者利用《珠宝玉石国家标准》①打"擦边球",误导消费者;在服务质量方面,多数品牌服务意识淡薄,更不用谈系统的服务理念了。一旦产品质量出了问题,他们会找各种理由推托,找各种借口搪塞。近年来,因珠宝首饰质量问题而遭投诉的问题屡屡发生,正是我国珠宝品牌产品质量观念和服务意识淡漠的综合表现。

7. 缺乏品牌创新能力

品牌创新能力缺乏是中国珠宝首饰市场无序的市场竞争的根源。在品牌建设过程中,品牌与品牌之间相互模仿,相互抄袭。你做形象,我也做形象;你做渠道,我也做渠道。在产品上,部分企业一味模仿别人,奉行"拿来主义"。没有创新,品牌就没有差异化的特色和个性,不能创造出新的概念和卖点,不能为消费者带来新的利益,不能持续一致地传递品牌的核心价值,也就自然不会为消费者关注了。这样的珠宝品牌只会在平淡和乏味中退出消费者的视野。

从以上分析中我们可以看出,我国珠宝首饰行业发展时间短、速度快,品牌建设时间更短,由此引发了一些发展瓶颈问题。如果不能顺利突破这些瓶颈,将会严重制约我国珠宝品牌的健康发展,甚至使我国珠宝品牌陷入绝境。

第四节 我国珠宝品牌发展的制约因素

珠宝首饰行业权威人士说:现在,珠宝首饰行业最大的瓶颈是品牌。的确,在中国珠宝首饰业市场竞争日益激烈的今天,中国珠宝品牌已经面临着严重的挑战。如果不及时突破品牌这个瓶颈,中国内地的珠宝首饰市场将会被外来品牌和香港品牌所吞噬。那么,制约中国珠宝品牌发展的因素又是什么呢?

一、从业人员素质和经营管理能力

中国珠宝玉石首饰行业协会副会长兼秘书长孙凤民说:"中国珠宝玉石首饰行业与外国的差距很大,而最根本的差距是人才的差距。虽然中国珠宝玉石首饰行业有300多万从业大军,但是得到正规培训的不足3万人,仅占整个从业人员的

---

①《珠宝玉石国家标准》是为了规范国内珠宝市场于1996年制定的,包括《珠宝玉石名称》、《珠宝玉石鉴定》和《钻石分级》等3个国家标准。

1%,这就严重影响整个行业的可持续发展。"

分析珠宝行业的人才现状,其根本问题是人才的培育不能适应珠宝产业的快速发展。一方面是人才培育的速度跟不上市场成长的速度,另一方面是人才培养与市场需求脱节。国内一些培训机构培养的人才大多是珠宝鉴定人才,而具有珠宝知识背景的管理人才几乎没有。珠宝首饰作为专业性很强的领域,它要求企业有专门的品牌管理人才和相关的品牌管理组织,且参与这个组织的人必须了解珠宝首饰行业和珠宝首饰的属性,这样一支专业的队伍才能以专业的思维在企业内部建立一套系统科学的品牌运作机制和品牌发展规划。但是,中国珠宝企业的人才现状是,不了解珠宝行业和懂得珠宝知识的人不懂管理,懂品牌运作的人不懂珠宝,这样的队伍如何去规划珠宝品牌的核心理念和核心价值呢?

二、多数企业缺乏创造品牌的实力

我国的珠宝首饰企业近万家,且大多数是家族式企业,规模小而分散,缺少综合实力强的大规模生产经营企业。多数企业尚未完成资金的原始积累,从事品牌建设只是迎合珠宝首饰市场发展潮流,在市场发展潮流的驱使下,被动加入创造品牌的行列,其资金实力、市场掌握和控制能力、内部经营管理能力、产品开发和创新能力等方面都还不具备成就珠宝品牌的条件。多数企业只是把创品牌作为自己谋取短期利益的工具,试图借品牌之名提升企业形象,提高消费者对企业产品的信任度,这种短期行为确实取得了一定的营销效果。但当真正的珠宝品牌走入中国市场并建立起品牌形象时,这些品牌便相形见绌了。

三、缺乏持续不断投资品牌的理念

其实,创造品牌并非实力雄厚的企业的专利,关键还是要具备品牌经营理念和持续一致投资品牌的决心。有了这种理念和决心,不论企业实力的大小都是可以创造品牌的。实力强大的企业可以做行业品牌,实力小的企业可以做区域品牌甚至补缺市场品牌。我国多数珠宝品牌只能说是一个区域品牌,却以行业品牌的形象来造势,造成品牌的虚脱和乏力,其实只是想通过品牌炒作获取短期利益,利用品牌创造概念与卖点,但品牌与品牌之间没有品牌差异,品牌营销并没有持续一致地传达出品牌核心价值,这样的炒作,看上去热闹一时,也能在短期内创造较好的销售业绩乃至销售奇迹,但几年下来,却发现品牌的整体价值并未上升,品牌的市场地位并未发生改变,继续投资品牌又担心投资风险,使已经到手的利润因投资风险而流失。在品牌建设之路上畏缩不前,其实是缺乏持续不断投资品牌的理念。

品牌投资是一个战略性的步骤,关系到企业长远的生存和发展。所以,在选择投资品牌时就不能考虑短期利益的得与失。为了品牌可能会损失一些短期利益,可能会流失一些顾客,可能会使企业短期发展速度放缓,但是,为了发展品牌,为了企业的长期利益,这些损失是值得的。

四、品牌缺乏核心竞争优势

品牌的核心竞争优势是企业在经营实践中长期积累的、领先于其他品牌的企业经营理念、经营特色,是通过强化企业经营管理和不断创新逐渐形成的核心竞争力,它主要包括核心技术竞争力和核心产品竞争力。中国珠宝品牌缺乏创新能力已是不争的事实,珠宝行业技术的门槛儿表面看来很低,但从品牌核心竞争能力的塑造方面来看门槛儿又很高。中国珠宝市场形成以来,一直步香港珠宝首饰技术之后尘,在模仿中求生存,在国内首饰行业中也是互相抄袭,不注重产品和技术的创新。没有创新就没有差异,市场严重同质化,而同质化的市场竞争只能祭出价格的武器。从1999年以来兴起的以打折为主要手段的珠宝市场价格战正是同质化市场竞争的结果。珠宝首饰是文化饰物,如果不从注入文化内涵的角度去考虑增加其价值,培养差异化的核心竞争优势,是成就不了珠宝品牌的。价格战只能降低品牌的形象和珠宝商家的利润空间,也降低了消费者对品牌的信心,严重制约了珠宝品牌的发展。

五、家族式管理带来的短板

我国本土珠宝企业绝大多数是家族式企业,家族式管理有很多好处,比如,家族式成员可以同甘共苦、家族式成员彼此之间信任度较高、家族式成员责任心较强等。但家庭式管理也有致命的弱点:家族式成员可以跨越公司制度,家族式成员能力参差不齐但一样参与企业管理,家族式成员对管理的过分参与使外来管理人员有一种被排斥的感觉。在品牌运营中,家族式企业管理模式已成为制约品牌发展的严重短板。众所周知,我国绝大多数珠宝品牌是靠连锁经营、借力发展起来的,品牌加盟商和品牌管理者与家族式企业之间的关系盘根错节,导致在品牌运营管理中出现区域经理管不了加盟商、副总经理管理不了区域经理、董事会的决策不能有效执行等一系列乱象,已经严重影响了品牌运营与管理的效率。

第五节 我国珠宝企业品牌战略模式

管理大师彼得·圣吉在《第五项修炼》一书中写到:"成长的过程总会碰到各种限制与瓶颈。而成长有时之所以会停止,并不是因为成长真正达到了极限,而是成长过程中的这些限制与瓶颈常在不知不觉中阻止了成长的进程而使成长减缓、停顿甚至下滑。而此时的管理要诀是：不要尝试去推动成长，而要除掉限制成长的因素。"中国珠宝品牌发展到今天，确实已经碰到了瓶颈，我们在这里探讨本土珠宝品牌建设的目的是要找到一条突破瓶颈的有效办法，引导珠宝企业选择合适的品牌建设模式，走上正确的品牌建设之路。

一、正确认识品牌成长的规律

事物的发展都有其规律性，品牌建设也是如此。从中外企业建设品牌的经验来看，品牌建设是一个长期的、持续的、系统的工程，需要企业经营者和管理者以战略的眼光，从企业的长远利益出发，长期地、持续地进行品牌运作，不可能一蹴而就、一劳永逸。因此，珠宝品牌建设必须遵循品牌发展的规律，从长远和全局出发，制定科学的品牌战略实施方案。我们也应该认识到，我国内地珠宝业的兴起还不到 30 年的时间，既没有国际知名的珠宝品牌，也没有创品牌的经验。但是中国内地珠宝首饰企业要应对来自国际珠宝市场的竞争，走发展品牌之路的信念应是坚定不移的。

回顾中国内地珠宝首饰行业近几年的品牌之路，我们认为最大的问题是没有正确认识品牌发展规律和品牌的核心内涵。中国内地珠宝企业在品牌建设之初，没有对市场和企业自身的实力作客观冷静的分析，因而缺乏对品牌建设的系统完整的思路，只是迫于外部的压力而匆忙地走上千家万户做品牌的道路，将品牌建设作为追求短期利润的途径。其实，品牌建设没有什么捷径可走，必须从企业长远利益出发对企业的品牌战略作出长远的规划，脚踏实地地修炼内功，经过资金原始积累、品牌建立、品牌宣传、品牌扩张等几个阶段，并通过不断创新保持品牌的竞争优势，才能成就一个享誉行业的珠宝品牌。

1. 创造品牌需要积累

这种积累实际上是综合实力的积累，包括资金的积累、技术的积累以及品牌运作能力和管理能力的积累。一个成功的品牌背后必定有强大的资金支持，资金是成就品牌的基础条件，从事产品研发需要资金，从事品牌宣传需要资金，规划品牌形象、展示品牌实力同样需要资金。没有资金实力的企业创品牌只能是空喊口号而已。品牌的运作与管理是一项系统工程，有了资金基础，还需要建立一支管理的精英队伍，以他们敏锐的眼光，对市场发展态势作出准确的分析和判断，为品牌的发展规划一条正确之路，才能使品牌更快、更稳健地发展。

2. 成就品牌需要时间

这是品牌发展的时间规律。我们必须清楚地认识到，品牌创造绝不是一朝一夕的，中外品牌建设的实践都证明了这一点。首先，品牌的底蕴需要时间检验，只有当品牌进入市场以后，通过品牌传播，其良好的品牌形象得到消费者的认同后才能成为品牌,同时,它是名噪一时的品牌还是能持续发展的强势品牌也需要时间的检验;其次,品牌质量如何需要消费者去评价,消费者通过购买品牌产品,对品牌产生认知,体验品牌质量,感受品牌的服务,对品牌产生信誉度,通过进一步消费对品牌形成美誉度,品牌效应才能得到传播和放大。品牌不经过时间的检验是不能得到社会承认的。

3. 突显品牌特性需要提炼差异化的优势

差异化的产品是为满足差异化的需求而设计的,明确的市场定位除了让产品更加匹配消费者需求以外,还能达到与竞争品牌形成差异化的功效。很显然,没有差异的品牌是平庸的品牌,在市场上是没有竞争力的。企业必须通过有效的市场细分发现差异化的需求,通过目标市场选择和市场定位精确地向目标顾客传达定位信息,努力使这种差异化的需求得到满足。差异化不仅能提高品牌的销售力,更能突显品牌的个性和特征,它向社会公开地表明"我是专门为什么样的顾客提供产品和服务的"。但是,缺失核心技术的差异化是很容易让竞争者模仿的,建立在这种差异化基础上的竞争力会逐渐消失殆尽。为了保持同竞争对手的差异化,必须通过不断创新,提炼竞争对手赶不上的差异化优势,形成品牌的核心竞争力。

4. 品牌的传播需要借助强势媒体

创造品牌需要企业修炼内功,宣传品牌要靠强势媒体的传播。以前说"酒好不怕巷子深",现在则要说"酒好也要靠吆喝"。酒再好,没有人知道同样卖不出去。客观地说,我国珠宝行业中也不乏质量好、信誉高、服务优的珠宝品牌,但是它们缺乏强有力的宣传,没有很好地提炼产品的"卖点",市场知名度不高,市场占有率自然不可能高,再好的经营理念也会因成就不了知名品牌而被淹没在鱼目混珠的市场中。纵观国内外知名品牌,无不借助强势媒体创造品牌效应。而我国珠宝品牌仅将宣传用于促销上,也就是说,还是在追求短期效益,缺乏长远的建设品牌的战略规划,这是值得我们深刻反思的!

5. 品牌建设的核心是企业文化建设

企业文化是企业在长期的生产经营活动中形成并共同遵循的共同目标、价值观念、行为规范和行为准则。企业文化是一个由若干个要素组成的有机体系,是企业经营观念文化、企业管理文化和企业营销文化三个层次的综合反映。培植企业文化实际上也是培植企业精神,塑造品牌形象。因此,实施品牌战略就必须努力营造企业文化,大力宣传企业文化。

二、我国珠宝企业品牌战略模式

中国珠宝品牌建设已经走过了 10 多年的道路,我国本土珠宝品牌建设在激烈的市场竞争中也不乏成功的案例。我们不妨以这些案例为基础探讨我国本土珠宝品牌的建设模式。

1. 先做大后做强的"周大生"模式

在第五章中我们已经系统分析了周大生的战略思维,周大生也正是在这种战略思维的指导下实施企业的品牌战略的。这种品牌模式的战略思维是:通过品牌运作先形成一个市场覆盖率最大的品牌,再通过品牌提升形成一个强势品牌。

作为率先借鉴加盟连锁的商业模式拓展市场的珠宝品牌,周大生在 2010 年便以 1 300 多家连锁店在市场覆盖率上雄踞全国珠宝行业之首,成为本土珠宝品牌的领导者。在随后的品牌战略中,周大生一方面考虑保持市场覆盖率的领先地位,另一方面也考虑如何将周大生做成强势品牌。周大生的连锁店主要分布在二线市场且有较高的市场知名度和市场占有率,而在一线市场上市场占有率还处于弱势。为了改变这种状况,周大生必须提升品牌形象和品牌核心理念,整合品牌传播,通过不断的产品创新形成品牌特色,摆脱同质化市场的竞争,提高品牌的核心竞争力。周大生已经有了很好的市场覆盖率的基础,随着品牌核心竞争力的提升,周大生必定能够成为中国珠宝行业的强势品牌。

2. 先做强后做大的"菜百首饰"模式

菜百首饰是北京菜市口百货商场股份有限公司旗下的珠宝品牌,菜百首饰我们也在第五章中作过系统的介绍。这种品牌模式的战略思维是:先在品牌发源地将品牌做成强势品牌,争取最大的市场份额和品牌知名度,然后再实施品牌扩张,扩大品牌的势力范围。

菜百首饰是我国本土珠宝品牌中先做强后做大的典范。凭着"中国黄金第一家"的招牌,以黄金经营确立其在北京黄金经营上的优势地位,并顺势发展钻石、珠宝首饰、翡翠经营业务,从单纯经营黄金的品牌转向全方位经营的珠宝品牌。为了确立"菜百首饰"在市场的优势地位,在正确品牌理念的指导下,菜百首饰成为北京市场上家喻户晓、最受欢迎的珠宝品牌。2010 年,菜百首饰年销售额高达 73 亿,连续 21 年蝉联北京黄金珠宝、玉石饰品销量第一,全国单独门店销量第一,创造了零售行业的奇迹。截至 2010 年 4 月,菜百首饰在北京布局了 10 家连锁店,并分别在天津、包头开设连锁店。随着在北京市场上强势品牌的形成,菜百首饰将拓展市场,扩大品牌经营范围。

除此之外,上海的"老凤祥"、沈阳的"荟华楼"也是这种品牌战略模式的代表。这种品牌模式是很多地方品牌在实施品牌战略时值得借鉴的。

3. "农村包围城市"的"金伯利"模式

走"农村包围城市"的道路是上海金伯利钻石有限公司的企业发展战略,也是金伯利钻石品牌战略模式。这种品牌模式的战略思维是：与其在竞争激烈的一线城市做一个弱势品牌，不如到竞争相对不激烈的二三线市场做一个强势品牌，完成了资金的原始积累后再加入到一线市场展开市场竞争。

20世纪90年代，当中国珠宝首饰市场价格战打响时，金伯利主动放弃了市场竞争较为激烈的一线市场的经营业务，将经营重点放在市场竞争相对不激烈的中西部地区二三线珠宝市场上拓展自己的品牌。公司始终坚持"成功源于品质，品牌源于诚信"的经营理念，在产品上注重突出钻石的质量，强调钻石"贵乎稀有、万里挑一"的产品质量设计原则，努力将"金伯利"打造成高质量的钻石品牌；在售后服务上，金伯利率先在业内提出钻石"六保"，服务即保真、保质、保价、保换、保修、保洗，用优良的品质、优质的服务营造"中国钻石专家"的品牌形象，并注重与当地经销商合作，共同投资，共享品牌经营成果。经过10多年的努力，金伯利在全国范围内建成了以钻石专营店为终端渠道模式、各项设施完善、服务优质的钻石专卖店600余家，靠销售网络对市场的覆盖以及优质的产品和服务取得的口碑效应获得了良好的知名度和信誉度，提高了品牌的市场竞争力。

在完成中西部二三线城市的市场布局后，金伯利凭借近年来积累的资金实力、品牌运营管理能力和市场影响力强势进军中西部一线城市，力争将金伯利打造成在中西部地区有影响力的品牌。这种品牌战略模式对已经在二三线市场形成优势地位的珠宝品牌有借鉴意义。

4. 专业特色的"七彩云南"模式

走专业特色路线作为一种品牌模式的品牌战略思维是：选择珠宝行业的某个领域作为专业特色，确定一个市场定位，建立一个专业的品牌形象，力争在这个领域做大做强，成就一个专业特色的珠宝品牌。七彩云南是本土珠宝品牌中做专业特色的典型代表。

"七彩云南"是1992年由诺仁达集团在昆明创建的专门经营翡翠的珠宝品牌，该集团创建了国内最大的翡翠珠宝加工厂，素有"云南翡翠第一家"的称号。公司成立之初，他们面对的是鱼龙混杂的市场，以假充真的现象时有发生，价格的混乱让消费者不敢放心购买，销售方式也没有多少变化，通常是找一个商场，租几米柜台，以打折的形式参与市场竞争。通过对市场经营环境的细致分析，结合公司的资源，七彩云南决定先立足于昆明，建立高品位、相对集中的专业翡翠珠宝商场，以明码实价的营销方式取信于消费者，逐步形成一个辐射全国的翡翠高端品牌。

云南是一个旅游资源十分丰富的省份，公司抓住这一特点，决定选择来云南的游客为目标顾客，有针对性地开展营销。他们在昆明郊外的云南民俗文化村内建立了数千平方米的大型翡翠商场。在店堂的装修风格上，力求展示翡翠首饰的高贵与奢华。为能更好地为消费者提供翡翠珠宝的咨询和服务，七彩云南要求工作在一线的营业员都是翡翠珠宝专家,是可以让消费者信赖的"珠宝顾问"。在产品设计上,他们针对游客的特点,以中低档产品为主打产品,明码实价,以仓储的形式进行促销,同时展出大量高档产品供游客参观购买,不仅取得了很好的经营业绩,同时也展示了一个专业、高端的翡翠品牌形象。

经过10多年的经营,"七彩云南"的品牌效应逐步得到显现,他们及时调整战术,在稳定昆明经营业绩的基础上,加快了向全国扩张的步伐。2004年9月,建立于北京西二环近6 000平方米的七彩云南翡翠珠宝商城隆重开业。针对北京是我国的首都,有着深厚的玉文化底蕴,也具备高档翡翠产品的消费能力的特殊情况,七彩云南以其丰富的文化理念、现代的装修风格、独特的卖场氛围和经营理念打造了一个博物馆概念的翡翠珠宝旗舰店。走进商城,就像走进了一个博物馆,在这里人们可以领略几千年的宝石文化,鉴赏世界上最珍贵的翡翠,学习丰富的翡翠矿产、鉴赏和评价知识。而且商城专辟了翡翠文化和翡翠专业知识展览空间,用大量的实物、图片从古代玉文化、佛玉文化、儒玉文化、翡翠时尚四大部分展示我国玉文化的精粹。在产品规划上商城以高档产品为主,高档的装修和豪华的陈设为客人提供了舒适的购物环境,产品销售采用会员制,实行一对一的销售服务,让客人真切感受到尊贵的身份与购物的乐趣。2006年,他们又将这种经营模式复制到杭州,建立了杭州七彩云南翡翠珠宝商城,这个新兴的高端翡翠品牌正在向全国蔓延。

面对珠宝行业激烈的市场竞争,国内许多珠宝品牌都可以考虑走专业特色的品牌发展之路,七彩云南的品牌战略思维是值得借鉴的。

5. 专心于补缺市场的"宝昇翡翠"模式

专业于补缺市场是综合实力小的企业实施品牌战略时可以借鉴的一种战略模式。这种品牌模式的战略思维是:由于本企业的综合实力较弱,在主流市场上参与市场竞争无疑处于劣势地位,与其这样,不如选择一个被多数品牌忽略了的细分市场,在这个细分市场上做出品牌特色。

位于深圳市罗湖区的深圳市水贝珠宝产业聚集区可谓中国珠宝品牌的聚集地,在方圆不到10千米的土地上,云集着数百家珠宝企业,国内多数珠宝品牌都在这里设立形象店,从事各种珠宝批发业务。一些名不见经传的小企业、小品牌想在这里立稳脚跟,寻求自己的生存方法可以说是难上加难,而宝昇翡翠却以自己独特的经营项目在这里找到了生存之道。

在水贝珠宝产业聚集区内有许多企业从事翡翠批发业务,在水贝二路、万山工业区分别设有大型翡翠批发市场,经营品种齐全。而宝昇翡翠只是一个经营面积不足20平方米的小企业,在这样的市场环境中参与市场竞争,经营难度可想而知。通过对市场的分析,宝昇翡翠发现深圳翡翠市场竞争激烈,而在镶嵌翡翠方面,尽管很多品牌也有镶嵌翡翠产品,但款式少,每个品牌中有特色的款式不突出。深圳珠宝产业聚集区在首饰镶嵌上占有绝对的优势,每家镶嵌厂都有一些特色的翡翠镶嵌款式,而翡翠经销商以委托下单的方式得到所有的特色款式几乎是不可能的事,且委托加工需要很长的生产周期。宝昇翡翠是深圳从事翡翠经营的小品牌,对深圳各镶嵌厂家的款式、工艺特色了如指掌,如果能聚百家之长,将所有厂家的特色款式以委托加工的方式加工成翡翠镶嵌成品,在这里从事镶嵌翡翠批发业务,不仅可以形成宝昇翡翠的产品特色,为翡翠经销商寻找特色镶嵌翡翠款式提供了直观、方便的途径,也为宝昇翡翠在激烈的市场竞争中找到了生存之道。

正是在这种思维的指导下,宝昇翡翠以产品的市场区隔形成了自己的经营特色。选择一个市场区隔,努力在这个区隔上形成特色及优势,是国内众多的无名品牌在实施品牌战略时的必由之路。

6. 品牌下沉的"百泰"模式

深圳市百泰珠宝有限公司是集首饰研发、生产加工、批发及零售于一体的黄金首饰加工制造商。旗下拥有"深圳市金百泰珠宝首饰有限公司"、"杭州航民百泰首饰有限公司"、"深圳市百泰钻饰有限公司"、"深圳市百泰金艺科技有限公司"、"深圳市百泰首饰精铸有限公司"、"深圳市百泰首饰制造有限公司"、"环冠珠宝金饰(深圳)有限公司"七家全资子公司和控股公司,从事黄金饰品、钻饰、镶嵌宝石等珠宝首饰的批发业务,年产加工黄金首饰能力达100吨,是国内生产规模最大的首饰制造企业。

为了适应品牌时代企业发展的需要,提高百泰首饰在社会上的知名度,努力服务于终端客户,带动珠宝行业的健康发展,处于首饰制造业龙头地位的百泰首饰正式试水终端市场,针对细分的黄金首饰市场,实施产品差异化战略,推出"环冠时尚"、"百泰首饰"、"尚金缘"和"百泰钻饰"四个产品品牌,满足各种消费层对黄金饰品的需求。百泰首饰于2007年9月正式启动"百泰首饰"加盟体系,致力于打造中国黄金首饰第一品牌,全力推广黄金首饰文化内涵,并将百泰的精神延续到终端市场。"百泰首饰"和"百泰钻饰"面向全国开展连锁加盟业务,公司已在100多个城市开发三家直营店、近300家加盟商。

技术创新和企业文化建设是百泰首饰的特色。近年来,公司与清华大学、中科院、世界黄金协会等国内外多所著名机构建立了长期战略合作的关系。大力开发具有自主知识产权的技术和产品,年开发新品数千款,公司现申请国家发明专利8项,已获得实用新型专利4项,外观专利63项,著作权12项。其中,"和合盘"的设计与开发不仅赢得了外观设计专利,也成为百泰首饰开发以和合文化为主题的产品核心设计理念。和合文化元素在黄金首饰设计中的体现已成为百泰首饰产品开发设计的主线。

在珠宝行业,以首饰制造为主营业务的品牌还有很多,它们拥有产品制造和首饰设计的优势,在品牌建设过程中,它们完全可以集生产、销售于一体,走多元化品牌发展的道路,建设特色的珠宝品牌。

7. 致力于文化建设的"爱迪尔"模式

以综合实力来说,爱迪尔珠宝是名不见经传的,但就是这样一个弱小的企业凭着致力于走品牌之路的经营理念,借鉴加盟连锁的商业模式,经过10多年的努力,打造了一个以文化建设为特色的珠宝品牌。

深圳市爱迪尔珠宝股份有限公司自2001年成立以来,致力于"爱迪尔珠宝"品牌的塑造,坚持以"关爱"为落脚点、以"非凡"为制高点的文化方向,坚持"以品牌建设为中心,构建科学的管理体系、优秀的共赢团队和优质的市场网络,成为以关爱指导服务的非凡公司为战略方针。他们坚信,有企业文化的公司不一定能成功,但成功的公司必定有卓越的企业文化。他们在坚持"做实"和"造势"两手抓、两手都要硬以及"加盟伙伴的成功就是爱迪尔珠宝的成功"的原则指导下,致力于将公司建设成为具有自身文化特色的,以"爱迪尔珠宝"品牌打造为中心的,集产品研发与制造、钻石批发、加盟经营为一体的综合型珠宝品牌企业。

深圳市爱迪尔珠宝股份有限公司自2002年4月正式从事品牌运营就清醒地认识到,爱迪尔珠宝要在珠宝业占有一席之地,必须以品牌建设为中心,坚持走品牌发展之路。以品牌建设为中心,要求公司要具有从品牌建设出发思考企业未来的长远眼光,同时在资源配置上向品牌建设倾斜,以保障品牌运营通过组织建设、文化演绎、形象塑造、营销拓展和顾客信任的建立等确立艾迪尔品牌的市场地位。因此,"构建科学的管理体系、优秀的共赢团队、优质的市场网络和特色的品牌文化"成为艾迪尔品牌建设的中心。

通过10多年的不懈努力,爱迪尔珠宝已发展成为以优秀文化著称的、以关爱为特色的、当今中国最具发展潜力的珠宝品牌之一。爱迪尔珠宝以关爱为主题打造品牌文化,关爱加盟商,努力与加盟商实现互利双赢;关爱珠宝教育,与数家珠宝教育机构合作办学,携手提升教学质量;关爱社会,向社会弱势群体提供支援,公司先后聘请蒋雯丽、濮存昕为品牌形象代言人,宣传爱迪尔品牌的关爱文化,提升品牌形象和品牌知名度。至2011年,爱迪尔珠宝已在全国160多个城市开设300多家连锁店,成为珠宝行业中一个不可觑的品牌。

有文化的企业不一定优秀,但优秀的企业背后必定有优秀的企业文化。品牌建设、文化先行,爱迪尔珠宝在品牌建设过程中坚持以文化建设为中心,以特色的品牌文化支持企业的品牌发展战略,这一点是值得许多珠宝品牌借鉴的。

8. 走时尚潮流的"石头记"模式

广州石头记饰品有限公司是一家主要从事宝玉石产品的开发、生产、加工、销售以及观光旅游业务的企业。自20世纪90年代初创立以来,不断适应国际、国内的市场变化,经营业绩蒸蒸日上,企业规模逐年扩大,目前已发展成为国内低档宝玉石业最大的生产经营企业,从业人员10 000余人。

在产品上,广州石头记饰品有限公司以水晶、玛瑙等中低档宝石为原料,以产品的天然材质打造"真石为本、高贵不贵"的品牌核心理念;在产品设计上,大量采用中国传统设计元素,将各种形状的珠链与传统的中国结、玉雕艺术完美地结合起来,以新颖、时尚的款式塑造年轻人喜欢的品牌。

为适应珠宝行业的发展,公司于1997年注册"石头记"品牌,以中国传统文化为基础,借助家喻户晓的《红楼梦》故事题材,致力于品牌运作,成功借鉴连锁经营的商业模式,在全国范围内招募加盟商,运营"石头记"品牌。由于品牌设计规划细致周全,加盟对资金要求的起点低,经营灵活,产品款式新颖、时尚,真正体现了"真石为本、高贵不贵"的品牌核心理念,产品设计风格迎合了现代年轻人的需求,产品价格更是设计在年轻人能接受的范围内,因此,品牌一经推出,吸引了众多的加盟商加盟,品牌效应迅速显现。至2010年,"石头记"在全国各大中城市开设1 100多家连锁店。

"石头记"品牌成功运营的经验告诉我们:在品牌建设过程中,只要公司找准一个定位,确立一个核心经营理念和品牌诉求,在任何一个领域成就一个品牌都是可能的。石头记的产品虽然档次较低,但它紧紧抓住了"真石为本、高贵不贵"的品牌核心理念,将其定位为追求时尚的年经人的品牌,迎合了年经人的购买能力和追求时尚的心理,取得品牌经营的成功便是自然而然的事了。

本章小结

本章的主题叫做品牌——珠宝营销永恒的主题,它道出了品牌建设在珠宝营销中的重要意义。对于一般消费者来说,珠宝首饰是充满神秘色彩的、高贵的奢侈品,珠宝消费是非专业消费,消费者在购买一种自己不甚了解的产品时,唯一值得信赖的可能就是品牌了,这就是我们倡导珠宝营销需要建立品牌的根本意义所在。

建立品牌也是应对市场竞争的有力武器。全面分析当今珠宝市场经营成功的珠宝品牌,他们取得成功的背后都是强有力的品牌支撑,强势品牌使企业在市场竞争中处于主导地位,取得良好的经营业绩便是顺理成章的事了。

香港珠宝品牌凭着强大的资金实力和丰富的品牌建设经验在市场竞争中已经抢得了先机;而中国内地珠宝品牌尽管经过市场竞争的洗礼已经有了很大的提升,但由于诞生的时间晚,品牌经营管理能力有限,品牌定位尚不清晰,品牌文化和品牌的核心竞争力尚未形成,市场竞争仍然在同质化的产品层面展开,价格打折仍然是它们的主要竞争方式。中国珠宝市场竞争已转化为品牌与品牌之间的竞争,中国内地珠宝品牌尚未涉足高端珠宝领域,主流珠宝市场的竞争是国内珠宝品牌与香港珠宝品牌的竞争,国内珠宝品牌多而杂,在市场竞争中明显处于被动地位。为了改变这种被动局面,中国内地珠宝企业必须在结合企业拥有的资源和综合实力选择品牌战略模式的基础上,从以下几个方面考虑提高品牌的市场竞争能力。

1. 强化企业内外部管理,建立品牌的核心竞争力

品牌的市场竞争能力主要表现在四个方面:产品的开发与创新能力、品牌管理与品牌的营销传播能力、渠道管理与销售能力和顾客管理与售后服务能力。在激烈的市场竞争中,企业要想谋求生存和发展,必须根据企业所处的市场环境、综合实力,结合不同品牌竞争路径特点,扬长避短,从以上四个方面提升品牌运营与管理水平,将运营管理能力发展成为品牌的核心竞争力。

2. 建立专业形象,提高品牌信任度

专业的形象是品牌必不可少的,珠宝品牌更是如此。珠宝首饰是非专业消费,专业的品牌形象不仅是品牌建设的需要,也是消费者认牌购买的需要。珠宝首饰包含了收藏、投资保值、装饰等多重商品属性,是身份、地位的象征,没有哪个消费者愿意从一个不专业、不值得信赖的品牌购买承载如此多含义的商品,所以,建立专业的形象是取得顾客信任的基础。

3. 强化品牌的情感诉求,提高品牌的概念价值

在未来激烈竞争的市场背景下,仅仅是圈地和提高品牌知名度是不够的,以市场覆盖率和产品层面的价格竞争同样可以获得品牌的知名度,但要提高品牌的信誉度、满意度和忠诚度就必须靠品牌的情感诉求。目前国内珠宝品牌包括一些香港品牌在这方面做得并不完善,以情感诉求提高品牌的概念价值才是品牌营销的魅力所在。

4. 增强创新意识,形成品牌特色

创新是品牌的生命力,国外多数全球知名珠宝品牌之所以在激烈的市场竞争中长盛不衰并不断创造营销的奇迹,一个根本原因就是不断地培育品牌的创新能力,适应不同的市场需求和时尚发展的需要,在不断的创新中保持品牌的市场领先地位和品牌特色。珠宝品牌的创新包括产品的创新、营销理念的创新、营销渠道的创新、管理的创新和商业模式的创新等。国内珠宝品牌要真正形成品牌特色,必须走品牌创新的道路。一些品牌没有自己的产品开发设计团队,没有高水平的品牌运营团队,甚至没有自己的首饰镶嵌厂,产品是委托生产,品牌运营是模仿其他品牌的运作方式,可以想像,这样的品牌如何实现产品创新呢?如何去建立自己的品牌特色呢?这样的品牌只能复制其他品牌的成功模式,永远形成不了自己的品牌

特色,更不可能成为珠宝行业的领导型品牌。

5. 建立品牌区隔,服务于特定的目标市场

一个品牌不可能服务于所有消费者,只能服务于特定的目标市场,这就要求我们建立品牌区隔,以特定的产品服务于特定的目标市场。品牌区隔需要我们对市场做精确的市场细分,在此基础上精确锁定品牌的顾客群体,围绕品牌核心理念,不断强化品牌诉求,通过品牌的视觉语言、触觉语言、听觉语言进行精准传播,向目标市场传达定位信息,尽可能多地吸引终端市场的目标顾客。无论是国际珠宝品牌还是香港珠宝品牌、内地的珠宝品牌,相互交锋的阵地都是终端,终端制胜是珠宝品牌绕不开的竞争法则,而终端制胜的法宝是品牌建立的区隔。

6. 争夺顾客心智,提升品牌忠诚度

真正优秀的品牌或行业领导品牌均具有抗拒市场风险的能力和长久的品牌生命力,原因在于它们通过长期的市场行为占据与控制了"顾客心智"。譬如卡地亚、蒂芬尼、梵克·雅宝、哈里·温斯顿、宝格丽、欧克塞特、宝诗龙等品牌。它们成为强势品牌,不是因为它们是奢侈品领域的佼佼者,而是因为它们独特的品牌魅力,长期以来在顾客心目中种植了根深蒂固的心智之树,使顾客对这些品牌产生独特的情感,只要想到珠宝首饰,他们就会联想到这些珠宝品牌,这是顾客对品牌忠诚的表现。有了品牌忠诚度,不仅有了稳定的顾客群体,还会对品牌传播起到极大的推动作用。随着品牌的知名度、信誉度、满意度和忠诚度的不断提升,珠宝运作就会进入一个良性循环,品牌竞争力就会不断提高。

提升企业品牌竞争力是一个系统工程。除了通过上述步骤提升品牌竞争能力外,内地珠宝品牌还应建立基于长远发展战略的企业文化和品牌文化。我们高兴地看到,一些企业已经意识到文化的重要性而开始了品牌文化建设,如百泰首饰的"和合文化"、爱迪尔珠宝的关爱文化等。特色的企业文化综合了企业经营理念、经营方向、企业的价值观等核心理念,随着企业文化的日积月累,最终会转化为企业凝聚力和活力,渗透在企业经营和管理的每一个环节,最终通过产品和服务在市场上形成独特的品牌竞争优势。

思考题

1. 什么是品牌?举例说明珠宝品牌的内涵。
2. 简述品牌在珠宝营销中的意义。
3. 制约我国珠宝品牌发展的因素有哪些?
4. 当前我国珠宝品牌建设存在哪些问题?
5. 中国珠宝品牌建设有哪几种模式?

第八章 定位——营销成败的关键

第一节 概 述

营销学中有一个概念叫做目标营销,它是现代营销管理的一大经典成果。所谓目标营销,是指企业在市场细分的基础上,通过评估分析,选定一个或若干个消费群体作为目标市场,并相应地制定营销策略的过程。它要经历三个步骤:首先,要搞清市场上存在哪些需求,也就是将一个大的异质市场按照一定的标准划分为若干个不同需求类型的过程,每一种类型的需求具有相同性或相似性,或对营销组合的提供物作出相似的反应,这一过程叫做市场细分;其次,要搞清楚哪些需求是公司能够满足的,这些细分市场就是企业可以选择的目标市场;最后,向目标市场传达企业的产品诉求,表明企业产品正是他们所需要的,这一过程叫做定位。定位是从产品开始的,可以是一件商品、一项服务、一家公司、一个机构,甚至是一个人,但定位并不是围绕产品进行的,而是围绕顾客的心智进行的。也就是说,将产品定位于潜在顾客的心智中。这三个步骤是缺一不可的,其中市场细分是目标营销的基础,选择目标市场是目标营销的保证,而定位是目标营销的核心。

一、目标营销的理论依据

我们可以从三个方面去认识目标营销的理论依据。

1. 公司资源的有限性

对于大多数行业而言,每一个企业的综合实力都是有限的,是很难去满足全部市场需求的,因为会受到企业资源和能力的限制。即使是综合实力非常强大的公司,也只能去抓住市场的主流需求而忽略那些市场份额微不足道的需求。公司试图满足市场上的所有需求只能分散公司的营销资源而不能给公司带来更大的效益,与其这样,不如将公司的优势资源集中到最有潜力的消费者群体,不仅能体现公司特色,还能更好地满足对公司特色有需求的消费者群体。如果不加区分地对所有消费者群体展开营销,市场群体的满意度就不会很高,公司的经营特色就不能突显出来,企业的市场竞争力也就不会很强。

2. 企业经营的择优性

既然企业资源不能满足所有市场需求,那么,企业就应该将营销注意力集中在能为企业带来更大效益的客户群体上,从分散地使用营销资源到将资源集中于目标市场,由不加区分的广泛市场营销转变为"有所为、有所不为"的目标营销,即企业识别不同的消费者群体的差别,有选择地确认一个或几个消费者群体作为自己的目标市场,发挥自己的资源优势,有针对性地满足对企业特色和优势有独特偏好的部分消费者群体的需求,这样就可能即使这部分消费者群体的满意度大大提高,又使企业的核心竞争力充分发挥。

3. 消费者的差异性

从消费者的角度来看,消费者群体之间在购买心理和购买行为、消费观念和消费水平、审美观念和消费能力等方面都可能存在很大的差异,从而构成了一个又一个在需求上各不相同的消费者群体。企业产品不可能满足所有这些不同的消费者群体的需求,这就为企业有针对性地选择其目标市场提供了前提。

所以,企业应当采用目标市场营销的策略,在市场中营造特定的优势,塑造企业产品独特的个性特征,满足那些对这种独特个性特征有偏好的消费者群体的需求。

二、目标营销的主要步骤

如前所述,目标市场营销有三个主要步骤:首先要通过市场细分(segmenting)区分不同的消费者群体,搞清市场上存在哪些需求,也就是将一个大的异质市场按照一定的标准划分为若干个不同需求的细分市场,细分后的每一个市场类型具有相同或相似的需求,这一过程叫做市场细分;其次,要评价和比较细分好的消费者群体,搞清楚哪些需求是公司能够满足的,从中选择最有潜力的一个或几个细分市场作为自己的目标市场,这一过程叫做目标市场选择(targeting);最后,向目标市场传播企业产品或服务的关键特征和利益,表明企业产品正是他们所需要的,这一过程叫做定位(positioning)。建立这三步环环相扣的过程,简称为STP战略。

从本质上说,市场细分是化整为零、化大为小这一通俗过程在产品销售上的体现。市场细分是一种依据消费者消费观念、消费目的、消费水平、审美取向等方面的不同而采用的一种市场分类方法,它不是对产品进行分类,而是对同种产品需求各异的消费者进行分类,是一种识别不同需求的消费者或消费者群的活动。

市场细分是企业选择目标市场的基础,它对企业营销有十分重要的意义。第一,通过科学有效的市场细分,可以使企业全面而准确地了解市场及每个细分市场的需求。结合企业的实际情况,决定企业应该进入哪些细分市场,满足这些不同层次消费者群体的需求,有利于企业根据顾客的需求更精确地确定市场。第二,市场细分是在市场调查的基础上进行的,通过市场调查,可以全面了解到各个消费群体中哪些需求已经满足、哪些满足不够、哪些尚待开发、哪些细分市场竞争激烈、哪些细分市场较少竞争、市场消费趋势发生了哪些变化等,这些信息可以使企业寻找和发掘新的市场机会,及时调整营销战略和策略进入有利于企业的细分市场,寻找更好、更多的发展机会,开发新的产品满足不断变化的消费需求。所以,市场细分有利于企业发掘新的市场机会和开发新的产品。第三,通过市场细分,企业可以根据自身条件选择一个或几个对本企业有利的细分市场,集中使用人力、物力和财力资源投入目标市场,迅速及时地将适销对路的产品送到目标市场,这样可以充分有效地使用企业资源,发挥企业的优势,提高产品的市场竞争力。

市场细分的四种基本形式并不是孤立存在的,在实际的市场细分过程中,常常是将四种细分形式结合起来综合考虑,所以,市场细分的方法可以分为单一细分变量的单个市场细分和联合变量的市场细分。

市场细分后,企业还应调查分析每个子细分的消费者数量、平均购买率和市场竞争程度,综合考虑这些因素,测算每一个子细分的潜在价值或赢利空间,最后权衡利弊,结合企业自身的实际情况,选择一个或几个细分市场作为本企业的目标市场。

有效的市场细分是选择目标市场的基础和前提。所以,市场细分实际上是选择目标市场的一项基础工作,是为选择目标市场而进行的第一个工作步骤。企业选择适合于本企业的目标市场,既要考虑企业长远的发展目标,又要考虑企业的综合实力、市场竞争态势和市场发展态势,准确地选定目标市场并根据目标市场的特点制定相应的营销组合策略。

目标市场确定之后,接下来的工作就是对目标市场进行精确的市场定位。定位的过程是向目标消费群体传达产品诉求和利益的过程,也是形成企业经营特色和产品个性的过程,企业要根据潜在顾客的心理进行独特设计,使企业的产品、服务或品牌在目标顾客心目中建立独特形象或形成独特的个性特征,以特色和个性占据顾客的心智,在顾客心目中形成深刻的印象并占据独特的位置。

所以我们说,目标营销三部曲中,市场细分是目标营销的基础和前提,选择目标市场是目标营销的保证,而定位是目标营销的核心。定位的过程是传播产品特色和利益的过程,也是占据目标顾客群体心智的过程,它直接关系到企业定位的目标客户群体能否被企业产品所吸引,能否成为企业的忠实客户,是企业营销成败的关键。

第二节　珠宝企业如何细分市场

在市场营销活动中,任何企业都应选定目标市场,以便在纷繁复杂的市场中发现何处最适合销售本企业产品,主要购买者是谁,购买者的地域分布、需要、爱好、购买行为特征是什么等。企业选择目标市场是在市场细分的基础上进行的。通过市场细分将整个市场划分为若干个特征不同的细分市场,企业对各细分市场作出全面评价后,结合企业特征选择其中一个或几个细分市场作为本企业的目标市场,并制定相应的目标市场营销策略。

一、市场细分因素

市场细分因素归纳起来主要有:地理因素、人口因素、心理因素、行为因素,这些因素同样适用于珠宝企业。

1. 按地理因素细分市场

地理细分是按照消费者所处的地理位置、自然环境来细分市场。地理细分之所以可行,是因为处在不同地理环境下的消费者对珠宝首饰的需求、偏好、审美观念、购买能力有很大的差别,他们对企业产品的品种、款式、价格、最终渠道、广告宣传等市场营销因素的反应也不一样。地理因素是珠宝企业细分市场的一个重要因素。

从地理因素的典型分类来看,我国长期存在城乡二元经济结构不平衡的问题,北方市场与南方市场、经济发达地区的市场与经济不发达地区的市场之间的珠宝消费水平、消费理念、消费品种都存在着明显的差异。由于经济发展程度、文化开放程度、区域市场发育程度的不同,各地对产品类型、款式、审美的差别非常大。比如,南方喜欢款式精致、细腻的产品,而北方则喜欢款式夸张、突出钻石的饰品;一些首饰业发达的城市早已由传统的足金消费观念过渡到以18K金镶嵌饰品为主,而在农村市场和经济欠发达的市场最好销的还是彰显成色(如Pt950)的金镶嵌饰品。这是不同地区的消费者购买珠宝首饰的观念和所追求的利益不同造成的。珠宝企业在进入某一区域市场时,按地理位置和自然环境来细分市场是十分必要的,它直接影响到企业目标市场的选择和是否能够提供适销对路的产品。

2. 按人口因素细分市场

人口细分,即按人口调查统计的内容来细分市场。人是构成市场营销的基本要素,是企业市场营销活动的最终对象,企业进入一个区域市场进行市场细分,除了要分析这个地区的总人口外,还要研究其人口的构成情况,包括人口的数量、性别、年龄、职业、收入、受教育水平、民族、宗教等情况。

人口数量决定了总体购买能力，因此，它常常是珠宝企业进入某一区域市场所考察的首要因素。

由于生理上的差别，男性和女性在产品需求和偏好上有很大的不同，珠宝首饰在很大程度上来说是女性的专利，但也不能排除男性购买的可能。珠宝企业在选择目标市场的过程中瞄准女性消费者的同时，也应适时地相互渗透，以某些男性子细分作为目标市场，如结婚或订婚的男性、成功的男性等。

按年龄进行市场细分是珠宝企业常用的市场细分方法。不同年龄的消费者由于在经济收入、审美意识、生活方式、价值观念、社会活动和社会角色等方面存在着较大的差异，必然会对珠宝首饰产生不同的消费需求。如青年人喜欢时尚的流行首饰，老年人则倾向于保守、具保值功能的首饰。因此，在市场细分活动中，企业应把握好不同年龄层的消费者的需求特点并以此为依据作出市场子细分，在企业决策中一旦将某个年龄层的顾客作为目标市场，就要及时地为这个目标市场提供相应的产品。

消费者的经济收入水平是购买力的决定因素，也决定了一个地区消费者的生活水平和生活方式。按照当前的平均经济收入水平，可以将一个地区的居民收入分为高收入、中等收入和低收入三类。高收入消费者和低收入消费者在生活方式、消费方式、社会交际等方面有很大的不同。珠宝首饰是高档消费品，其购买者主要是中高收入的消费者。因此，企业要了解一个地区不同消费者的工资收入水平、家庭收入总额和人均收入状况，并具体分析消费支出占个人家庭收入的比例以及收入变化对消费者需求的影响，按收入的高低并结合其他情况对市场做出市场子细分。

按职业和受教育程度可以将一个市场划分出若干个不同的细分市场。职业不同和受教育程度不同对珠宝首饰的需求是不一样的，有些职业，如医生尽管经济收入水平和消费观念都符合消费珠宝首饰的条件，但其职业要求不能佩戴首饰。珠宝首饰是文化饰物，只有对其文化内涵有深刻理解的顾客才能成为珠宝首饰的忠实消费者。因此企业应注重按照消费者的职业和受教育程度不同来划分不同的细分市场，它对产品定位和目标市场的选择具有十分重要的意义。

此外，民族、宗教信仰不同，在吃、穿、住等消费需求上的特点是不一样的，他们在首饰消费中都有各自鲜明的民族文化特点，从而形成了符合民族特点的首饰消费需求。按民族的不同来细分珠宝市场，不仅有利于满足各民族消费者的特殊需求，也使企业获得了更广泛的市场机会。

在实际工作中按照人口因素细分市场，既可以按单个因素细分，如只按"经济收入"这一变量来细分市场，也可以按多种因素组合来细分市场，不过，按多种因素组合来细分市场会使企业的目标市场选择和市场定位更加准确。

3. 按心理因素细分市场

心理细分,就是按照消费者的心理特征来细分市场。消费者的购买动机是一个内在的心理过程,消费心理不同,其购买动机和购买行为也不同,所追求的利益也有明显的差异。心理因素主要包括社会阶层、生活方式和消费习惯等。

社会阶层是指在社会上具有相对同质性和持久性的群体,这些群体的成员一般具有相似的价值观、爱好、兴趣和行为方式。在现实社会中,不同的人所处的社会阶层是不同的。以收入的高低来划分,一般可以将社会阶层分为富裕阶层、工薪阶层和贫困阶层,不同阶层的人则在价值观、爱好、兴趣和行为方式等方面存在较大的差异。各社会阶层对珠宝首饰的购买能力显然具有很大的差别。企业应仔细分析各社会阶层消费者的需求偏好、购买方式和购买计划,并据此选定自己的目标市场,根据各阶层消费者的特征制定自己的营销策略。

生活方式是指一个人或一个群体对消费、工作、娱乐的特定习惯和倾向性的方式。人们形成和追求的生活方式不同,珠宝首饰的偏好也不同,如有的人追求时髦,有的人追求佩戴方便,有的人追求高雅,有的人追求华贵。据此,企业便可以将追求某种生活方式的消费者群体作为细分市场的标准,并选择合适的目标市场。

消费习惯也称消费个性,是指一个人比较稳定的心理倾向和心理特征,它会导致一个人对其所处环境作出相对一致和持续不断的反应。每个人的个性都会有所不同,因而会有不同的消费偏好。如性格开放、追求时髦者可能比较容易接受款式新颖或新开发的产品,而性格保守者则会更多地倾向于购买自己熟悉的老字号产品,并更注重产品的内在质量和适用性;时尚者可能选择购买钻石首饰,内秀者可能购买翡翠饰品,传统者则可能购买黄金饰品。企业可以按照人的性格特征进行市场细分,给自己的产品赋予品牌个性,以迎合相应消费者的个性特征。

心理因素是长期的社会文化影响造成的,企业细分市场时要侧重于调查该细分市场目标顾客受社会文化影响而形成的心理特点。只有搞清了一个地区的消费文化,才能正确掌握消费者的消费心理,选择正确的目标市场。

4. 按行为因素细分市场

行为细分就是按消费者的购买行为来细分市场。购买行为因素包括购买时机、追求利益和品牌忠诚度等。行为细分是市场细分最重要的因素之一。

按购买时机细分市场就是按消费者购买珠宝首饰的时机对市场进行细分。消费者购买珠宝首饰的时机很多,具有一定的不确定性,但每当中国的传统节日到来时(如元旦、春节、五一劳动节、国庆节等),就是消费者购买珠宝首饰的主要时机。中国传统佳节前后常常是结婚男女首选的婚庆日子,将婚庆市场作为目标市场的珠宝企业必定会在佳节到来之前大做广告,大力宣传购买钻石首饰、珠宝首饰对婚姻的纪念意义,并推出各种优惠举措,扩大产品的销售。

不同的消费者购买珠宝首饰所追求的利益是不同的,这取决于他们对珠宝首饰属性的认识。珠宝首饰除具备一般商品的属性外,还兼具时尚、保值增值、鉴赏收藏等属性,佩戴珠宝首饰也通常认为是品位的象征,由此体现出不同的利益。消费者在购买珠宝首饰时追求的利益不同就构成了不同的子细分市场。珠宝企业进行利益细分时,关键是要了解消费者购买珠宝产品所要获得的预期利益是什么(也就是我们后面要讲的产品概念中核心产品的内涵)。根据消费者追求利益的不同,企业应该选择其中一个或几个追求某种利益的消费者作为目标市场。运用利益细分法,要从了解消费者购买珠宝首饰所寻求的主要利益是什么开始,然后掌握寻求某种利益的消费者是哪些人,接着要调查市场上的竞争品牌各自适合满足哪些利益,还有哪些利益没有得到满足,最后确定本企业产品要突出的某些利益特征,并辅以适当的促销手段,反复宣传这些特性,最大限度地吸引追求这些利益的消费者。

品牌忠诚度就是根据消费者对品牌的重视程度来细分市场。在崇尚品牌消费的今天,越来越多的消费者具备了品牌消费观念。品牌是质量和信誉的象征,但品牌产品含有品牌附加值,消费者必须为购买品牌产品支付更高的品牌溢价,所以,一部分理性的消费者可能选择非品牌、价格实惠的首饰。而崇尚品牌的消费者又可以分为单一品牌的忠诚者、几种品牌的忠诚者。单一品牌的忠诚者始终如一地偏爱于某一个品牌,几个品牌的忠诚者总是在几个品牌中选购产品,非品牌忠诚者在购买产品时不注重品牌,而是根据其他因素决定是否购买产品。这种细分方式使珠宝企业在进入某一区域市场时必须充分考虑企业的品牌地位,并根据各细分市场所占的比例来决定是否进入该区域市场以及选择何种营销组合策略。

二、市场细分的方法

市场细分的方法主要有两种:单一变量的市场细分和联合变量的市场细分。顾名思义,单一变量的市场细分是选择市场细分因素中的某一个因素进行的市场细分,如以消费者的年龄因素作为市场细分的依据可以将珠宝消费者分为青年、中年、老年三个子细分市场,按收入的高低可以将珠宝消费者分为高收入、中等收入、低收入三个子细分市场,如表8-1所示;联合变量的市场细分是在单一变量的市场细分基础上,结合其他细分因素对子细分市场进一步细分。一般来说,单一变量的市场细分简单粗糙,不能精确掌握每一个子细分层的消费者群体的需求,常常需要联合几个市场细分因素对市场作精确的细分,如我们选取收入和年龄两个市场细分因素进行联合市场细分,就可以将这个市场分为九个子细分市场,如表8-2所示。

表 8-1　单一变量的市场细分

市场细分因素	细分市场		
按年龄	青年	中年	老年
按收入	高收入	中等收入	低收入
……	……	……	……

表 8-2　联合变量的市场细分

年龄＼收入	高收入	中等收入	低收入
青年	子细分市场1	子细分市场2	子细分市场3
中年	子细分市场4	子细分市场5	子细分市场6
老年	子细分市场7	子细分市场8	子细分市场9

在市场细分的过程中,选择细分因素越多,市场就被分得越细,对市场需求的了解程度就越精确。在实际的珠宝市场细分过程中,常常要综合考虑各种细分因素对市场进行精确的细分,为企业精确锁定自己的目标市场打下良好的基础。如在表 7-2 中,企业选择中等收入的中年消费者为目标市场(即子细分市场5),企业还要对这部分消费群体从购买心理和购买行为等方面作进一步细分,搞清这个群体中哪些喜欢时尚首饰、哪些喜欢传统首饰、他们在何时购买首饰等。通过市场细分将一个整体市场区隔成若干个容易区分的、差异明显的消费群体后,企业还应调查分析每个子细分市场的消费者数量、平均购买率和市场竞争程度,测算每一个子细分市场的潜在价值或赢利空间,最后权衡利弊,结合企业自身的综合实力和产品特色,选择一个或几个细分市场作为本企业的目标市场。

第三节　珠宝企业的目标市场选择

利用各种市场细分因素对整体市场进行精确的细分后,企业要从细分市场的利润贡献率和市场竞争状况等方面对每个子细分市场进行客观的评价,选择最有利可图的细分市场作为企业的目标市场。这一过程就是目标市场的选择过程。

一、目标市场选择模式

我们选择细分后的市场(M)和满足这个细分市场的利益的产品(P)两个维度来建立目标市场矩阵,可以得出五种目标市场选择模式。

1. 市场集中化

市场集中化是一种简单的目标市场选择模式,也称为单一的目标市场选择模式(如图8-1)。公司通过市场细分,发现某一细分市场存在巨大的利润空间,公司资源也足以满足这一细分市场的需求,于是公司就选择这样一个细分市场作为目标市场,集中公司资源为目标市场提供产品和服务,在目标市场的需求上形成特色,公司通过密集营销,更加了解本细分市场的需求,并树立特别的声誉,因此便可在该细分市场建立巩固的市场地位。另外,公司通过生产、销售和促销的专业化分工,也获得了许多经济效益。

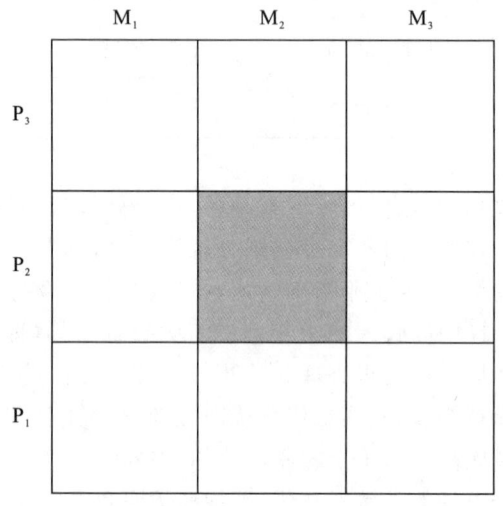

图8-1 市场集中化

"女娲本纪"是北京女娲珠宝文化发展有限公司创建的翡翠品牌。当21世纪翡翠在中国迅速升温之时,他们依托北京深厚的玉文化底蕴和公司专业化优势,结合北京的消费水平和市场需求,选择高端客户作为目标市场,定位为中国传统玉文化的传播者和发扬者,走专业化之路,建立高端品牌形象,致力打造中国翡翠行业第一品牌。公司在最繁华的中国第一商业街——北京王府井大街设立事业连锁总部,在消费水平较高的城市致力于连锁经营,向高端客户提供各类高档翡翠饰品,近年来取得了不菲的经营业绩。

市场集中化的目标市场模式适用于单一目标市场的密集市场营销和补缺市场的营销。如果细分市场选择得当,公司的投资便可获得高报酬。同时,珠宝首饰市场集中化的市场营销比一般目标市场选择风险更大。因为市场的风向是不断变化的,有些细分市场是时尚市场,有可能随着时尚的变化而出现不景气的情况;或者某个竞争者同样垂涎这个补缺市场的利益而决定进入同一个细分市场,就会迅速瓜分公司的市场份额。由于这些原因,许多公司宁愿在若干个细分市场分散营销,或者专注于某一细分市场,同时密切注视市场的变化,一旦出现市场变化,便迅速将业务切换到另外一个有赢利能力的细分市场。

2. 有选择的专门化

有选择的专门化是珠宝企业通过市场细分发现在这个区域市场中的几个细分市场在客观上都有吸引力,并且符合公司的经营目标,企业的资源也能适应这些细分市场的需求。因此,企业可以选择若干个细分市场作为企业的目标市场。各细分市场之间很少有或者根本没有任何联系(如图8-2),然而每个细分市场都有可能赢利,企业便可不失时机地进入这些细分市场。

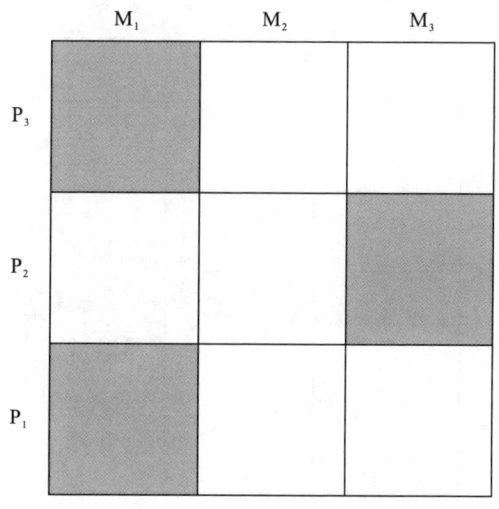

图 8-2 有选择的专门化

金至尊是2003年进入内地市场的香港珠宝品牌,以钻饰、黄金首饰为主打产品。殊不知金至尊旗下还有一个品牌叫"银河明星",以经营银饰为特色,银饰是时尚产品,其目标市场是追求时尚的年轻消费者,市场潜力很大。为了占领这两个互不相关的市场,金至尊珠宝设立了以经营黄金、钻石为主要产品的"金至尊"品牌和以经营时尚银饰为主要产品的"银河明星"品牌,分别占领不同的目标市场。

这种多细分市场目标优于单细分市场目标,因为这样可以分散公司的风险,即使某个细分市场失去吸引力,或者在经营过程中出现类似质量、信誉之类的问题,也不会影响到其他细分市场的经营,公司仍可继续在其他细分市场获取利润。我们知道,银饰是一种容易受氧化而变色的饰品,常常被消费者认为是质量问题而引起投诉,如果金至尊将所有产品都纳入同一个品牌下经营,势必会因银饰的质量问题而影响整个品牌声誉。事实上,在近年来流行的品牌加盟风潮中,许多加盟商同时加盟几个品牌,以不同的品牌经营不同的产品,从本质上说也是基于这种考虑。

3. 产品专门化

产品专门化是指公司集中力量生产或经营一类产品,向各类追求不同利益的细分市场提供同类产品(如图8-3)。上海金伯利钻石是走产品专门化路线的典范,为了避开激烈的市场竞争,金伯利选择到市场竞争相对不激烈的中西部地区发展自己的事业。但是,中西部地区的钻石消费者对钻石的需求也是不同的,钻石档次有高中低之分,质量有好坏之别,消费者对钻石首饰款式的选择也有时尚与传统的差异,金伯利通过专业的生产和经营,满足了不同细分市场对钻石首饰的需求。

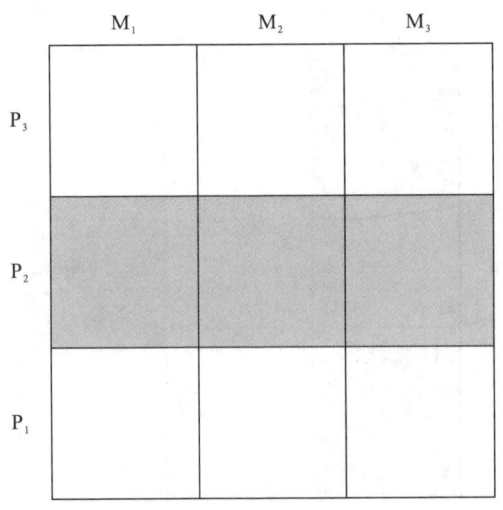

图8-3 产品专门化

公司向不同的顾客群体销售不同质量、不同款式、不同档次的钻石首饰,而不去生产或经营这个区域市场可能需要的其他类型的珠宝首饰,充分体现了公司的经营特色,建立了专业的形象,在钻石消费领域树立起很高的声誉。这正是品牌时代所需要的品牌特色和个性。当然,产品专业化的目标市场选择模式也有风险,如果企业选择的目标市场是时尚首饰消费者群体,它极可能被另一种时尚所取代。

4. 市场专门化

市场专门化是指专门为满足某个特定的消费者群体的各种需求而设计公司的产品和服务。在珠宝消费市场中,消费水平有高档、中档、低档的差别,更有追求时尚、追求个性等不同的消费理念。企业应该抓住某一类消费者群体,专门为这个消费者群体服务,以不同类型的产品满足他们的需求(如图8-4)。如在高端消费者群体中,他们的需求也是有差异的,有的喜欢高档优质钻石,有的喜欢高档翡翠,有的喜欢高档、稀有的颜色宝石,如果企业产品专门为这些高端客户而设计,不仅可以在对这些客户的营销服务中获得理想的收益,还可以获得良好的市场声誉,并成为这个消费者群体所需各种新产品的供应商。

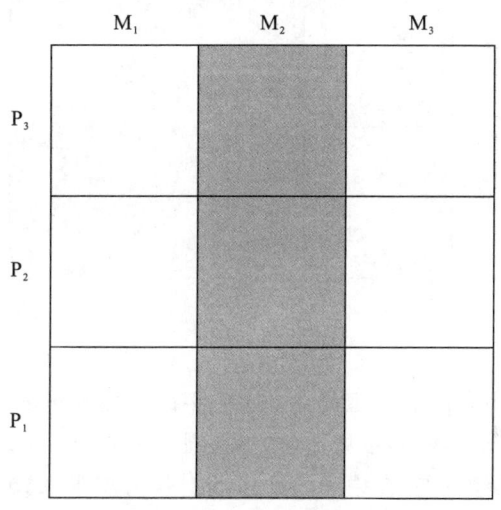

图8-4　市场专门化

按照产品的档次、特色及消费者的审美观念等形成的市场专门化目标市场选择模式也是形成企业经营特色的一种重要方式。但服务于特定消费者群体的市场专门化目标市场选择模式需要企业掌握在不同专业市场中的资源,同时要具有取信于这些消费者群体的专业资质,否则企业向他们传达的利益是不能被接受的。

当然,市场专门化也有一定的风险,如专门将追求时尚的细分市场作为目标市场的企业,如果流行时尚不断地变化,企业不得不不断地变换产品,被市场淘汰的产品就会造成积压;或者一味地将高端消费者群体作为目标市场的企业如遇到金融危机,他们的购买能力就会大大降低,从而给企业带来风险。

5. 完全覆盖市场

完全覆盖市场是指想用各种产品满足各种顾客群体的需求(如图8-5),即将所有细分市场都作为企业的目标市场。只有实力强大的企业才能采用完全覆盖市场战略,如果市场存在各种各样的需求,每一种需求对企业都有巨大的诱惑力,且企业实力足以满足所有细分市场的需求,那么,企业就会将所有细分市场都作为目标市场,为追求不同利益的每一个细分市场提供特定的产品。

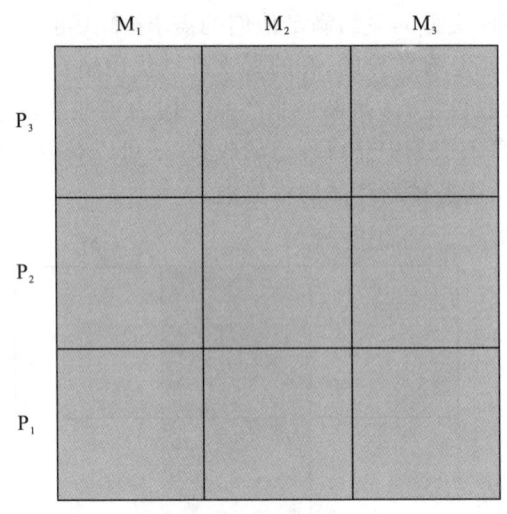

图 8-5 完全覆盖市场

周大福是成长于香港的珠宝品牌,1997年试探性地进入内地市场,由于文化的一脉相承,经过一段时间的市场适应之后,周大福的产品逐渐被内地消费者所接受。于是,周大福顺势发展,在中国内地市场上强力扩张,成为中国内地珠宝市场最知名和市场占有率最高的品牌。在其产品组合中,有传承中华民族传统文化的黄金饰品、翡翠饰品,有迎合时尚的钻石饰品,还有满足个性化爱好的彩色宝石饰品、珍珠饰品等,每类饰品都以其独特的设计精确地指向特定的目标消费者群体,产品组合覆盖了各类年龄层次、各种消费需求的消费者。同时,周大福还通过不断地产品开发和产品创新引导并满足新的市场需求。

完全覆盖市场的目标市场模式虽然是将所有细分市场都作为企业的目标市场,但同样必须作精确的市场细分,只有经过市场细分,才能准确地了解每一个细分市场的具体需求,才能准确地为每一个消费者群体提供产品。

二、不同规模企业的目标市场选择

(一)影响企业目标市场选择的因素

经过细致的市场调研,对一个整体市场进行精确的市场细分,对市场需求有了全面的了解,企业应结合自身的综合实力和在市场竞争中的地位谨慎地选择适合本企业的目标市场模式。也就是说,以上我们归纳的五种目标市场模式并不是适用于所有企业的,必须在考虑如下因素后对目标市场模式作谨慎的选择。

1. 产品的适应性

产品的适应性即企业产品与目标市场是否相适应。戴梦得是中国本土的珠宝品牌,号称"中国第一上市珠宝品牌",它在中国北方有较高的市场知名度和经营业绩,但在南方却大相径庭,分析其原因可能就是戴梦得是诞生于我国北方的品牌,对北方消费者的消费观念和审美观念有更好的把握。如果我们对整个市场作精确的市场细分,不难考察产品对区域市场的适应性。

2. 企业资源

企业资源也称企业综合实力,指资金、员工素质、经营管理水平、技术开发水平、产品供需渠道等人力、物力和财力的状况。这是制约和影响企业选择目标市场的主观条件,一切目标市场的选择都必须以企业的综合实力为前提。市场机会是很多的,超出企业综合实力的目标市场选择只能给企业营销带来混乱并最终导致经营的失败,企业只能选择那些与企业综合实力相适应的、可达到的并能为之提供服务的目标市场。

3. 需求类似程度

需求类似程度即消费者的需求、兴趣、爱好及其他特征相一致的程度,企业进入市场从事市场营销,就是要满足或发掘未满足的需求。如果市场上大多数消费者在需求、兴趣、爱好等方面十分接近,对销售方式的需求也大致相同,市场同质性较强时,企业在目标市场的选择上无需作详细的市场细分,并可将所有消费者均纳入本企业的目标市场,力争在企业规模、企业形象、品牌个性上给消费者更大的吸引力;而如果各个消费者群的需求、兴趣、爱好存在较大差异,即市场同质性较弱时,企业可选择起主导作用的消费者群作为本企业的目标市场,采用与其他企业不同的营销策略,吸引这部分消费者购买本企业的产品。

4. 市场竞争状况

珠宝企业进入市场并在市场上取得成功,就是要尽可能多地争取市场份额。市场需求是有限的,只有用公平的市场竞争手段将竞争对手的目标顾客吸引到本企业来,才能占领更大的市场份额,实现本企业的经营目标。所以,企业在选择目标市场并决定以何种营销策略进入目标市场时,一定要对市场竞争状况进行认真的分析,搞清楚竞争对手特别是与本企业实力接近的企业的状况,它们很可能与本企业争夺相同的目标市场。对竞争对手的分析一定要找出其优势与不足,并以差异化营销策略在市场竞争中取胜。

5. 企业在市场竞争中的地位

企业在市场竞争中的地位是影响目标市场选择模式的重要条件。企业在市场竞争中处于不同的地位应选择不同的目标市场,比如说,只有市场领导者或市场挑战者才可能选择完全覆盖市场模式,因为这类企业有强大的经济实力,足以满足所有细分市场对产品的需求。而当市场追随者采用这种模式,试图满足全方位市场需求时,结果可能是在任何一个细分市场上都缺乏竞争力,任何一个目标市场的需求都不能得到满足。

(二)不同市场地位的企业的目标市场选择

企业在选择目标市场时,应全面分析以上影响企业目标市场选择的因素,结合企业的综合实力选择适合自身的目标市场模式(表8-3)。

表8-3 不同市场地位的企业的目标市场模式选择

	市场领导者	市场挑战者	市场追随者	市场补缺者
市场集中化				✓
有选择的专门化		✓	✓	
产品专业化			✓	
市场专门化			✓	
完全覆盖市场	✓	✓		

三、目标市场营销策略

企业通过市场细分,从众多的细分市场中,选择出一个或几个具有吸引力、有利于发挥企业优势的细分市场作为自己的目标市场,企业要综合考虑产品特性、竞争状况和自身实力等因素,针对不同目标市场的特点选择营销策略。企业的目标市场营销策略有四种:无差异性营销策略、差异性营销策略、集中性营销策略和定制化营销策略。

1. 无差异性营销策略

无差异性营销策略指企业不考虑各细分市场间的差异性,而只注重细分市场需求的共性,决定只推出单一产品,运用单一的营销方案,力求在一定程度上适合尽可能多的顾客需求。无差异性营销的优点是由于产品单一,有利于标准化与大规模生产,从而有利于控制成本,能以低成本取得市场竞争优势。缺点是忽视了各子市场需求的差异性,会导致顾客大量流失。

珠宝首饰是奢侈品,选择高端的目标消费者群体的企业可以采用无差异性营销策略。因为这些企业不是以占领更大的消费者群体为目标,而是靠珠宝首饰的奢侈品属性创造价值。在奢侈品珠宝的属性中,奢侈品区别于流行消费品的最大特点在于它的全球性,即全世界消费者对奢侈品的追求都是一样的,正如世界上所有人都喜欢名牌服装、喜欢奔驰车、喜欢钻石一样。作为奢侈品的珠宝首饰,世界上所有消费者的喜好并没有太大差异,这也是无差异性营销的理论依据。因此,作为奢侈品的珠宝首饰在设计上要考虑如何保持其奢侈品的"性格",并使这种性格保持统一性和一贯性。全球知名的奢侈品珠宝品牌卡地亚一贯坚持精细的手工打造,在设计中保持了"珠宝的皇帝、皇帝的珠宝"的个性,只是针对不同的地区作一些微调,比如在中国市场上会借鉴一些体现王者风范的设计元素。卡地亚的无差异性营销对奢侈品珠宝首饰的营销具有重要的借鉴意义。

2. 差异性营销策略

差异性营销策略指企业针对不同的细分市场推出不同的产品并实施不同的营销方案,以最大限度满足各个子市场的需求。差异性营销的优点是,由于企业在产品设计、宣传推广等营销策略方面能针对不同的细分市场追求的利益,有的放矢,从而有利于提高产品的竞争力,提高市场占有率;此外还有利于建立品牌个性,树立良好的企业形象,提高品牌的知名度。缺点是生产经营多品种产品势必增加生产、营销及推广成本,增加管理的难度。因此,该策略多为实力雄厚的大公司所采用。

对于占据当今中国主流珠宝市场的企业来说,它们更多的是要采用差异性营销策略,以差异化的产品满足不同细分市场的目标消费者群体的需求,同时,差异性营销的过程也是企业产品特色的形成过程,更是推广、宣传品牌特征和个性的过程。只有差异化的产品、差异化的营销策略才能满足当今珠宝市场差异化的需求。

3. 集中性营销策略

集中性营销策略指企业集中所有的优势资源,以一个或少数几个细分市场作为目标市场,进行专业化经营,力图在较少的细分市场上获得较大的市场占有率。集中性营销的优点是目标市场集中,企业资源集中,能快速开发适销对路的产品,树立并强化企业和产品形象,也有利于降低生产成本,节省营销费用,增加企业盈利。缺点是目标市场狭小,经营风险较大,一旦市场需求突然发生变化,或出现更强的竞争对手,企业就可能陷入困境。致力于做补缺市场、走市场集中化道路的企业多采用这种策略。

采用集中性营销策略的企业由于综合实力弱,目标市场选择范围小,因此,更要突出专业特色,以独特的卖点引起目标客户的兴趣,激发目标客户的购买热情,以最大的诚意满足顾客对利益的追求,并以热情、周到的服务在目标客户群中建立良好的口碑,形成顾客的忠诚度。同时要考虑经营的风险性,发挥"船小好调头"的优势,做到"手里拿着一个、眼里看着一个、心里想着一个",密切关注市场变化的风向,随时准备从一个细分市场切换到另一个细分市场。

4. 定制化营销策略

定制营销是指企业在大规模生产的基础上,将每一位顾客都视为一个单独的细分市场,通过与顾客进行个体的沟通,明确并把握特定顾客的需求,满足其个性化需要,以更好地实现企业利益的活动过程。定制营销也被称为一对一营销、个性化营销。定制营销的突出优点是:能极大地满足消费者的个性化需求,体现企业个性化设计的专业优势,提高企业竞争力;以需定产,有利于减少库存积压,加快企业的资金周转;有利于产品、技术上的创新,促进企业不断发展。但定制营销有可能导致营销工作的复杂化,增大经营成本和经营风险,因此,定制营销需要建立在定制的利润高于定制的成本的基础之上。

在工业化大生产异常发达的今天,珠宝首饰的个性化定制是珠宝行业发展的一个重要趋势,随着我国珠宝首饰行业逐步走向成熟,个性化首饰的定制会越来越受到消费者的重视和青睐,珠宝企业应把握这一趋势,积累专业实力,为企业的创利拓展一条新路。实施这一营销策略的关键在于如何理解消费者的审美观念,通过与消费者沟通,将消费者的个性化设计理念准确地表达出来,专业的设计师和技术娴熟的能工巧匠是实施定制营销策略所必需的。

第四节 珠宝企业目标市场定位

目标市场定位是指企业针对目标顾客的心理对产品、品牌或企业进行独特的设计,塑造某种独特的形象或鲜明的个性特征,使之在目标顾客心目中留下深刻的印象和独特的位置,从而取得竞争优势。

一、目标市场定位的本质

定位并不是你对产品本身做什么,而是要针对潜在顾客的想法采取行动。这就是说,定位就是在顾客或潜在顾客的心目中得到一个期望的位置的过程。

目标市场定位是企业营销策略的重要组成部分。定位是否准确,直接关系到市场营销的成败。定位准确,企业可以充分发挥自身的资源优势,充分满足目标市场各种层次顾客群的需求,确保企业的市场营销活动高效而有序地运作;定位不当,寻找不到合适的目标市场,即使投放再高的营销费用,也不能激发消费者的购买欲望,会使企业的营销活动陷入非常不利的境地。

一个企业选择了某个或若干个细分市场作为本企业的目标市场后,很可能在这些细分市场上存在着众多的竞争者。企业要使目标消费者认识到本企业产品的特色,并将他们的购买倾向吸引到本企业产品上,就要求企业充分作好市场调查,根据竞争者现有产品在市场上所处的位置,针对消费者对这种产品的某种特征或特性的重视程度,塑造出本企业产品与众不同的、可以给人留下深刻印象而且有特色或个性鲜明的产品,并把这个特色或个性的信息有效地传递给消费者,从而为企业和产品创造出独特的市场形象。

定位的核心内容是设计和塑造产品的特色或个性,而企业产品的特色或个性可能通过多种形式体现出来。有的可以从产品实体上体现出来,如产品独特的款式设计、齐全的产品组合等;有的可以从价格水平上体现出来,如高价、低价、折扣价等;有的可以依据消费者的购买心理体现出来,如显示产品的流行与时尚、传统与朴素、庄重与典雅等;有的还可以通过质量、档次、包装、服务等方面来反应。很显然,产品不同,产品特色或个性的表现形式也不同。如工艺饰品是通过其优雅的造型、艳丽的色彩和精湛的工艺表现其时尚个性的,而钻石饰品则是以其稀有、坚硬无比表现其珍贵特征的。由此可知,企业可以根据消费者的多种需求,采用多种产品定位的选择,但无论企业采用何种定位形式,都要将突出产品鲜明的市场特色和个性放在首位。

市场定位是一个连续的过程,它既要为某种产品设计和塑造鲜明的特色或个性,同时还要通过一系列的营销活动把这种特色或个性传递给消费者。定位的最终目的是使产品的潜在购买者发现并认同产品的特色或个性,激发他们对产品的偏好,影响他们的购买行为,使他们最终成为本企业产品的消费者。为了实现这一目的,企业在对产品进行市场定位时,首先要认识区域市场内的消费文化,即要了解消费者在购买同类产品时注重什么,注重的程度如何;其次还要了解竞争对手的产品具有哪些特色,他们的定位有哪些经验值得借鉴,哪些还有待改进。通过对这两方面的细致分析,再确定本企业的定位。

对企业和企业产品进行了适当的定位后,企业还要投入大量的宣传费用,利用各种媒体大力宣传,塑造产品的特色和个性形象,重点宣传广大消费者看得见、摸得着的特色和属性。同时加强企业内部管理,建立与产品特色和个性形象相适应的企业整体形象,通过宣传使目标客户了解、认同、接受企业的定位。

所以,从本质上说,定位的过程是塑造企业特征、形成产品特色和个性的过程,是确立企业产品在目标市场心目中的地位的过程。占据目标顾客心智,获得顾客心理上对企业产品特色和个性的认同,是目标市场定位的核心内容所在。

二、珠宝企业目标市场定位的现状

"钻石恒久远,一颗永流传",当年戴比尔斯的一句经典广告语开启了中国钻石消费的时代。一粒钻石恰如其分地替中国的消费者表达了对爱情永恒的向往。戴比尔斯成功的秘诀在于营销钻石的同时也营销了消费者对情感需求的渴望,变销售钻石为销售爱情。消费者购买钻石首饰并不是购买钻石本身,而是购买钻石的象征意义。钻石的坚硬代表爱情的永恒,钻石的高品质代表爱情的纯洁,钻石璀璨的火彩代表爱情的热烈,这些才是消费者购买钻石的真实理由及追求的核心利益所在。

珠宝虽然是用冰冷的物质材料制成,但是当它们从设计师、工艺师手中一件件诞生的时候,就蕴含着他们自己的思想情感和消费者追求的利益。这种情感和利益通过珠宝首饰的造型设计、材质、设计元素表达出来,通过营销传递给消费者,使他们明白自己的消费目的、追求的利益都集中于首饰设计的理念中,从而激发他们的购买欲望。

戴比尔斯营销钻石成功的经验开启了珠宝首饰营销定位的先河,为珠宝企业的目标市场定位提供了宝贵的经验,具有深刻的借鉴意义。

但是,我们遗憾地看到,国内多数珠宝企业尚处于市场定位不清、目标市场不明、核心利益不显的状况。无论是纵向定位于高、中、低抑或横向定位于"情感因素"、"技术因素"等,都应该有自己的产品特色和为满足目标市场的需求而设计的核心利益。但是,现实的情况是,多数珠宝品牌都在模仿、修改、照搬别人的畅销款,品牌无独创性与个性,更谈不上基于目标顾客所追求的利益和突出品牌特色的独特设计。有些企业热心于聘请形象代言人,可是他们并不知道形象代言人代言了什么,品牌广告就是一个美女加一件首饰,核心价值缺失,核心广告不是"情"就是"爱",无明显品牌核心利益点。虽然这种产品在硬促销的支持下,以价格竞争为武器会产生一定的效益,但却会使该品牌产生严重的灵魂空洞,品牌彻底沦落为单纯的企业名号,使消费者丧失对它的信任。

有些企业似乎意识到定位的重要性,试图通过定位突显企业的经营特色和个性,但他们对目标顾客的真正需求缺乏系统的认识。例如,婚庆首饰一直在首饰消费中占有很大的市场份额,一些企业就喊出了"做婚庆市场的老大"的口号,但他们并没有真正了解婚庆首饰消费者追求的核心利益是什么,更没有针对他们追求的核心利益系统规划、设计企业的产品,仅靠规模优势取得微不足道的经营业绩。

在珠宝市场同质化、产品差异不明显的今天,珠宝企业迫切需要改变目前目标市场定位不清、企业经营特色不明显的局面,每个企业都应该结合自身的特征,以正确的方法清晰地定位自己的目标市场,深入顾客的心理阵地,设计能够满足目标顾客群体核心利益的产品,不断提高他们的满意度和忠诚度。每个企业服务于特定的目标顾客群体,中国珠宝市场才能健康有序地发展。

三、珠宝企业目标市场定位的方法

珠宝企业的目标市场定位既要考虑珠宝首饰的商品属性,又要考虑企业综合实力及市场地位,还要考虑市场竞争因素。

(一)基于珠宝首饰商品属性和使用者的定位

珠宝首饰是商品,既有普通商品的属性,又有其特殊性,不同的消费者群体对珠宝首饰的商品属性认识不同,其选择倾向必然有差别。根据珠宝首饰的属性和消费者追求的利益来进行市场定位,目的是突出产品的某些特色或个性,形成一个独特清晰的市场形象,吸引那些对珠宝首饰不同的属性有独特偏好的消费者群体。一般有如下定位方法。

1. 根据珠宝首饰的属性和利益定位

珠宝首饰的属性包括宝石及贵金属种类、款式造型、加工工艺、文化内涵等。这些属性为消费者带来时尚、典雅、尊贵,或经济实惠,或显示身份地位等不同利益,企业可以选择一个或几个属性作为定位的要素,锁定相应的目标消费者群体。

2. 根据珠宝首饰的使用者定位

这是企业根据特定的使用者重点进行产品设计,通过使用者的形象来创建产品的形象。"石头记"的产品以天然、低档宝玉石材料加工而成,但款式时尚,价格适中,一般年轻人都买得起,所以"石头记"将产品的目标市场定位为追求"真石、时尚、价格又不高"的年轻消费者群体。

3. 根据珠宝首饰的质量或品牌定位

质量或品牌本身就是一种定位。质量有高、中、低档之分,品牌也有高端、低端之别。高端品牌是高质量、高品位的象征,所以我们可以将品牌同质量、品位联系起来对目标市场进行定位。

不同定位的目标消费者群体购买珠宝首饰时追求的利益是有差别的(见表8-4),根据珠宝首饰的属性和使用者进行目标市场定位就是要紧紧抓住目标市场追求的利益点,量身打造突显这种利益的产品,才能击中目标消费者的心,占据其心理阵地。

(二)基于市场竞争的定位

珠宝企业定位自己的目标市场,就是在全面分析市场竞争态势的基础上,结合自身的综合实力,确立企业的竞争优势,以企业特有的产品特征和企业特征吸引对企业产品有需求的消费者群体。市场竞争因素是目标市场定位需要考虑的一个重要因素,综合实力不同的企业只有通过适当的定位占据目标客户群体的心智,才能在市场竞争中取得主动。

表 8-4　珠宝首饰的属性和使用者与目标市场定位

对利益诉求的认识	定位要点	定位的目标市场
珠宝首饰只是装饰品	款式时尚、新颖,外观漂亮	追求时尚的消费者群体
珠宝首饰是身份、品位的象征	名贵珠宝,款式奢华、大气	富裕阶层的消费者群体
只想拥有,并不在乎质量如何	大众化的款式,普通的质量	跟风的消费者群体
珠宝首饰可以保值增值	高档珠宝,经典款式	追求保值增值的消费者群体
珠宝首饰具有收藏价值	有特色、有出处、有价值的珠宝	喜欢收藏的消费者群体
品牌是首饰的质量保证	品牌的知名度,品牌形象	对品牌有独特偏好的消费者群体

1. 市场领导定位

只有综合实力最强的企业才能成为市场领导者。市场领导的目标市场选择可以是完全覆盖市场,即通过市场细分搞清每一个细分市场的需求,企业有实力满足所有细分市场的需求而将所有细分市场都作为自己的目标市场,并在经营中逐步占领目标消费者群体的心智,取得最高的市场知名度和市场占有率。历史表明,第一个进入顾客心智的品牌所占据的长期市场份额通常是第二个品牌的 2 倍,第三个品牌的 4 倍,而且,这个比例不会轻易改变,除非企业经营管理不善即将退出市场领导者地位。但是,市场领导定位必须具有市场领导的实力,具有满足其定位的目标市场的需求,如果企业定位不能占据目标市场的心智,或者说不能得到目标的认同,企业将逐步被市场淘汰。

2. 平起平坐的定位

这是指综合实力比较接近的企业争夺同样的目标顾客群体的定位方式,一般是市场挑战者的定位思维。在成熟的珠宝市场上,各种目标市场可能都存在一个或数个竞争者,企业很难发现新的目标市场或市场机会。这时,企业可能采用平起平坐式的定位,争夺相同的目标市场。在这种条件下,企业提供给目标市场消费者的产品必须在产品特色或个性上、产品价格上与竞争对手相比有较大的优势,或在营销策略上比竞争对手更具吸引力,否则,将很难在同一目标市场上从竞争对手那里抢占更多的市场份额。

3. 避强定位

避强定位也叫补缺市场定位,是指通过对竞争者的市场定位、消费者的实际需求和本企业产品的属性和特色进行综合评估之后,发现本企业的产品和企业综合实力难以同竞争对手相匹敌,但目标市场上仍有一定的市场空隙或空白,这时企业应避开强有力的竞争对手,将自己的市场定位在目标市场的空白处,以空白处为突破口,与竞争对手形成鼎足之势。例如,近年来,我国珠宝市场竞争十分激烈,打折之风蔓延到全国各地,市场竞争到了白热化的程度,商家纷纷抱怨珠宝营销已无利可言。此时,一珠宝企业欲进入某一区域市场,通过深入的市场调查和分析,发现竞争最为激烈的是钻石市场,相同或相似的目标市场使商家在竞争中无计可施,只有靠打折来吸引顾客。而翡翠市场却不大相同,尽管翡翠饰品也有打折现象,但都是低档产品或优化产品,中、高档翡翠是一市场空白且在市场上有一定的需求,本企业又有经营中、高档翡翠饰品的能力。于是,该企业果断地将本企业产品的市场定位在中、高档翡翠这个空白处。

(三) 基于特色优势的定位

如果企业在产品特色、产品开发创新上拥有优势,可以利用这些特色优势进行目标市场定位,具体方法有以下几点。

1. "成为第一"的定位

成为第一,是进入顾客心智的重要途径,它既能使顾客形成深刻的印象,又能与市场上的其他企业形成区隔。近年来,我国珠宝行业涌现了许多"第一",如戴梦得——中国第一珠宝上市品牌;东方金钰——中国第一翡翠上市品牌;菜百首饰——中国黄金第一家等。成为第一也反映了企业的经营特色,一旦占据了目标顾客的心智,就难从记忆中抹掉,第一个进入顾客心智的品牌在同类竞争者中是名列前茅的。可以说,"当第一胜过当最好的"是迄今为止最有效的定位观念。但是,成为第一必须有被目标顾客群体认同的特色,否则,占据顾客心智也是不可能的事。

2. 创新形象的定位

如果企业具有很强的创新能力,可以创新的形象便能进入目标消费者的心智,吸引那些求新、求异的消费者群体,包括款式的创新、工艺的创新、经营理念的创新。它要求企业具有持续不断的创新能力,围绕一个主题强化品牌诉求,并将品牌诉求融入创新设计的整体,设计新款式,增加新功能,建立新理念,适应市场竞争和市场需求的变化。

创新形象的定位可以理解为"成为第一"定位的延伸,企业设计的新产品第一个受到目标消费者群体的追捧与拥戴,创新的产品就像一个烙印深深留在他们心目中,成为企业/品牌标志性特征。第一个推出的才是正宗的,而其他产品都是正宗货的仿效品,将永远潜在客户心目中占据一个特殊的位置。

本章小结

本章的主题是探讨珠宝企业的定位问题。我们说定位直接关系到企业经营的成败,并非危言耸听,定位是营销最核心的工作。企业所有的营销战略都是围绕定位来设计,所有营销组合策略也是围绕定位来展开。准确的定位是营销成功的关键,更是创造品牌、突显品牌个性的必由之路。

定位实际上是企业发现市场机会和为消费者创造需求的过程。当我们对市场进行了细分后,就要选择企业可能为之提供服务的目标市场,还要考察企业有无能力为目标市场提供服务。如果有能力,企业就要做一些能够引起目标市场注意的事情,唤醒他们的需求。这个唤醒我们要做四个工作。第一,要阐述一个理由,告诉目标消费者群体通过购买企业产品能使自己的需求得到满足,以此拉近企业与目标顾客的心理距离。第二,要确认一个概念,即企业产品能给消费者群体带来哪些利益。消费者购买珠宝首饰是为了得到某种利益,实现一种心理满足,这实际上是一种概念,如果能打动消费者的心,就能进入其心理阵地。第三,要会讲一个故事,每一个品牌背后有品牌故事,每一种产品背后也有产品的故事,美妙的故事会对目标顾客产生巨大的吸引力,通过故事锁定消费者的需求。第四,要制定一定的策略。策略是吸引消费者最终产生购买行为的关键,企业要围绕消费者的需求和追求的利益点设计营销组合策略,不仅让消费者通过购买使顾客的现实需求得到满足,还要使顾客对企业产生忠诚度,成为企业的终身客户。

定位是一项审慎而有创意的工作,为了做好定位工作,我们要注意如下问题。第一,定位要理性,要密切关注目标市场的特征,不理性的定位无异于盲目定位。七彩云南是一个专门从事翡翠经营的品牌,2003年,他们在昆明云南民俗文化村内建了一个面积 $1\,500\,m^2$ 的翡翠卖场,目标市场是来昆明旅游的客人,产品定位做得较成功。于是,他们在北京也设立了一个卖场,结果非常不好,因为北京的目标市场不同昆明,必须进行重新定位。第二,定位要客观地、冷静地分析自己的优势。任何企业成功的定位都是对自己拥有的特色优势的定位,尤其是市场竞争异常激烈的珠宝首饰行业,不能准确提炼自身优势的企业只有在同质化的产品竞争中逐步走向衰落。第三,要认真地策划,作准确的定位。不一定你定位的消费者就一定接受你的产品,必须在搞清楚目标市场利益需求点的基础上,策划占据目标市场心理阵地的最佳途径和最佳方法,准确击中消费者的心。最初的定位也不一定准确,还要接受经营实践的检验,还要随市场的变化不断地调整。第四,只有按照定位的程序,在系统的市场细分的基础上,结合企业资源有效地选择目标市场,充分了解目标市场的需求后定位的市场才是你的市场。企业的定位必须遵循这个规律。

思考题

1. 目标营销的理论依据是什么？它对珠宝营销的意义何在？
2. 影响市场细分的因素有哪些？列举两个因素详细说明联合变量市场细分法。
3. 说明五种目标市场选择模式及它们分别适用于什么类型的企业。
4. 结合珠宝企业的特征，举例说明目标市场的四种营销策略各有什么特点？
5. 目标市场定位的实质是什么？
6. 列举珠宝首饰的属性，说明按珠宝首饰的每个属性进行目标市场定位的要点。
7. 避强定位适合哪些珠宝企业？举例说明避强定位。

第九章 产品——与定位呼应

珠宝企业从事市场营销活动,首要的工作就是要生产和销售与珠宝市场相适应的产品,满足目标市场对珠宝首饰的需求。产品是市场营销组合中的第一要素,是定价、分销、促销的基础。因此,企业分析市场机会,选定适合企业的目标市场后,就要以适合顾客需求的产品满足顾客的需求。本章我们先介绍产品及产品组合的概念,再探讨不同实力的珠宝企业如何根据企业选择的目标市场的需求特点策划产品组合方案,最后探讨珠宝企业的新产品开发和产品包装的相关问题。

第一节 产品及产品组合概述

一、产品的概念

研究企业的产品及产品组合,搞清楚产品的概念是十分重要的。对产品的理解不能局限于具体的物质实体,市场营销学中产品的概念要丰富、广泛得多,它已经远远超越了传统的有形实物的范围,而将非物质形态的服务都纳入产品的范围。

按照传统的理解,产品就是劳动生产物,是具有某种特定物质形态和用途的物体。从这个范围来说的产品,是指在一定的生产关系下,劳动者与生产资料相结合,根据一定的社会需求和个人消费而设计、生产出来的物质产品,是社会物质财富的实体本身,而不包括其他内容。

现代市场营销理论认为,产品是指整体产品,是指向市场提供的能满足消费者或用户某种需求和利益的物质产品和非物质形态的服务,包括产品实体、服务、信誉等有形和无形的形式。其范围包括核心产品、形式产品、延伸产品三个层次(如图9-1所示)。

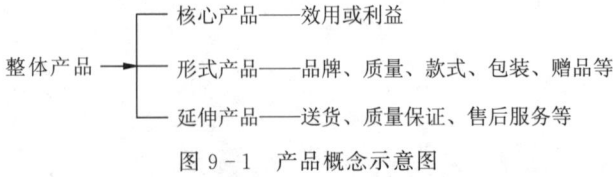

图9-1 产品概念示意图

核心产品是指载于产品形态内的能为消费者提供各种利益和满足其需要的效用、功能。它回答了购买者真正要购买的是什么。消费者购买某种产品,并不完全是为了占有或获得产品本身,而是为了获得能满足某种需要的效用或利益。珠宝消费就是一个典型的例子,消费者购买珠宝首饰并不是单纯为了获得商品本身,而是希望通过佩戴本产品显示自己尊贵的地位和富有的身份,满足自己的审美需要或某种心理追求,在很大程度上是为了获得一种心理满足。核心产品是消费者追求的最基本的内容。

形式产品(或称有形产品)是指直接提供给消费者的产品实体和服务的外观,是核心产品借以实现的形式,包括产品质量、款式、工艺、品牌名称、包装、附赠品等。企业只有通过形式产品才能向消费者提供核心产品,也就是说,产品的基本效用和利益必须通过某些具体的形式才能得以实现。

延伸产品(或称外延产品、附加产品)是指消费者在获取产品或产品使用过程中所能得到的除形式产品和核心产品以外的各种附加的产品或服务。珠宝首饰市场的延伸产品主要指信誉保证和售后服务。延伸产品的概念来源于消费者对市场需要的深入认识,因为消费者购买产品的目的是为了满足某种需要,这一需要是综合的、多层次的,因而他们希望得到与满足该项需要有关的一切事物。

现代市场的竞争是整体产品的综合竞争。企业只有向顾客提供效用更好、更完善的整体产品,才能在市场竞争中占据主导位置。

二、产品组合

企业在生产经营活动中,必须根据市场需求和企业实力,确定生产和经营哪些产品,明确产品之间的相互关系,这就是我们将要讲述的企业产品组合的内容。

企业产品组合是指一个企业生产或销售的全部产品线、产品项目的组合方式。企业产品组合通常由几种产品线所组成,而产品线又是由一组密切相关的能满足同类需求的产品项目所构成,又称产品系列。产品项目是指在同一产品线或产品系列下不同规格、型号、款式、质地、颜色的产品。如一个珠宝营销企业的产品包括了金银首饰、珠宝首饰、工艺品类的首饰等,这些就是该公司的产品组合。其中每一类首饰构成一个产品线,在金银首饰产品线中,铂金首饰就构成一个产品项目。

企业的产品组合具有一定的宽度、长度、深度和密度。企业产品组合的这四个因素是有区别的。

产品组合的宽度又称产品组合的广度,是指一个企业的产品组合中所包含的产品线的数目。所包含的产品线越多,其产品组合的广度就越宽;反之,其产品组合的广度就越窄。如百货公司所经营的产品线就很多,珠宝首饰仅作为其中一条产品线,每一种首饰类型就是一个产品项目;而专业的珠宝首饰企业所经营的产品线就比较窄,每种类型即是一个产品线。

产品组合的长度是指一个企业产品组合中所包含的产品项目的总数。用表9－1来说明:在该企业的产品组合中有三个产品线,产品项目总数是9个,我们就可以说,这个企业的产品长度为9。

产品组合的深度是指企业所经营的每一个产品线中所包含的产品项目的数量,产品数目越多,其产品组合的深度就越深,反之就越浅。

表9－1 产品组合中广度、深度表

产品线(一)金银饰品——铂金饰品、金饰品、银饰品
产品线(二)珠宝饰品——钻石饰品、红宝石饰品、蓝宝石饰品、珍珠饰品
产品线(三)玉器饰品——翡翠饰品、软玉饰品

产品组合的密度也叫产品组合的关联性或一致性,是指各种产品线在最终用途、生产条件、分销渠道或其他方面的相互关联的程度,即产品种类之间的一致性。关联的程度越紧,其密度就越大;反之就越小。例如:戒指作为一个首饰种类,在每一个产品项目中均有戒指,且各种规格的戒指都很全,表明对戒指这个产品种类来讲,产品密度很大。

企业产品组合的宽度、长度、深度和密度不同,就构成不同的产品组合。企业在选择决定产品组合宽度、长度、深度和密度时,会受到企业资源、市场需求及市场竞争的制约。企业产品组合的宽度、长度、深度和密度主要取决于企业目标市场的需要。研究产品组合的宽度、长度、深度和密度在市场营销战略上具有重要意义。首先,企业增加产品的宽度,扩展经营领域,实行多角化经营,可以充分发挥企业优势,使企业尤其是大企业的资源、技术得到充分利用,开拓新的市场,提高经济效益;并且实行多角化经营还可以分散企业的投资风险。其次,企业增加产品组合的长度和深度,可以占领同类产品中更多的细分市场,适应更广泛的消费者的不同需求和爱好。再次,企业加强产品组合的密度,可以提高企业在某一地区或某一行业的声誉,提高企业的市场地位。

第二节 珠宝企业的产品组合策略

珠宝企业的产品组合策略,就是企业根据目标市场的需求和企业的经济实力,对产品的宽度、长度、深度和密度进行巧妙的谋划,形成企业的产品特色,增强对目标市场的吸引力。尽管产品组合的宽度、长度、深度和密度与企业的销售量和利润大小不存在必然的比例关系,但是,一个企业为了获得最大的销售额和利润,满足目标市场中不同消费者的需求,确定一个最佳的产品组合是非常必要的。企业在制定产品组合的决策时,根据不同的情况和目标市场的不同特点,可以选择如下几种策略。

一、基于市场地位的产品组合策略

以珠宝企业的综合实力而论,不同的企业因综合实力的不同可以分为市场领导者、市场挑战者、市场跟随者和市场补缺者。不同市场地位的企业目标市场选择模式不同,有不同的产品组合策略。

1. 市场领导者

市场领导者是行业中综合实力最强、市场知名度和市场占有率最高的企业,其目标市场模式是完全覆盖市场模式,即将所有细分市场都作为自己的目标市场。这类企业在产品组合策略上采用密集化产品策略,系统规划产品的宽度、长度、深度和密度,通过市场细分掌握所有细分市场的需求、爱好、审美观念、购买心理和购买行为,有针对性地为每一个细分市场设计产品,作清晰的目标市场定位。

周大福是中国内地珠宝市场的领导者,周大福系列产品不仅高贵时髦、工艺精湛、品质优良,而且产品定位合理、层次分明,充分展示了来自香港这个珠宝业成熟市场的珠宝品牌形象。周大福的产品组合几乎涵盖了所有高档珠宝首饰的产品线和产品项目,在贵金属产品线中包含了铂金产品、黄金产品和18K金产品;在镶嵌首饰中包含了钻石饰品、红宝石饰品、蓝宝石饰品和珍珠饰品等;还有满足市场需求的玉器产品。在每一类周大福产品中,既有端庄朴实大众化的款式,也有设计新潮、动感前卫的年轻系列,更有雍容华贵的高档饰品,满足女性各种消费层次、各种审美观念的购买心理,即使是经典消费的黄金首饰,在首饰设计上既可以看到传统经典的格调,也可找到时尚前卫的设计元素,力求使消费者的每一种需求都能得到满足。

珠宝首饰消费是一种潮流,市场是动态的,时尚的风向是不断变化的。作为市场领导者,一方面要密切关注市场的变化,及时满足变化的需求,另一方面还要担负引领时尚潮流的责任。因此,市场领导者不断进行市场调研,及时捕捉市场变化及走向,以顺应市场变化而设计的产品满足变化了的需求。

同时,在激烈的市场竞争中,市场领导者也是所有竞争者进攻的对象,任何企业都可能以各种方式从市场领导者那里挖掘到更多的市场份额。而市场领导者为了保持自己的领先地位,确保企业占领的市场份额不被竞争对手瓜分,只有通过不断的产品创新来保持企业的领先地位。

所以，周大福近年来在市场快速扩张的同时，一方面保持传统的产品特色，一方面结合市场需求不断推出新的产品，如"绝泽"珍珠系列、"绝色"红蓝宝石系列、"惹火"钻石系列、"水中花"铂金系列、"DISNEY公主"首饰系列（钻石系列、18K金、铂金及纯银系列）、"福星宝宝"黄金系列、"结婚对戒"钻石系列等，从而打造出一款款古典浪漫又兼具现代时尚气息的珠宝饰品。

在激烈的市场竞争中，市场领导者只有勇于创新，不断为目标消费者群体提供受青睐的产品，才能最大化地占领市场，抵御竞争对手的进攻，在市场竞争中得以生存和发展并不断巩固市场领导者地位。

2. 市场挑战者

市场挑战者是综合实力与市场领导者接近的企业，一般是新进入者。由于它具有强大的实力，因此总是试图挑战市场领导者的地位。在规划企业的产品组合策略时，总是瞄准市场领导者的产品组合，力争平起平坐，争夺相同的目标市场。

为了在市场竞争中取得主动，市场挑战者应该使自己的产品特色更加鲜明，目标市场更加清晰。商业实践证明，一旦消费者购买了某企业的产品并在使用过程中感到满意，企业产品就会获得消费者的认同并产生忠诚度，忠诚度的产生会使消费者对其他企业产品有一种排斥感。除非其他企业产品能为消费者提供更多的利益，如产品具有价格上的优势、外观更加漂亮、具有更多的功能等。市场挑战者应充分考虑这一心理因素，使产品为目标市场提供更多利益，将市场领导者的目标客户转换为本企业的目标客户。

为了挑战市场领导者的领导地位，市场挑战者还必须对市场领导者的企业特征、品牌特征、经营业务等作细致的分析，发现对方的弱点，并努力将对方的弱项业务发展成自己的强项业务，并以此形成本企业的经营特色。

作为市场挑战者，除了要善于发现竞争对手的弱点外，还要通过不断的创新形成自己的核心竞争力。

3. 市场追随者

以综合实力而论，市场追随者的实力弱于市场领导者和市场挑战者，是行业中的二流企业，但它可以是区域市场的领导者，也可以是专业特色市场的领导者。在产品组合上，它们可以选择做区域市场的"老大"，即一些地方品牌依靠它们在本地形成的品牌优势，深深植根于本土文化，选择与市场领导者一样的目标市场模式并制定相应的产品组合策略，可以在市场领导者忽略了的市场上形成特色，在区域市场上形成优势；其他一些企业则可以选择产品专门化、市场专门化或有选择的专门化等目标市场模式。

金伯利、七彩云南可以说是产品专门化目标市场模式的典范，我们在"品牌——营销永恒的主题"的相关章节中已对其产品组合策略作过介绍，这里不在赘述。这类企业产品组合的重点是增加产品组合的相关性,即产品组合的密度,在某一项产品的经营业务上做出特色,成为这项业务上目标消费者群体公认的专家,尽可能多地争取市场份额。

这种目标市场模式是针对一个特定的消费者群体,他们有共同的消费水平(消费档次)或消费观念(如追求的消费者群体),企业可以根据他们的需要选择某个消费者群体作为目标市场,满足他们的需求。例如,企业可以选择追求奢华、保值增值的消费者群体为自己的目标市场,以高档钻石、高档翡翠等名贵珠宝为主打产品来规划企业的产品组合。不管选择哪类消费者群体作为企业的目标市场,都要对市场进行系统的调研,了解这类市场的需求状况,这类需求能否支撑企业的生存和发展,同时还要分析企业资源、产品与目标市场的适应性,以什么优势和策略占领这些消费者群体的心理阵地。特别是在高端市场定位时,需要企业有特别的资源得到消费者的认同,如高端的形象、高端的品牌等。

有选择的专门化模式不失为一种好的目标市场模式,一方面,它可以根据市场的需求热点以若干个产品线作为企业的产品组合,有效地回避因市场的变化给企业带来的经营风险;另一方面,每条产品线之间互不关联、互不影响,可以根据市场的变化情况任意增加或减少产品的相关性,在经营中可以根据市场竞争状况实行灵活的产品组合策略。如某企业为经营时尚钻石首饰和翡翠两个产品项目,针对市场需求系统规划了产品的相关性,取得了较好的经营业绩。但近年来钻石市场竞争激烈,企业几乎失去了赢利空间,而翡翠市场需求旺盛,企业便迅速集中资金将经营重点转向翡翠饰品,保持了企业的赢利能力。

4. 市场补缺者

市场补缺者是市场上的三流企业,综合实力较弱,只能在被大企业忽视了的市场缺口去寻找自己的生存空间,但如果经营得当,小池塘也可以养成大鱼。在补缺市场上不断积累实力需要企业经营者有前瞻性的眼光和敏锐的判断力。

市场补缺者选择的目标市场模式是市场集中化。企业要善于寻找被大企业忽略了的市场缺口,同时,在这个市场缺口上存在有吸引力的需求,企业便可以自由地进入。我们同样在"品牌——营销永恒的主题"一章中列举了宝昇翡翠公司补缺市场营销成功的案例。在钻石经营中,西安有一家经营钻石的小型企业就在激烈的市场竞争中发现另类商机。通过市场调研发现,消费者的钻石购买能力并不强,但对钻石的品质要求(特别是净度)还很高,为了满足主流市场的需求,多数企业集中力量做高品质的钻石,因此市场竞争异常激烈。通过调查还发现,有些消费者并不在意钻石的品质如何,只希望价格便宜。而在供应环节,高净度的优质钻石因市场需求大而被人为地抬高,低净度钻石要比其他品质要素都相同的钻石价格几乎便宜一半,该企业迅速转换经营方向,以经营低净度钻石为主。由于在进货环节存在巨大的价格优势,零售环节的价格优势自然显现出来了,这不仅满足了这个补缺市场的需求,也给企业带来了较高的利润空间。

补缺市场的经营有市场变化和大企业进入的风险,企业经营者应该如前所述的那样,做到"手上拿着一个,眼睛盯着一个,心里想着一个"。企业经营者一方面,要考虑如何在市场缺口上形成优势,尽可能扩大产品的市场覆盖面;另一方面,要密切关注市场的变化,随时准备转换到另一市场缺口。

在市场经营活动中,不同实力的企业会有不同的目标市场定位和相应的产品组合策略,不同的企业也可能定位相同的目标市场,致力于瓜分现有的市场份额。谁在市场竞争中占据主动,基础和前提是有正确的产品组合。

二、基于竞争地位改变的产品组合策略

市场竞争的格局不会是一成不变的,不同市场地位的企业也不会总是保持自己的地位,如果企业的营销组合规划细致而周全,在市场竞争中就会占据主动地位。在良好经营业绩的支撑下企业的综合实力不断增强,企业的市场地位就会提高,反之,企业的竞争地位就会降低。变化了的市场地位必须有相应的产品组合策略。

1. 扩大产品组合策略

如果企业经营取得了成功,原来的目标市场选择就不能满足企业发展的需要,必须扩大经营范围或增加经营品种,即扩大企业的产品组合。

所谓扩大产品组合策略就是拓展产品组合的宽度或深度。即企业在原有产品线的基础上,再增加一条或几条产品线,扩大产品经营范围,或是在原有产品项目的基础上增加新的产品项目,使原有产品线的产品项目更加齐全,更好地满足目标市场的需求。

扩大产品组合策略是在充分的市场调查的基础上,对市场前景进行预测后作出的相应的决策。企业通过市场调查,发现现有目标市场的需求已基本得到满足,同时发现新的市场机会,企业在保持现有经营特色的情况下有能力抓住新的市场机会,便又可以增加产品线或产品项目,扩大企业的经营规模。

扩大产品组合也适用于企业目标市场发生变化时,为了满足变化了的需求而增加产品线或产品项目。当企业预测现有的产品项目的销售额和利润在未来的一段时间内有可能下降时,就应该考虑在现有产品组合中增加新的产品线或产品项目,或加强其中有市场潜力的产品项目。

明牌首饰是浙江日月集团旗下的珠宝品牌,自1994年打造中国大陆第一款铂金首饰、奠定其铂金风尚入华先导地位以来,以至臻锻造技艺一反传统的开创性设计,成为根植于珠宝爱好者内心的潮流符号,在中国铂金零售市场占据领先的市场份额,成为全球最大铂金首饰生产商、第一零售商,在全国有200多家零售店,以经

营铂金首饰、铂金镶钻石首饰为主要特色。2008年金融海啸以后,由于对通货膨胀的担忧,黄金市场不断走强,而铂金市场行情持续低迷。在这种情况下,日月集团果断引入黄金产品项目,增加的企业经营品牌不仅满足了更多消费者的需要,还使公司在金融海啸中取得了良好的经营业绩。

扩大产品组合对企业经营有如下作用:

(1)能够综合利用企业的各项资源,降低成本,增强产品竞争能力;

(2)能够降低市场需求的变化对企业经营造成的影响,增强企业经营的稳定性;

(3)能够充分利用商业信誉和商标,完善产品系列,扩大经营规模,最大限度地增加企业的销售额和利润,提高企业的市场营销效率;

(4)有利于满足顾客多方面的需求,扩大生产和经营规模,进入和占领多个细分市场,提高产品的市场占有率。

应用扩大市场营销组合策略时,要得到正确处理扩大产品组合与"小而全"的矛盾。该策略的应用必须是在企业资源条件没有得到充分利用,而市场确有需求且保持企业经营特色的情况下,以最大限度地挖掘企业的潜力并增加利润。而"小而全"的经营思想是在没有系统分析如何形成企业特色的情况下盲目迎合市场需求的一种经营意识。通过市场调查企业可以发现市场上有多种需求,但企业必须从众多需求中确定一种或几种需求,即确定企业的目标市场,才能通过扩大产品组合去满足这种需求。而"小而全"的盲目扩张的思想会使企业陷入"什么都想抓、什么都抓不住"的泥潭中。

扩大产品组合的方式可归纳为如下三种。

(1)平行扩大法,即在企业经营管理能力和流动资金允许的范围内充分发挥企业潜能,向专业化方向扩展。在原有产品线的基础上增加产品项目,在产品线层次上平行延伸,如明牌首饰增加黄金产品项目;或在维持原产品品质和价格的前提下,增加同类产品的规格、型号和款式,或增加不同品质和不同价格的同一种产品,即增加产品组合的密度,保持企业的经营特色。

(2)系列扩大法,即企业增加产品线,同时也增加产品项目,在产品的宽度和深度两个方向上同时扩展,向产品的多规格、多类型、多款式、多花色发展,增强生产经营的灵活性。

周大生珠宝是以经营钻石首饰为主要特色的企业,近年来的市场扩张已在市场上具有很高的知名度。周大生并不生产黄金、铂金、翡翠等产品,但目标市场对这些产品又有需求,为了满足这些需求,周大生与供应商合作,为经销商提供相关产品,使周大生的产品组合由单一的钻石首饰增加到由黄金首饰、铂金首饰、K金首饰、钻石首饰、翡翠首饰等多个产品项目,更好地满足了目标市场对周大生品牌产品的需求。

(3)综合利用扩大法,即企业经营与原有产品系列不相关的异类产品,通常与综合利用原材料、处理积压产品等结合进行。如某宝石批发企业在长期的业务中,遗留下一批规格不整的宝石半成品,为了处理这些半成品,他们将这些半成品镶嵌后再批发,从而增加了成品批发业务。

2. 缩减产品组合策略

如果企业的目标市场定位不准,就会在经营中遇到困难,如产品组合中有些产品并不是目标市场所需要的,或者市场需求发生了变化,产品组合中的某些产品类别已不适应目标市场的需求,这时就要对企业原有的产品组合进行调整,缩减企业的产品组合,使之符合目标市场的需求。

所谓缩减产品组合就是降低产品组合的宽度和深度,即在原有的产品组合中取消若干个产品线或产品项目,集中力量生产或经营一个或少数几个产品项目,提高专业化水平,力图从生产经营较少的产品中获得较多的利润。产品组合的缩减是在市场需求趋于饱和、价格竞争剧烈的条件下,主动让出产品组合中低利产品的市场份额,集中企业的优势资源,力争从经营较少的产品项目中获得较多的长期利润。如在近几年的珠宝市场中,钻石消费占珠宝市场的主体,一些企业主动减少或放弃销量较少的珍珠、低档宝石等产品项目的经营业务,重点从事钻石首饰的营销。

企业在一定的市场条件下,采取减少产品组合策略是十分必要的。首先,它可以让企业集中技术资源改造保留的产品线,降低生产成本,提高产品的市场竞争能力;其次,能够减少资金占用,加快资金周转;第三,有利于形成企业的专业特色,使企业在某一特定市场赢得利益和信誉。

缩减产品组合一般可以采用以下几种方式:

(1)保持原有产品的宽度和深度,增加目标市场需求量大的产品产量,降低成本,集中力量做好能满足目标市场需求的那部分产品项目的营销,通过提高该产品项目的销量来提高市场占有率和利润;

(2)削减产品线,即根据市场发展的变化,减少那些对目标市场需求不能完全满足的产品线,集中企业的优势资源,经营少数几个有市场潜力的产品系列,并力争在市场竞争中取得主导地位,弥补因减少产品线给企业带来的利润损失,在保持的产品线中创造更大的利润;

(3)减少产品项目,即减少产品系列内的不同品种、规格、款式的生产和经营,淘汰低利产品,尽量经营销路好、利润高的产品。

3. 产品延伸策略

产品延伸策略也称高档产品与低档产品策略。任何企业的产品都有其特定的目标市场定位,产品组合也是为满足目标市场的需求而设计的。而当企业发现目标市场中有更高或更低的市场需求时,就会使企业产品延伸,满足这些需求。所谓产品延伸策略是指全部或部分地改变企业原有产品的市场定位,将企业现有产品大类延长的一种策略。具体来说有以下三种做法。

(1)向上延伸。向上延伸是指原来企业产品的市场定位是生产经营低档产品,后来决定增加高档产品,即高档产品策略,就是在产品组合的某一条产品线中增加新的高档、高价的产品项目,以提高企业现有产品的市场声望。这样既可提高企业原有产品的销售量,又可以使企业的产品逐步转入高档产品市场,从而谋求企业的长远利益。

企业作出产品向上延伸决策主要基于以下原因:

——企业定位的目标市场对高档产品有需求,而企业又有能力满足这种需求;

——高档产品畅销,销售增长较快,利润率较高;

——企业管理层通过市场调查认为,高档产品市场上的竞争对手较弱,易于被击败;

——企业想使自己成为生产种类全面的企业。

当然,采用产品向上延伸策略,企业也要承担一定的风险,这些风险主要有:

——可能引起生产高档产品的竞争者进入低档产品市场进行反攻;

——目标顾客群体可能不相信企业能生产高档产品,需要高额的促销费用;

——企业的经销商可能没有能力经营高档产品,企业需要物色新的经销商。

(2)向下延伸。向下延伸是指原来企业产品的市场定位是经营高档产品的企业,后来决定增加低档产品,即低档产品策略,就是在原来产品组合的高档产品线中增加廉价的产品项目。低档产品策略的目的是要充分利用高档名牌产品的声誉,吸引买不起高档产品的消费者购买高档产品线中的廉价产品。这样既满足了消费者各种不同的需求,又增加了企业的销售额。

企业作出产品向下延伸决策主要基于以下原因:

——企业发展的高档产品增长缓慢,为维持营销,占领和开拓市场,将产品线扩展,增加中低档产品项目;

——企业的高档产品受到激烈的市场竞争的冲击,因此不得不用侵入低档产品市场的方式来反击竞争者;

——企业当初进入高档产品市场是为了建立其企业形象,当达到目的后再向下延伸;

——企业增加低档产品是为了填补空隙,抑制竞争者进入中低档产品市场同企业抗衡。

企业在实施向下延伸决策时,也会遇到下列一些危险:

——企业原来生产高档产品,增加低档产品后,可能使名牌产品的形象受到影

响,从而影响到整个企业的产品销售;

——增加低档产品项目后,可能会刺激原来生产经营低档产品的企业向高档产品市场发起反攻,企业的经销商也可能不愿意经销低档产品,因为低档产品获利较少。

(3)双向延伸。双向延伸是指原定位于中档产品的企业掌握了市场优势以后,决定向产品的上下两个方向延伸,一方面增加高档产品,另一方面增加低档产品,把产品项目扩大到高、中、低三个档次。

在现代市场经济条件下,企业的产品线具有不断延伸的趋势,但是,一家企业所能达到的最大产品线的长度并不一定是其产品线的最佳长度。产品线并非越长越好,关键是要作切实有效的市场调查,不能盲目地实施产品延伸策略。

三、基于形成产品特色和个性的产品策略

如前所述,企业精确定位目标市场的目的是为了进入目标消费者的心理阵地,占据目标消费者群体的心智。其中最有效的办法是形成产品的特色和个性,并使这种特色和个性给目标消费者群体留下深刻的印象,营销学上将这种策略称为产品差异化策略。

产品差异化策略又称产品异样化或产品差别化策略,是指企业为了使自己的产品有别于竞争者的产品而突出产品的一种或数种特征,形成明显差异,以增强产品吸引力的一种方法。一般来说,企业控制市场的程度取决于它们使自己的产品差异化的程度。企业对那些与其他产品存在明显差异的产品拥有绝对的垄断权,如果产品特色对消费者具有较大的吸引力,可以使消费者产生独特的偏好和忠诚度,企业也因此可以形成特色的竞争优势。可以说,产品差异化策略对于企业的市场营销活动具有重要意义,在目前激烈的市场竞争条件下,突出产品的差异化对于企业营销、参与市场竞争是一种十分重要的营销策略。

企业实施差异化策略主要有两个方面的内容:整体产品差异化和市场营销组合因素的差异化。整体产品差异化,是指对整体产品的三个层次以及每个层次的每一个因素都实行差异化。市场营销组合因素的差异化,又称产品外在因素的差异化,即在定价、分销渠道和促销策略等方面突出特色,寻求差异化。这里,我们仅讨论整体产品差异化的一些具体方法。

1. 通过品牌形成差异化

正如品牌的定义所描述的那样,品牌是一个名称、名词、标记、符号或设计,或是它们的组合,其目的是识别某个销售者或某群销售者的产品或劳务。所以,企业通过独特的品牌形象设计、独特的商标设计,本身就与其他品牌形成了一种差异。如果一个品牌具有较高的认知度,其品牌形象、商标就会深深印在人们心里,使消

费者很容易从众多的品牌中一眼识别出来。如周大福是国内最有影响力的珠宝品牌,其专卖店、店中店(如图9-2所示)的形象都经过独特的设计,突显一种简约、大气,更显示出了周大福货真价实的高端知名珠宝品牌形象。周大福在国内所有连锁店都保持一样的形象、统一的标志(如图9-3所示),与其他品牌形成明显的差异。周大福在内地珠宝行业中市场占有率最高,它的很多款式会招致其他企业的模仿,但一看到周大福的商标,消费者就会马上从众多的相似产品中识别出周大福的产品。

图9-2 周大福的形象店

图9-3 周大福的商标

2. 通过产品特色形成差异化

企业产品一旦形成特色,即可以通过产品特色形成差异化,包括产品的造型特色、质量特色等。有些品牌的产品因其独特的造型而成为该品牌的标志性产品,如卡地亚产品的豹形造型(如图9-4),不管在哪里,只要看到这种造型,人们马上就会联想到卡地亚品牌。

产品的质量特色也可以形成产品的差异化。珠宝企业通过独特的产品质量定位,形成与其他企业明显不同的质量特色,如果这种特色得到消费者的认同,同样可以形成企业的特征。但要注意,以产品质量特色形成差异化时一定要是消费者认同且看得见的产品质量,并且是能给消费者带来利益的产品质量。如消费者追求高色级、高净度的钻石,是因为高色级的钻石火彩更好,高净度的钻石是爱情纯洁的象征等。企业长期不懈地坚持自己的质量定位,形成自己的质量特色,在目标客户中形成良好的质量口碑,产品的质量特色就会得到消费者的认同,产品的差异化就自然形成了。

3. 通过产品的定价形成差异化

产品的定价是企业价格策略的一部分。定价是一种策略,也是实现产品差异化的重要方法。通过产品的定价在消费者心目中形成独特的印象,同样可以吸引认同价格特色的消费者。

通过产品的定价实现产品的差异化常常需要与产品的质量和竞争者的定价结合起来,如同竞争者的价格相比较,本企业的品质更好,价格相同;品质相同,价格较低;品质较逊,价格明显低于竞争者。但是,以产品的定价形成差异化时,我们还要思考另外一个问题:消费者是非专业消费,低价格是否被消费者解释为产品质量有问题?所以,低价格可以作为对大量进货的客户的优惠或者对老客户的一种回馈而不能作为长期的营销手段。

4. 通过优质服务形成差异化

目前珠宝行业的市场竞争有越演越烈的趋势,但市场竞争基本上是来自于

图9-4 卡地亚产品的豹形造型

形式产品的竞争,而各个企业的产品之间没有实质的差异,从而导致珠宝市场的竞争转化为同质化市场的竞争。如何增强服务意识,以服务形成企业的产品特色,以服务赢得消费者的心,是值得所有企业研究的问题。

珠宝企业的服务包括售前服务、售中服务和售后服务。许多企业注重售前和售中服务,即注重为顾客营造一个好的购物环境,注重销售过程中的服务态度与服务质量,目的是吸引顾客从而促使其产生购买行为,但服务内容和形式千篇一律,没有特色。而在在售后服务上,企业针对如何提高客户的信任度和忠诚度,使之成为终生客户等问题,则缺少应有的策略。当所有企业因产品同质化相互竞争、互相厮杀的时候,如果企业推出别具一格的服务,通过服务赢得客户的忠诚度和满意度,必定能够在服务上形成与其他企业不同的鲜明特色,而特色的服务直接导致竞争的差异化,差异化竞争外加有效的口碑宣传,能帮助企业漂亮出击,决胜市场。事实上,提倡技术创新、服务创新,提高自己的核心竞争力,这也是企业占领市场的一大重要因素。企业的产品或者服务只要有了自己的特色,就有了核心竞争力,就可以在市场竞争中立于不败之地。

总之,基于形成企业特色和个性的差异化策略是珠宝市场营销的重要策略之一,我们建立品牌、定位企业的目标市场,本质上来说都是为了形成一种特色、建立

一种差异,吸引那些认同企业特色和差异的消费者的注意。产品差异化很容易形成企业的经营特色和个性,是企业在市场竞争中制胜的法宝。

第三节 珠宝企业的产品创新

创新是企业发展的动力。通过对当今社会各行业最有活力的品牌的分析,我们看出一些规律:致力于创新的企业,在社会上都享有良好的口碑,在行业中的市场份额不断地提升,在消费者心目中的地位在不断提高。当今社会是一个信息社会,瞬息万变的市场需求需要企业通过创新不断地推出新的产品来满足这种需求。企业只有把创新提高到战略层面并以其为核心展开运作,才能在竞争中保持主动,并走在时尚潮流的前列。

一、珠宝企业产品创新的意义

纵观当今的首饰行业,技术门槛降低,产品同质化严重,"山寨"横行,市场领导型的企业依靠自身的经济实力和人才优势,根据时尚的潮流和市场需求不断推出新的产品,综合实力不断提升,而中小型企业为了降低成本,奉行"拿来主义"政策,加剧了市场同质化的进程,这对中小企业的发展是很不利的。中小企业也要有创新意识,有创新意识的企业往往拥有更强的适应力和机动性,在复杂的市场环境中体现出更强的抵抗力,同时,只有通过产品创新形成自己的经营特色,才能吸引企业的目标顾客群体,企业经营才能立于不败之地。所以,珠宝企业创新具有重要的意义。

1. 创新可以满足市场上出现的新的需求,引导时尚潮流

珠宝首饰行业是一个时尚行业,市场需求会随流行时尚的变化而变化,变化了的市场需求必须以变化了的产品来满足,这就要求珠宝企业不断从事市场调查,准确洞察市场风向的变化,及时以创新的产品满足这种变化了的需求。同时,企业经过市场调查发现市场变化的风向,及时开发新的产品对消费风向进行引导,可以起到引领时尚潮流的作用。

2. 创新可以满足消费者求新、求异的消费心理

从消费者的角度来看,消费者的需求是多元化的,但如果企业产品很少有变化,款式陈旧、落后,就很难激发他们的购买欲望,只有不断变化才能迎合他们求新、求异的购买心理,因为他们追求的是产品的新颖、奇特、时髦和与众不同,如果企业没有创新,这种需求就不能得到满足,从而造成消费者的流失。

3. 创新可以增加企业的活力

每个企业或品牌都有其特色产品,服务于特定的目标市场,但是,目标市场的

需求不是一成不变的,目标市场的需求一旦得到满足,企业必须思考拓展目标消费者群体新的需求并开发新的产品去满足这种需求。在市场需求日新月异的今天,仅靠几样固定不变的产品打天下的时代已经过去了,只有不断地从事新产品的开发才能给企业增添新的活力。

4. 创新是企业参与市场竞争的制胜法宝

当今的市场竞争不仅是企业经济实力的竞争,还是核心能力的竞争。创新能力作为企业核心能力的重要组成部分,在市场竞争中起着不可忽视的作用。市场是在不断变化的,变化的市场需求需要以创新的产品去满足,这就考验着企业的创新能力,企业要在市场竞争中取得主动,就必须在不断的变化中寻找市场机会,求得企业的生存和发展。

二、珠宝企业产品创新的思路

企业的产品创新是一件富有创意的工作,对企业迎合和引导新的市场需求、开拓新的市场、提高企业市场竞争能力都具有重要意义。但是,产品的开发与创新是有风险的,成功了,会给企业带来巨大的收益,失败了,也会给企业带来巨大的损失。所以,一般认为,产品的开发与创新是大企业的事情,因为只有大企业在市场上最具影响力,更具有承担风险的能力,而在激烈的市场竞争中,为了形成品牌的产品特色,提高品牌的竞争能力,不管企业的综合实力如何,都要注重产品的创新,通过创新为企业争取更大的生存与发展空间。当然,企业的产品创新要有正确的思路。

1. 基于强化品牌核心理念的产品创新

每个企业有自己的企业文化,每一个品牌有自己的核心理念,企业为了宣传这种核心理念,在产品中注入反映品牌核心理念的元素,设计与企业文化相适应的创新产品,不仅宣传了企业文化和品牌核心经营理念,也增加了产品的文化内涵,将产品的创新开发与企业文化有机地融合在一起。如百泰首饰公司的和合文化以"万物和合、百吉百泰"为公司的核心理念,围绕这一核心理念打造"和合盘"为企业的标志性产品(如图9-5)。"和合盘"由古代司南、周易罗盘和八角盘等中国古代经典元素构成,盘中汇集了中国古代儒、释、道诸家圣贤对和合思想的经典名句,并围绕和合文化设计了"五洲和美"、"轻舞飞扬"、"冰火缠绵"、"八宝吉祥"、"洪福齐天"等系列产品,不仅宣传了企业文化,也巧妙地将企业文化元素融入产品之中。

2. 迎合新需求、紧跟新时尚的产品创新

当今市场是一个动态的市场,随时可以裂变出新的需求,或者诞生一个新的流行时尚。企业通过持续的市场调查,发现新的需求或流行时尚,就要认真分析其特

第九章 产品——与定位呼应

图 9-5　百泰首饰公司的"和合盘"

点,运用适当的设计元素设计新的产品,满足这种需求,引导这种时尚。刚刚裂变出来的市场是朦胧的,刚出现的流行时尚可能也只是一个苗头。企业家的作用就是通过市场细分、定位,找出裂变市场中新的市场机会,把这种裂变的市场挖掘出来。但挖掘这类市场不能从自我的感觉出发,必须从顾客的感受出发,从时代发展的趋势出发,只有这样,产品的创新才能得到目标消费者群体的认同。

3. 强化品牌特色的产品创新

如果说产品是珠宝品牌的灵魂,那么产品创新设计就是产品本身的灵魂。纵观一些国际顶级珠宝品牌,无论是充满皇室之气的卡地亚,还是受贵族名门追捧的蒂芬妮、杰拉德,无一不是凭借独创的设计而闻名于世。每一个品牌都有自己的特色,企业的产品创新必须围绕品牌的特色、紧盯目标市场的需求进行,围绕产品的诉求强化品牌的主题。企业的产品创新要注意传承品牌一贯的风格。卡地亚是全球知名的钟表珠宝品牌,它的产品一直延续着两种特色:精细的手工打造和皇室珠宝商的尊贵与奢华。进入中国市场以来,卡地亚同样延续这种风格,2003年针对中国市场设计了"龙之吻"系列首饰,运用精细的手工打造,选取中国传统的设计元素(如翡翠材质、龙形元素等),迎合了中国人的审美观念而不失尊贵与奢华的帝王气息。

所以,品牌产品的创新要注意处理好经典与时尚的关系,经典是时尚的定格,时尚是经典的延续。强化品牌特色的创新要注重神形兼备,"神"即品牌的特色,"形"即产品创新的表现形式,只有两者兼备,才是成功的创新,改变了"神"就失去了产品所传递的品牌特色的连贯性和一致性。

4. 满足不同目标市场需求的产品创新

珠宝首饰常被认为是奢侈品,特别是对定位高端市场的珠宝首饰来说,并不是所有消费者都能买得起的,而一般的消费者对高端品牌的首饰同样有拥有的欲望。因此,高端品牌也必须采用高、中端完全覆盖市场的目标市场模式,产品的设计创新应以满足不同目标市场的需求为出发点,以中低端产品迎合时尚潮流,满足大众化消费者的消费需求,以高端产品来坚持自己的特色和个性,为不同的目标市场设计不同的产品。

企业定位的目标市场的需求、爱好、审美观念和审美倾向会随着时代的发展或其他环境因素的变化而变化,企业应该及时掌握这种变化,以创新的产品满足这种变化了的需求。

随着企业经营的成功,企业在原来定位的目标市场的基础上拓展新的目标市场,为了占据这些目标消费者群体的心智,企业必须向目标消费者群体提供比竞争对手更多的利益,相对于价格打折、让利、提供礼品等利益,开发新产品是为他们提供更多利益的最好手段。

5. 适合不同市场、不同文化的产品创新

前面我们谈到,卡地亚来中国从事经营,会在保持其产品的基础上注入中国传统元素,使之更适合中国消费者的审美观念,这是国际品牌主动融入不同地区、不同文化的表现。我国是一个多民族国家,不同的地区的审美观念、消费水平、价值观念都有较大的差别,各个品牌在维持长期形成的品牌风格的基础上,在不同的地区从事经营应该通过产品的创新适应当地的市场和文化,只有这样才能得到消费者的认同。

6. 运用新技术、新工艺的产品创新

随着科技的进步,珠宝行业在不断地融入新的科学技术的成果,生产全新工艺的产品,推动行业不断进步。近年来,我国珠宝行业在运用新技术、新工艺方面取得了明显的突破,黄金改性的硬金技术使传统的黄金消费融入了时尚的概念;玫瑰金的问世使镶嵌首饰更加多彩多姿,而微镶技术的运用使首饰镶嵌工艺上了一个台阶。每一个新技术的问世都会给珠宝首饰业带来一次变革,每一种新工艺的诞生都会推动首饰工艺的更新换代。而最先将这些新技术、新工艺推入市场的企业必定是最大的受益者。

三、珠宝企业产品创新的原则

珠宝企业的产品创新是一项富有创意的工作,对企业争取更多的市场机会起着巨大的支持作用。但是,产品创新也是有风险的,一旦新产品的市场定位不准,新产品没有市场,将给企业带来巨大的风险。所以,产品的创新开发必须遵循一定的原则。

1. 市场有需求

企业开发新产品的目的是为了满足消费者的需求,因而在从事新产品开发前必须作充分的市场调查,搞清企业所要开发的新产品有没有市场以及市场前景如何。通过深入的调查,企业可以了解消费者对新产品的材质、性能、款式、造型等方面的要求,围绕消费者的需求开发出新产品,盲目的产品创新开发可能将企业带入危险的境地。

2. 产品有特色

产品的创新开发要有明确的目的,在质量、工艺、款式、功能等方面都要有鲜明的特色,要能体现企业或品牌鲜明的特征,要能给消费者带来更多的利益,要能激发起消费者的购买欲望,这样的产品才能吸引更多的消费者购买。

3. 企业有能力

新产品的开发必须根据企业的生产条件、设计能力、资金投入和原材料供应等方面的实力进行,不能超越企业现有的资源和实力。

4. 开发有收益

企业开发新产品的目的是为企业带来经济效益,这种经济效益可以是长远的,也可以是现实的,长远的经济效益包括提升品牌形象、形成品牌的个性化特征、通过产品创新取得消费者对企业经营理念的认同等;现实的经济效益就是直接为企业带来经济收益。究竟追求哪方面的经济效益取决于企业从事产品创新的目的。产品的创新开发需要企业投入大量的人力、物力和财力,同时还要承受产品开发失败的风险,如果不能给企业带来经济效益,企业是不可能为之付出代价的。

第四节 珠宝首饰的包装

一、包装及其作用

从营销学的角度来看,包装是整体产品的一个组成部分,进入市场的大部分产品实体必须要有包装,产品的包装有两层含义:一是指产品的容器和外部包扎,即包装器材,产品的包装是消费者未见到产品前对产品的第一感觉,精美的包装会给消费者无限的遐想;二是指包装产品的操作过程,即包装方法。如何对珠宝首饰进行适当的包装以体现出珠宝首饰的品味是所有企业都在关注的事情,包装已成为企业产品组合的重要组成部分。因此,包装是指设计并生产容器和包装物的一系列活动,是为保护产品数量和质量的完整性而必需进行的一道工序,包装不仅起着保护商品、扩大销售、增加利润的作用,而且,包装已成为强有力的营销手段。在现代营销中,包装更被赋予新的功能和意义。

1. 美化产品和提高产品档次

珠宝首饰大多是美丽小巧、工艺精细的制品,精细的包装既是美化产品和提高产品档次的需要,也是为了与产品的精细工艺过程相匹配。

2. 企业和品牌形象的展示

包装是沉默的推销员。它对在顾客中树立企业形象起到潜移默化的作用。同时,顾客在使用包装用品时,也是在展示企业形象和品牌形象。

3. 创新的机会

产品通过不断地创新包装,可以给消费者带来新的吸引力,也给生产经营企业带来销量和利润。

总的来说,好的产品要有好的包装,它不仅是产品质量的外在体现形式,也代表了企业的整体形象。好的包装在整体产品中具有重要意义。企业必须根据产品的档次、类型、特点选择合适的包装方法并制定切实可行的包装策略。

二、产品包装策略

企业在现代市场营销过程中,根据产品的不同情况,通常采用如下包装策略。

1. 类似包装策略

类似包装策略是指企业对自己所生产的各种不同产品的包装使用相同或相似的图案、色彩和形状,形成相同的特色,使消费者易于辨认和联想是同一企业的产品。这种策略的优点在于企业通过整体实力来扩大企业知名度,树立企业形象,有利于消费者对企业的认知;可以节省包装设计费用;有利于推销新产品。但是,类似包装策略只适用于同一质量水平的产品。如果产品质量相差悬殊,就会增加低档产品的包装成本,或对优质产品带来不良后果。所以,不同质量的产品在考虑使用类似包装策略时,要考虑在使用相似外观的基础上,以不同材质的材料制作包装用品。

2. 等级包装策略

等级包装策略是指企业将产品分成若干个等级,分别采用不同的包装。这种策略有利于把不同品质的产品明确区分开来,有利于满足不同消费者的需求和爱好。但是,为了企业形象的统一,在外观设计上最好采用统一的尺寸和图案。这种包装策略主要适用于品质相差悬殊的产品。

3. 配套包装策略

配套包装策略是根据消费者的特殊要求,将多种相关的不同类型和规格的商品组合在同一个包装容器内同时出售。如套装首饰的包装、情侣饰品的包装、玉器摆件和底座的包装等。这种策略为消费者的购买和使用提供了方便,同时也有利于提高企业的销售额和推出新产品。但需注意,配套包装的产品在某一方面要有密切的关联性。

4. 复用包装策略

复用包装策略是指企业在设计和制作包装容器时,考虑到商品用完后剩下的包装容器可以给消费者作新的用途。这种策略是根据消费者求廉和追求纪念意义的心理角度所使用的一种策略,一方面可以通过给消费者额外利益,引起其购买兴趣而扩大产品销售;另一方面还能发挥广告宣传作用,吸引用户重复购买。但如果包装成本过高,往往使消费者失去购买兴趣。

5. 附赠包装策略

附赠包装策略是指企业在包装内附有优惠券、小物品、小纪念品,以此吸引顾客重复购买的策略。这也是利用消费者追求实惠的心理策略。但是,这种包装策略一定要消费者感受到这是一份意外的收获,是购买本企业产品后的额外利益。

珠宝首饰的包装策略的运用应根据不同产品、不同市场环境灵活使用,要以有利于营销为最高原则。在我国计划经济时代,企业的任务是生产出适用的产品,市场缺乏竞争,不注重产品的包装,也用不着考虑产品包装对企业经济效益的影响,造成了一流的产品、二流的包装的现象,如我们的玉器工艺品一向以其精湛的工艺闻名于世,但产品包装质量的低劣却是有目共睹的。在市场经济条件下,好的产品没有好的包装是不可取的。但是,我们强调包装,要注意两种倾向,一是只重外表而不注重产品本身的质量,如果没有好的产品质量,再好的包装也是徒劳无益的;二是不顾产品本身价值而一味追求精美、华丽的包装,甚至包装成本高于产品本身的价值,这两种倾向都是不可取的。

本章小结

本章我们探讨的内容是珠宝企业的产品组合问题,产品组合的问题关系到企业能否占据目标消费者的心智、能否满足目标市场的需求、能否在激烈的市场竞争中取得主动,是我们从事珠宝营销所关注的核心问题。

珠宝企业的产品组合是围绕企业选择的目标市场而设计的,在本章中,我们围绕着不同实力的企业定位的市场和选择的目标市场不同,提出了综合实力不同的企业规划产品的具体思路,重点强调了如何形成企业独特的产品个性和特征,以企业独有的产品特色占据目标消费者群体的心智,实现他们追求的利益,满足他们的需求。只有这样,企业才能取得营销的成功,为实现企业的战略打下良好的基础。

不同的企业选择的目标市场不同,进而制定不同的产品组合策略。市场领导者会将所有的细分市场都作为企业的目标市场,而实力较小的企业会选择其中的一个或几个细分市场作为企业的目标市场。市场经济条件下,有市场就会有竞争,市场竞争是对市场份额的争夺与反争夺、瓜分与反瓜分、挑战与反挑战的斗争。市场领导者会凭自己强大的实力和市场影响力最大限度地争取市场份额,而实力弱的企业也会利用自己的特色优势和掌握的优势资源尽可能多地瓜分市场领导者的市场份额。谁能在市场竞争中最终胜出,还是取决于谁的产品更有特色,能更好地占据消费者的心智,满足消费者的利益,争取更多对企业、对品牌有信任度和忠诚度的顾客。

思考题

1. 详细解释营销学中产品的含义。
2. 什么叫产品组合?解释产品组合的宽度、长度、深度和密度的含义。
3. 不同市场地位的企业如何规划自己的产品组合?请举例说明。
4. 珠宝企业在哪些情况下需要采用扩大产品组合策略?请举例说明。
5. 举例说明扩大产品组合策略有哪些具体的方法。
6. 结合珠宝企业的实例说明产品延伸策略的实施原因和方法。
7. 形成企业产品特色和个性、实现差异化的途径有哪些?
8. 珠宝企业应该从哪些方面考虑企业产品创新的问题?

第十章 定价——衡量购买欲的砝码

市场经济条件下,价格是最活跃的一个因素,它涉及到历史与现实、物质与精神、政治与经济等社会的方方面面,是一个多层次、极复杂的社会经济现象。价格的提高可以刺激生产,但会降低市场占有率;价格的降低可以促进销售,但会减少销售利润率。特别是对珠宝这个人们不太了解的商品,定价问题更是值得我们重视,因为在消费者的思维中,珠宝首饰是高利润产品,素有"三年不开张,开张吃三年"之说,定价高了可能会失去市场,定价低了可能给消费者造成一种产品质量有问题的印象。因此,珠宝首饰的定价问题一直是珠宝企业关心的问题。

所谓定价,是以企业的产品和服务为目标消费者群体所提供的价值进行评估,并确定产品的价格。从这个定义上我们可以看出,定价不是一个简单的数字游戏,不是随意为产品标上一个数字符号,而是评估产品的价值并确定如何让消费者接受产品的价值。本章我们先讨论价格的含义、为珠宝首饰合理定价的意义及影响珠宝首饰定价的因素,在此基础上探讨如何为珠宝首饰确定合理的价格,最后结合我国珠宝市场的定价问题进行必要的分析。

第一节 认识珠宝首饰的价格

价格是一个经济学概念,在现代社会的日常应用之中,一般指进行交易时,买方所需要付出的代价或付款。从经济学角度来说,一件商品的价格取决于商品的供应及需求,价格是商品供求关系变化的杠杆,对市场需求起着调节作用。市场上某种商品的价格越高,消费者对这种商品的需求量就越小;反之,商品价格越低,消费者对它的需求量也就越大。但我们看看如下几种现象可能会改变这种看法。

现象一 2000年前后,黄金的价格激剧下降,最低时只有70元/克,低于南非的开采成本,作为黄金生产大国的南非,不得不因此而停产。而在终端,消费者对不断下滑的黄金价格反应冷淡,2001以后黄金价格逐渐上涨,至2011年,黄金国际市场行情价超过370元/克,市场价超过440元/克,但消费者的购买热情不断上涨,市场需求量屡创新高。

现象二 在中国珠宝市场上,产品的同质化最终导致了钻石首饰以价格打折为主题的市场竞争,在这场价格战中,商家的利润被无限压缩,而来自香港的珠宝品牌周大福一直以"货真价实,节省讨价还价的时间"为名推行实价策略,销售价格比内地珠宝品牌打折后的价格高出30%以上,但周大福的市场占有率要远高于内地品牌。在黄金首饰方面,周大福、金至尊的价格要比国内品牌高出10%之多,销售量同样高于内地同等规模的专柜。同样来自香港的品牌——六福珠宝采用与内地珠宝品牌相同的价格销售黄金首饰,反倒不能取得好的经营业绩。

我们再看两个故事。

故事一 美国亚尼桑那州一家珠宝店采购到一批漂亮的绿宝石,首次采购量很大,老板很担心短期内销不出去会影响资金周转,便决定按通常的惯例,减价销售,以达到薄利多销的目的。但事与愿违,原以为会一抢而光的商品,好几天过去了,购买者却寥寥无几。老板谜团重重,认为一定是价格定得过高,准备再度降价。正在这时,外地有一笔生意急需老板前去洽谈,已来不及研究那批绿宝石价格具体应降多少了。临行前,老板只好匆匆写了一张纸条留给店员:我走后如果绿宝石销售不畅,可按1/2的价格卖掉。由于着急,关键字1/2没写清楚,店员将它读成"按1～2倍的价格卖掉"。店员将绿宝石的价格先提高了1倍,看到购买者越来越多,又将价格提高了1倍,结果大出所料,等老板从外地回来时,绿宝石在几天之内已被一抢而空。一问价格,老板不由得大吃一惊,当知道原委后,店员和老板同时开怀大笑了。

故事二 一天,一位禅师为了启发他的门徒,给了他一块很美丽的石头,叫他去菜市场试着卖掉。但师父说:"不要卖掉它,只是试着卖掉它,注意观察,它在菜市场能卖多少钱。"门徒带着石头来到菜市场,许多人看着石头想:它可以做很好的摆件,我们的孩子可以玩,或者可以当秤砣,或者用来腌菜。他们出价不过几个硬币。门徒回来说:"它最多只能卖几个硬币。"禅师说:"现在你去黄金市场,问问那儿的人。"门徒从黄金市场回来,高兴地对禅师说:"这些人太棒了,他们乐意出1 000块钱。"禅师说:"现在你去珠宝商那儿,看看他们愿意出什么价。"门徒照着做了,他简直不敢相信,珠宝商们乐意出5万块,他不愿意卖,他们便又继续加价:10万、20万、30万……他回来了,禅师说:"现在你明白了,石头的价值要看你是不是有试金石、理解力,如果你生活在菜市场,那么,你只有这个市场的理解力,就永远不会认识到更高的价值"。

看到这些现象和听到这些故事,我们不得不对价格问题作一番思考。对一般的生活必需品来说,价格固然是撬动需求的杠杆,而对珠宝首饰来说,价格又是什么呢?我们至少对珠宝首饰的价格可以做如下理解。

1. 消费者对珠宝首饰的价格是追高不追低

珠宝首饰并非生活必需品,价格并不是吸引消费者购买的主要因素。相反,价格越低,越会让消费者捂紧口袋。中国的股市、楼市都是真实的写照,由于消费者是非专业消费,害怕承担风险,因此,当价格上涨时他们担心价格会涨得更高,而当价格下降时他们希望降得更低。这种心理会使他们总是花更多的钱买价格更高的商品。由于对商品的认知能力有限,他们认为规避风险的最好办法是随大流,这种心理导致消费者不惜代价去跟进,作出不理智的购买决定。2008年金融海啸发生以来,黄金价格不断上涨而消费热情始终不减就是这个原因。

2. 珠宝首饰的价格是消费者对产品价值的认同

在价格明显高于内地珠宝品牌的情况下,消费者更愿意选择香港品牌,是因为消费者对香港品牌的产品质量、款式、首饰工艺的认同。高价格等于高品质,当产品质量难以通过具体的指标加以判定时,消费者只能以价格进行判定。价格高,消费者得到的信息就是东西好;价格低,消费者会马上得出结论,便宜无好货。所以,价格低不一定就卖得好。珠宝首饰在消费者的心目中本来就是珍贵的商品,价格越贵,越能彰显商品的尊贵,越能体现商品的价值,这是消费者对珠宝首饰价值认同的共性。

价值是产品给消费者带来的利益或好处,消费者对商品价值的认识是基于商品的品质、功能、服务、品牌,产品给消费者带来的利益或好处越多,他们就越觉得有价值。消费者为购买商品付出的价格同时也是他付出的成本,当他投入这个成本购买企业产品时,首先会考虑投入和产出是否对等,如果消费者认为是对等的,代表他对产品价值的认同。

3. 珠宝首饰定价的高低与企业的市场定位有关

市场上存在不同类型的企业,综合实力强的企业/品牌有广泛的知名度和较高的市场占有率。它们在市场竞争中已经成就了品牌,品牌产品的价格包含了品牌价值,自然高于非品牌产品,品牌声望高的产品自然高于品牌声望低的产品,这一点已经得到消费者的广泛认同。这种从众的心理促使消费者愿意付出更高的价格选择品牌或品牌声望较高的产品,而且消费者认定佩戴品牌产品更能彰显身份。市场定位高的企业直接服务于高端的目标消费者群体,产品档次高,产品质量好,高档商品自然有高的价格,因为价格高代表质量好,这同样是消费者对价格认识的共性。

4. 不同的消费者对同一件珠宝首饰的价格认识有很大的差异

珠宝企业从事市场营销的首要任务是定位自己的目标市场,也就是决定把企业的产品卖给谁。同一件商品针对不同层次的客户进行销售,他们感知的价格会有很大的差异。不是企业的目标客户就不会认同企业产品的价值,自然也不会接受产品的价格,因为他们会基于他们对产品价值的认识给予"值"与"不值"的评价。

所以，我们在营销中强调要向正确的客户推销正确的产品，正是基于这一原因。

5. 环境会影响消费者对珠宝首饰价格的认知

同一件商品在不同的环境下消费者的价值感受是不同的。如果让一个人比较一下矿泉水和钻石哪个更值钱，他会毫不犹豫地回答，当然是钻石更值钱。但是，如果将这个人置身于沙漠中，一瓶矿泉水可能关乎他的生命，如果再问他相同的话，他还会这样回答吗？这一价值感受是由需求的迫切性造成的。

同样的道理，一件贵重的珠宝首饰，把它摆在地摊上销售与摆在装修得富丽堂皇的珠宝店里销售给消费者的价值感受也是不同的。富丽堂皇的珠宝店是高档次的体现，这里是销售高档商品的地方，价格自然不菲。

6. 珠宝首饰的价格与成本并无本质的联系

市场营销学中有一种定价方法叫做"成本导向定价法"，其具体操作方法正如亚尼桑那州那位卖绿宝石的珠宝商那样，在成本的基础上加上一定的利润就是产品的价格，殊不知，这是完全站在企业角度的一厢情愿的定价，完全没有考虑顾客感受到的价值。试想，如果进货成本太高或者企业管理不善，企业能将成本转嫁给消费者吗？其实对顾客来说，产品的价格卖得越低越好，最好是赔本销售，因为所有顾客都会有一种占便宜的心理。但是，如果真把价格定得很低顾客就一定会买吗？顾客没有对产品的需求，没有感觉到产品的价值，再便宜也不会买。消费者购买的不是成本，而是价值。所以我们说，珠宝首饰的价格与成本并无本质的联系。

至此，我们可以回答：价格是消费者对商品的价值感知，是消费者能认同的商品价值。

第二节 珠宝首饰企业定价的意义

企业从事营销的目的是通过营销活动为企业创造利润。企业增加利润的方法有三种：一是降低商品成本和企业的运营成本；二是在取得合适利润率的基础上扩大产品的销量；三是确定一个最优的单价。第一项属于企业管理问题，在信息时代商品成本是很透明的，运营成本的降低空间也是很有限的；销量的扩大会受到市场环境的制约，如市场需求、市场竞争地位等，且销量还受到定价的制约。价格定低了可能会提高销量，但减少了单件商品的利润，价格定高了又可能影响销量。如此看来，在销量与总利润之间寻求一个最合理的定价显得具有十分重要的意义。

1. 定价反映了企业的经营战略

定价看起来虽然只是几个简单的数字，但它却集中反映企业的经营战略，如企业定位如何、企业选择的目标市场是什么、企业以什么样的姿态参与市场竞争、企业如何实现产品差异化等都可以从定价上反映出来。

企业在为产品定价的时候，必须将企业战略、目标客户群、竞争环境、产品差异化四大关键因素融入进去，一旦价格公布于众，竞争对手、目标客户群都会看到产品的定价，马上知道公司的战略、定位、目标市场选择和产品的特色，马上会对公司的态度作出强烈的反应，或包容、或排斥、或回避；消费者也会选择用拥戴或离开的方式对公司的产品定价作出回应。

其实，产品的定价本来就是服务于公司战略目标的，定价是实现公司经营目标的执行步骤之一，理所当然地要与公司战略相适应。基于什么样的战略思路，才能确定一个让消费者易于接受的产品价格，而能否实现企业的经营战略，关键就要看企业的产品定价是否合理，是否有竞争力，是否能体现公司特色，是否能让消费者接受。

所以，产品定价是公司战略的集中反映，也就决定了公司经营的成败。

2. 科学的定价体现了管理者的智慧

定价看似简单，实则体现了管理者的智慧。一方面，定价者要充分考虑市场竞争因素和企业目标市场的特点；另一方面，要全面分析企业/品牌在市场竞争中的地位和产品的特点与文化，以及如何提炼产品的卖点等。定价必须综合考虑这些因素，为产品确定一个最合理的价格。

从市场竞争的角度来看，定价即确定了企业在市场竞争中的角色。很显然，市场领导者、市场挑战者、市场追随者和市场补缺者的定价策略是不同的，为了取得更高的市场份额，企业必须结合自己的市场地位制定合理的价格；一旦确定了产品的价格，也就确定了企业的目标市场是谁，作为定价者还必须考虑企业的定价能否得到目标消费者群体的认同和接受，是否对他们有吸引力，定位为相同目标市场的竞争者会做出什么反应，他们会采取什么样的措施对企业的定价作出反应。产品的价格一般分高、中、低三种，在企业确定的价格等级上，管理者会清晰地找到自己的竞争对手，明白自己的竞争力有多强，是处于强势还是弱势；从产品自身来说，定价反映了产品质量，定价高会给人优质的产品和服务的印象，定价低则给人一般的产品和服务的印象。定价的艺术在于能否真正反映出产品的特点，能否将产品的质量美、艺术美、工艺美和文化美最大限度地展示出来，并表现出对目标消费者群体最大的吸引力，对任何一个因素的忽略都可能导致企业营销的失败。

所以，定价不是一个简单的数字游戏，它是管理者在对公司内、外部环境系统分析的基础上，结合每件产品的特色给出的、会得到目标消费者群体认同的产品价值的综合评判，是管理者管理智慧的集中反映。

3. 定价反映企业参与市场竞争的态度

其实,企业的定价策略一经推向市场,不管是竞争对手还是社会公众都会看得出来企业参与市场竞争的态度。是针锋相对、强势出击,还是避其锋芒、畏畏缩缩,只要一定价,都会将参与市场竞争的态度展示得一清二楚。不同地位的竞争对手都会根据企业的竞争态度对本企业的策略加以调整。

定价体现了企业的竞争力。如果企业是市场领导者,在市场上有很高的市场占有率和市场知名度,这样的企业是不可能定低价的,除非企业调整战略思维,追求规模经济,低成本抢占市场份额。而如果企业没有竞争力,就只能降价,因为产品没有差异,不能给客户塑造价值,没有名气,只能通过低价在市场上寻得苟延残喘的机会。

金至尊进入内地珠宝市场的态度很明确,那就是要对周大福进行强力挑战,在目标市场的选择上、产品组合上和定价策略上力争与周大福平起平坐,并通过产品的创新瓜分周大福的市场份额,给人们的印象是这个品牌有希望、有成长性。而如果一个品牌以回避强大品牌的态势进入市场,表现出对竞争对手的恐惧,哪怕价格定得很高,也只能以打折的方式争取一点可怜的市场份额,即使让消费者感到占了便宜,也不会在消费者心目中有一个崇高的地位,因为企业在市场竞争中表现软弱,不是一个被消费者看好的品牌。所以,一个企业的产品定价不仅反映了企业在市场竞争中的态度,也确立了企业在市场竞争中的地位,更确立了企业在消费者心目中的地位。

4. 合理的定价是利润的基础

定价是利润的杠杆,它应该使总销量与单件商品的利润之间实现一个理想的平衡。一个看似微小的价格变化可能给企业的利润带来巨大的波动。当我们在不断思考如何追求更大利润的时候,更多的企业是在考虑如何增加销售通路、提高市场份额。没错,销量的提高确实可以增加利润,但是,没有哪个奢侈品珠宝品牌是靠提高市场份额来增加利润的,相反,它们都是在通过精细的手工、高档的品位、深厚的文化底蕴取得消费者对产品价值的认同,通过提高单件首饰的附加值来实现企业利润的。

实现企业利润最大化是每个企业的梦想,但很多企业都试图通过提高市场占有率的途经来实现,实际上这是一种思维的错位。试想,当一个珠宝企业占领了很大的市场份额,而采用的是低价策略,任何社会阶层的人都买得起珠宝首饰,那这个品牌还有什么品位可言?在这个层面上企业还有多大的提升空间?又有多少消费者会拥戴这样的品牌?

任何企业都不希望自己的产品降价,然而,事与愿违,市场竞争环境反而使降价成了珠宝企业参与市场竞争的利器。中国珠宝行业的价格大战已经不是一朝一夕的事了,但没有哪个企业反思一下,价格大战让我们超过周大福了吗？价格大战使我们的竞争地位提高了吗？价格大战使我们获得更多的利益了吗？过度的价格竞争使很多珠宝企业都在死亡的边缘挣扎,既然这样,我们为什么不去寻求一个合理的定价呢？

合理的定价应该是能够得到消费者认同的、既能使企业产品销量最大又能使单件产品的利润最大的价格。为了实现这样一个科学的定价,企业管理者必须全面分析影响珠宝首饰定价的因素,结合企业的市场竞争地位、产品定位和产品的特色,以及消费者的价值取向等因素,为产品定位作出科学的决策。

第三节 影响珠宝首饰定价的因素

现代市场营销学认为,产品的价格是市场营销组合的因素之一,产品的畅销与否有赖于其他组合因素的配合。因此,企业要以科学的态度分析影响珠宝首饰定价的因素,制定出合理的、既有利于企业赢利又有利于企业取得市场主动权的价格。以下我们从影响珠宝企业定价的内部因素和外部因素两个方面来进行分析。

一、影响珠宝首饰定价的内部因素

影响珠宝首饰定价的内部因素主要有:商品成本和经营成本、企业的定位、企业的经营目标、产品组合策略、产品质量、品牌声望等。

1. 商品成本和经营成本

珠宝首饰从原材料到成品需要经过一系列复杂的过程,在这个过程中必定要耗费一定的资金和劳动,这种在产品的生产经营中所产生的实际耗费的货币表现就是成本。虽然我们说,珠宝首饰的定价与成本没有必然关系,但成本是商品定价的基础,也是制定商品定价的最低底限,是维持简单再生产和经营活动的基本前提。产品的价格必须能够补偿产品生产、促销和经营过程中的所有支出,并能补偿企业为产品承担风险所付出的代价。企业想增加利润空间,就必须降低成本,即使是以低价竞争的企业也必须通过降低成本,提高产品在市场上的竞争力。

对珠宝首饰的商品成本起支配作用的因素很多,如货源(直接有货源比二手货便宜)、进货量大小(进货量大比进货量小要便宜)、进货人员的经验、专业化程度和商业谈判经验等都会影响商品成本。珠宝企业要在进货环节取得成本领先优势,一方面必须广泛收集信息,注重积累供货商资料,保持好与供货商的关系；另一方面,要提高人员素质,以专业的眼光、灵活运用商业技巧取得成本的领先。

经营成本包括管理费用、经营费用、促销费用等。管理机构的繁简、管理的效益、营销策略的选择、企业员工的敬业精神等都会对商品成本带来影响。建立优秀的营销团队和管理团队是降低经营成本的重要手段,企业的每一位员工都应该明白,通过管理降低的那部分经营成本实际上就是为企业带来的净利润。

2. 企业的定位

企业的定位有高、中、低端之分,也有经典与时尚之别,定位不同的企业有不同的目标市场选择。很显然,不同的消费者群体的购买能力、鉴赏能力、对产品的需求都有很大的差别。定位高端的企业,它们的目标市场是高端的消费者群体,这种消费者群体追求的是商品的档次和品位,有较深厚的文化底蕴和独到的鉴赏能力,对商品的价值有识别能力,更有较强的购买力,他们购买的是心理感觉而不是商品本身的价值,只要企业能为他们提供相应的产品和完善的服务,让他们认识到物有所值,较高的定价会在他们良好的感觉中而被忽略。而定位中、低端的企业,它们的目标市场是中低端消费者群体,购买能力有限,以追求拥有为目的,注重商品的实际价值,企业的商品定位想有更大的空间也不可能,因为这些消费者群体善于比价,谁的价格低,他就是谁的客户。

3. 企业的经营目标

不同的企业经营目标是不同的,有的以追求市场占有率为目标,有的以追求利润为目标,不同的目标决定了不同的价格策略和定价方法。追求最大市场占有率的企业总是以较低的价格瓜分市场份额,赢得更高的市场占有率;而以追求利润为目标的企业会在最高的市场占有率和目标消费者群体愿意接受的价格之间寻求理想的平衡。

4. 企业的产品组合策略

每个企业都有自己的目标市场,并根据目标市场的特点和需求制定相应的产品组合策略。在企业的产品组合中,可能包含特色产品和吸引人眼球的产品。吸引人眼球的产品是赚人气的产品,一般来说,这部分产品的定价是随行就市甚至低于竞争对手的价格,目的是给消费者一种价格实在的感觉;而特色产品即能体现企业经营特色、经营档次、服务于企业目标市场的产品,是企业的主打产品,也是为企业带来较大利润的产品。"七彩云南"以经营高档翡翠饰品为特色,但在其卖场里同样有低档产品,价格也十分便宜,目的是吸引顾客的眼球,给顾客一种"七彩云南的翡翠价格很便宜"的印象。不同的企业会有不同的产品组合,为了应对市场竞争,突出企业产品的特色,每个企业都可能会拿出部分产品来吸引人气,企业必须要分清楚哪些产品是赚人气,哪些产品是赚利润,不同的产品应采用不同的定价策略。

5. 产品质量

珠宝首饰的产品质量包括宝石的质量和工艺质量。宝石的质量是内在质量,消费者不一定真正了解宝石的质量。珠宝商进货常常是批量进货,质量优劣混杂,但定价时一定要区别对待。工艺质量是指镶嵌或雕琢质量,它反映了珠宝工艺的精细程度,通过比较或引导,一般是消费者能看到的质量。珠宝首饰的质量是影响价格的重要因素,质量越好、工艺越精细,价格越高。不同质量的产品要区别定价,以体现质量的差异。

6. 产品的稀缺程度

稀缺包括高品质产品质量的稀缺、宝石品种的稀缺、产品特色的稀缺、独特工艺的稀缺等。珠宝营销中,稀缺是重要的卖点,"物以稀为贵",越稀缺的商品其价格当然也越高。一方面,珠宝营销人员要学会制造稀缺,提炼珠宝首饰的卖点;另一方面,要根据稀缺的程度及消费者心理满足程度制定合适的价格。

7. 品牌声望

品牌的知名度和信誉度对产品的定价有很大的影响,珠宝品牌在市场上的地位高、形象好,在消费者中有一定的知名度和信誉度的强势品牌的定价要高于一般的品牌。香港品牌的珠宝进入内地市场后的定价普遍高于内地品牌,其根本原因就是消费者认为香港是珠宝业较发达的地区,其产品质量好、工艺精,值得信赖。所以,强势品牌总是以其市场知名度和信誉度获利,而弱势品牌总是以低价策略参与市场竞争。

二、影响珠宝首饰定价的外部因素

影响珠宝首饰定价的外部影响因素有:企业的市场地位、产品差异化程度、市场供求状况三个方面。

1. 企业的市场地位

按照企业的综合实力的不同,企业的市场地位可分为市场领导者、市场挑战者、市场追随者和市场补缺者四种角色。市场领导者掌握着定价的主动权,按照不同目标消费者群体对产品价值的理解确定企业的产品价格。市场追随者会采用与市场领导者相同的定价策略,争夺相同的目标市场,挑战市场领导者的地位。市场追随者和市场补缺者由于实力相对较弱,一方面,它们会根据企业的产品特色和目标消费者对产品价值的理解确定产品的价格;另一方面,它们也可以以低价策略蚕食市场领导者的市场份额。

2. 产品差异化程度

在激烈的市场竞争中,实现产品差异化是企业的核心竞争能力。不同实力的企业在同一区域市场上参与市场竞争,互为竞争对手的企业谁能掌握定价的主动权完全取决于产品特色或产品的差异化程度。差异化程度越高,产品在市场上就越缺乏相同的产品,这样企业就可以掌握定价的自主权,根据目标消费者群体对差异化产品的需求程度灵活地确定产品的价格。相反,如果产品的差异化程度低或产品是同质的,市场竞争就会非常激烈,这时,企业便失去了定价的主动权。

3. 市场供求状况

根据市场供求状况的变化调整价格是市场经济给我们带来的理念。商品的供应、需求和价格之间存在着复杂的关系,一般认为商品的供应量随着商品价格的提高而增加,而需求量随着价格的提高而减少,从而保持市场供求关系的平衡。但珠宝市场供求与价格之间存在着特殊的关系,一般来说,商品供应的短缺会导致价格的上涨。中国人向来有"买涨不买跌"的传统,价格上涨反倒可能导致市场需求的增加。所以,企业在实施定价时,应及时掌握市场供求状况的变化,调整定价策略,提高产品的销售量和市场竞争力。

以上是影响企业产品定价的各种因素,在现实的市场营销活动中,企业产品的定价要综合考虑各种影响因素,制定出既有利于企业发展,又有利于企业参与市场竞争的定价策略。

第四节 如何为珠宝首饰定价

营销学中总结的定价方法有三种:成本导向定价法、需求导向定价法和竞争导向定价法,这些定价方法是基于不同市场类型、不同竞争环境及不同消费者群体的购买心理的系统总结的,对珠宝首饰的定价有一定的借鉴意义。但是,珠宝首饰是特殊的商品,我们在定价时必须参考一般的定价方法并结合珠宝首饰的商品属性、消费者的购买心理,科学合理地确定珠宝首饰的价格。通过商业实践,我们总结了十种具体的珠宝首饰定价方法。

一、价值定价

价值定价即以消费者对价值的感受或认同的价值作为定价的基础来确定商品的价格。这种定价的依据是:消费者之所以愿意支付某种价格购买某种商品,都是基于消费者对商品价值的认同,价值是消费者能够看到的购买此商品所带来的利益或好处,包括商品的品质、服务、功能、款式、品牌。好处越多,越觉得有价值。消费者投入的价值也是他购买商品的成本,当他投入这个成本购买某种产品时,他首先衡量的是值不值,投入和产出是否对等。只有消费者认为购买此商品所带来的利益或好处与投入对等时,才会为之付出金钱。所以,消费者认同的商品所具有的利益、价值才是价格的决定因素,根据消费者的心理价格预期来定价,消费者才更容易接受。定价者必须找到确定的价格与消费者能接受的价值的最佳结合点。

价值认同是价值定价的核心。我们必须结合珠宝首饰的属性,根据不同的特征,赋予珠宝首饰不同的价值和价值主张,并让消费者理解。企业的定价最终还是取决于消费者的认同,那么如何创造消费者认同的价值呢?这就存在一个价值塑造问题,珠宝首饰的价值可以从产品的品质上、产品造型和工艺上、文化寓意上,还可以从品牌和服务上塑造。

从产品的品质上创造价值,就要突出珠宝首饰某些看得见的质量特征,并让消费者明白,高品质的珠宝是少见且难得的,错过了可能就再没有机会。当质量难以通过其他外部指导标准加以判断时,消费者只能以价格的高低来进行判断,价格高给消费者的信息是质量好,因为便宜没好货。重要的是企业要给消费者一个产品高质量的印象,如果企业给消费者的印象是产品档次高,服务周到热情,人员素质高,那么高价格就等于高品质。

从产品造型和工艺上创造价值,就要抓住消费者喜欢显示自己尊贵的身份和消费档次的心理,强调商品造型的大气,强调精美的工艺是品位的体现。

从文化寓意上创造价值,应当为消费者讲述商品背后的故事,告诉消费者宝石是如何的难得,这款首饰的来源背景,设计出自哪位设计大师之手,是专为某某名人或皇帝贵族设计的,它之所以尊贵的理由是什么,等等。如果能让消费者产生正面的联想,商品就是物超所值的。

当然,尽管消费者在心理上认同了企业的定位,但"占便宜"的心理还是会驱使消费者作出"再便宜点我就买"的反应。多数消费者不是因为便宜就买,而是为了占便宜才买,为了让消费者接受并最终购买企业的产品,营销人员要尽量让消费者有占便宜的感觉。

价值定价是管理者在对目标顾客的收入、购买心理、消费偏好进行了系统研究的基础上,从消费者的价值认同的角度为产品制定的价格。但需要有营销人员宣传价值所在,营销人员要精确锁定每一个消费者的价值需求点,如消费者购买珠宝首饰所追求的利益——身份和地位的彰显、情感的表达、心理的满足等,围绕价值需求点集中强化单一的价值承诺,所提出的价值主张必须是真实、可信的,对消费者有说服力的,是其他商品没有的,这样的价值承诺才能为消费者的价值认同加上重重的砝码。

二、差异化定价

所谓差异化定价是指在确定珠宝首饰的价格时,充分考虑到产品的差异性、目标消费者群体追求的利益的差异性和不同的消费者对价格的接受程度的差异性而对企业产品作出的不同的定价。所以,差异化定价包括了三层含义:第一,产品与产品之间是有差异的,差异化的产品应该有差异化的价格;第二,相同的产品可以满足目标消费者群体多种利益的需求,同一种产品针对追求不同的利益消费者有不同的定价;第三,不同的消费者追求利益的程度不同或产品满足消费者利益的程度不同有不同的定价。

其实,许多产品在功能上是基本相同的。我们看看满街跑的轿车,哪一辆不是四个轮子一个方向盘?再看看我们的钻石戒指,哪一枚不是一个戒圈加一种镶嵌方式?只是因为消费者在一些细微处的不同需要而变得不同。有的需要豪华大气,有的需要精细灵秀;有的追求质量的完美,有的只是追求拥有的象征意义。差异化定价的艺术在于管理者用价值塑造、价值区隔来夸大这种差异,使基本相同变得不同而使商品卖出不同的价格。销售人员应该认真分析企业产品有哪些特点,企业产品与竞争对手的产品在哪些方面会有差异,任何一个细节的差异都是企业差异化定价的理由。

同一个目标消费者群体中,每一位消费者追求的利益可能不同,如同一款做工精细,款式豪华的戒指,有的人中意它的做工精细,有的人看上它的款式大气,有的人倾心于它的品质精良、有的人钟情于它的品牌。同一件商品因顾客追求的利益不同而定出不同的价格。营销人员要衡量消费者追求的每种利益的重要程度,按利益的不同程度制定不同的价格。

玫瑰花在情人节时总是要比平常的价格高出很多,因为情人节这天玫瑰花对消费者心理需求的满足程度不同。珠宝首饰也一样,对消费者追求的利益满足程度不同,可以定出不同的价格,如果提炼的利益使消费者产生强烈的需求,就可以卖高价;如果消费者对产品的反应平淡,是不可能出高价购买企业产品的。所以,相同的产品因为顾客群体的不同、顾客对产品价值的理解不同、顾客购买的时机不同可以定出不同的价格。

差异化定价策略对实现企业利润最大化是一个非常有用的工具,要利用好这个工具,就要对竞争对手的产品、目标消费者群体的需求和产品的差异对不同消费者需求的满足程度作细致的分析,分别给出不同的定价,将与竞争对手不同形式的产品以更高的价格卖给消费者。利用企业/品牌形象的差异与竞争对手形成差异进而制定不同的价格;利用不同地域、不同消费水平的差异,通过优化或减少服务内容制成不同的价格;将与对手相同形式的产品提炼细微差异给消费者不同的感觉,卖出与竞争对手不同的价格;根据产品的利益对消费者需求的满足程度的不同,对不同的消费者卖出不同的价格。

三、目标客户定价

所谓目标客户定价就是围绕我们选择的目标消费者群体的消费品位与档次、

文化层次与审美观念和对服务水平要求的不同而制定相应的价格。

企业的定价策略来自定位的目标客户,企业锁定的目标客户不同,定价模式也会相应地改变。高端客户对价格不敏感,他们需要的是良好的购物环境,以及能体现其尊贵身份的专业而贴心的优质服务,产品的陈设要有档次,购物的环境要安静、温馨,提供的饮料可能是咖啡或红茶;低端客户对价格相当敏感,他们购买的是实惠,需要的服务与高端客户不同,如果提供与高端客户一样的服务,他们反而觉得不自在。

定位为高端消费者群体的企业,其整体产品也是高端的,正是因为有了高端的形式产品、高档的购物环境、贴心的服务才有高端的价格;定位为低端目标消费者群体的企业则必须从产品的各个环节考虑降低成本,满足消费者追求实惠的心理,不是通过高价格而是通过低成本为企业创造利润。而选择完全覆盖市场模式的企业需要为高、中、低端客户提供产品和服务,针对不同目标消费者群体的定价是不同的,为不同客户配备的资源也是不一样的,商品定价越高,珠宝首饰的品质、提供的服务等也要越高。为高端产品定一个高的价格,可以彰显品牌地位和品牌价值。如果企业能够精准地定位不同的目标客户群体,有针对性地为不同的目标客户群体提供产品和服务,以高端产品创形象、赚利润,以中低端产品争夺市场份额、赚人气,品牌地位和品牌价值能得到不同层次消费者的认同,那么,定价高也是合理的。

实施目标客户定价,重要的是要让不同定位的目标消费者群体感觉到产品和服务的差异,特别是要让高端客户感觉到这种差异。高端客户不是肥羊,不是冤大头,不会老老实实地为高价买单,让他们接受高价的唯一办法就是为他们营造一个良好的购物氛围,让他们感觉到被尊重,为他们提供的产品和服务是物超所值的。如果不能为他们创造这样一种感觉,或者让他们感觉到他们和一般的客户并没有什么差异,那他们凭什么为高价买单呢?

四、折扣定价

所谓折扣定价是指对基本价格作出一定的让步,直接或间接降低价格,以争取顾客,扩大销量。

消费者在购买商品的时候,都会有点算经济账的心理,所以,企业在定价时,在消费者意识不到的范围内适当地将价格提高一点,成交时再给予适当的折扣,消费者就会因价格优惠,或因为受到了优待、重视而心动。比如说一枚预期卖6200元的钻石戒指,按成本加成定价法定价8 500元,我们可以将价格调整为8 880元,以7折的优惠价成交,给消费者让利2 680元,这和直接定价6 200元的感觉会完全不一样。消费者在作出购买决定时,会以产品的定价作为参考值,越低于这个参考值消费者会认为越合算。一旦他们认为原来的定价即是商品的价值,那么打折之后顾客就会感觉到物有所值,心理很舒服,于是便会作出购买决定。

价格适当地定高一点有很多好处,首先,它创造了一个灵活的价格空间,适当地给予一些折扣,新客户会认为划算,老客户会认为受到了优待,有特殊关系的客户会认为受到了重视;其次,它可以同差异化定价策略结合起来使用,根据不同客户需求的满足程度给予不同的折扣;第三,价格的高开有更多的回旋空间,价格定高了可以以打折的形式或者重新标价将价格降下来,消费者可以认可或接受,但价格定低了想涨上来就不是那么容易了,价格上涨,老客户不能接受,新客户会认为是在搞价格欺骗。

适当地提高定价再给予一定的折扣是一种策略,但是,如果无止境地提高价格再打低折就是一种价格欺骗。对于价格,每个消费者心里都会有杆秤,标高价再打低折会引起顾客的反感,不仅对销售没有好处,反而会赶走顾客。

五、阶梯定价

阶梯定价是人为地利用商品标价形成价格阶梯,使质量大致相似的商品在消费者心目中形成不同档次的印象。

漫步于各大商场,我们会发现很多商品的标价都是以"9"为尾数,如199、1 999、19 999等,这样的标价会给消费者一个错觉,虽然离整数标价仅相差1元钱,可给消费者的印象却是才一百多元、一千多元、一万多元等,只有一个硬币的差价却给消费者的心理造成如此大的影响,我们不能不说这是"9"字带来的魔力。对于一般中低档的日用品,更是用小数点后面带"9"的标价,与整数价格仅相差1分钱或1角钱,这是营销学家对消费者的心理作出分析和实验后所得结论在商品定价策略中的运用。

我们这里所说的阶梯定价与这种定价方式有相似之处,但珠宝首饰是高档商品,一般不采用这种定价方式。珠宝首饰一般采用整数定价,但整数的定价艺术给消费者的感觉是不同的,如一件首饰定价9 980元与定价10 080元,虽然定价只相差100元,但给消费者的感觉前者是几千元的商品,后者是上万的商品,商品档次明显不同。

将这种定价原理运用于珠宝首饰的定价,应结合企业的目标市场定位。若企业的目标市场是高端的消费者群体,他们追求的是商品的档次,则应该选择高于整数阶梯的定价,给消费者商品档次高的印象;反之,则应选择低于整数阶梯的定价,给消费者价格合算的错觉。

六、声望定价

所谓声望定价是根据企业/品牌在消费者心目中的声望、信誉度和市场地位来确定产品价格的一种定价策略。商品定价的高与低取决于品牌在消费者心目中的声望,品牌声望高,商品的定价自然会高于品牌声望低的同类产品,这种定价符合消费者"优质优价"的心理。定价高是因为品牌产品质量好的表现,能满足那些高收入者高价购买显示身份的心理需求。

采用声望定价策略,企业必须对品牌的市场地位、在消费者心目中的声望作客观的评估,品牌的市场地位不是企业宣传出来的,而是消费者通过消费体验作出的客观评价,超出品牌声望预期的定价是消费者不能接受的,结果只能导致品牌与市场的错位,使企业产品滞销,给企业产品销售带来悲剧性后果。

七、情感定价

情感定价是基于珠宝首饰的情感表达对消费者情感需求的满足程度作为定价依据的定价策略。首开珠宝首饰情感表达之门的当数戴比尔斯,一句"钻石恒久远,一颗永流传"的广告词不仅开启了以钻石作为爱情恒久的象征、以钻石作为爱情信物的时代,也开启了中国珠宝市场的钻石消费时代。

珠宝虽然是用冰冷的物质材料构成,但是设计师、工艺师在它们诞生之初,便用特定的设计元素和工艺将独特的情感融入珠宝首饰的造型设计中,透过首饰传递给消费者后,消费者再通过对珠宝首饰传达的情感的理解,激发他们对珠宝首饰的需求。戴比尔斯成功的秘诀在于营销钻石的同时也营销了消费者对情感需求的渴望。消费者购买珠宝的动机,更多的是来自这种情感。珠宝首饰作为一个特殊的商品,它不但具有一定的实用价值,更是具有一份情感的价值,正是因为这个情感价值,使珠宝首饰成为一种具有高附加值的产品。如果离开了情感,珠宝的价值就变得暗淡无光了。

情感定价的高低取决于三个因素。第一,设计师选择的设计元素在珠宝首饰上的表达是否与消费者的情感需求一致。珠宝首饰设计师用一个个独特的情感元素符号设计了一件件表达不同情感的首饰,设计本身就代表一种价值,应该在商品定价中表现出来,价值的高低取决于情感表达与消费者情感需求是否吻合。第二,营销人员对首饰情感价值的理解及对消费者的情感信息传递。情感元素只是一个符号,需要营销人员在准确理解的基础上将首饰所表达的情感准确地传达给消费者。第三,消费者对情感价值的追求倾向,不同的消费者追求的情感价值不同,情感定价只对情感价值有需求的消费者有效,这是情感定价的基础。

只要目标消费者群体对情感价值有需求,情感定价就会起作用。但是,情感只是一种感觉,消费者追求情感价值也有理性的一面,如果基于情感的定价超过了理性,消费者也是不能接受的。

八、特价品定价

特价品定价也称招揽定价,是企业从总体利益考虑,针对消费者求廉的心理,将企业的一种或几种产品定为低价以招揽客人,同时也吸引他们购买本企业的非特价商品。这种策略对于迅速处理积压的过时产品,加快资金周转,提高企业总体经济效益有积极作用。但是采用这种定价策略一定要让顾客真正感受到购买本产品的既得利益确实是物超所值的。如果不能起到这种效果,可能会适得其反。广州某商场在做某钻石品牌促销广告时,在报刊上大力宣传其 0.5ct 的钻石戒指仅售 5800 元,确实吸引了许多求廉的顾客前去选购,但令他们失望的是,该款钻戒原来是由数粒碎钻拼镶起来的,钻石总重 0.50ct,消费者颇有受骗上当的感觉。本来是想招揽客户,结果却适得其反。

九、稀缺品定价

"稀缺"是经济学中的一个概念,稀缺性的原理是:东西越少,想要的人就越多。多个研究显示,当资源和机会变得越匮乏时,就越会得到人们重视。精明的商家就善于利用这种稀缺性原理,根据商品稀缺的程度为稀缺品制定一个合适的价格,实现企业利润最大化,这就是稀缺品的定价。

瑞士名表为什么会这么贵?除了其精细的手工打造外,还有一个重要原因就是瑞士钟表业对每一款表都严格限定产量,稀缺性使瑞士表保持高价。这样它不仅满足了拥有者高贵身份的象征,而且满足了它还会升值的心理预期。

稀缺性原理对珠宝首饰的定价具有重要指导意义。实际上,商品的稀缺有些是客观存在的,如许多宝石材料产量是非常有限的,本身就是稀缺产品,其他还有设计的限量、工艺的稀缺等。我们要善于利用珠宝首饰稀缺性的特点,利用稀缺品定价原理和消费者对拥有稀缺品的渴望,为稀缺品制定一个既能被消费者接受又能体现稀缺品特点的价格,为企业带来更大的利润。

珠宝营销中不乏利用稀缺性原理的例子,戴比尔斯"每破碎 20 吨矿石才能得到 1 克拉钻石",世界铂金协会强调铂金"贵乎稀有",都为相关产品的推销起到了促进作用。事实上,产品的稀缺是相对的,在这个商品极其丰富、信息无限畅通的世界里,没有多少产品是稀缺的,许多所谓的稀缺是人为制造的,只不过是企业想提高售价的理由。瑞士的钟表、卡地亚的首饰真的就那么稀缺吗?其实他们只不过是人为地为卖高价而导演的一出戏。我国珠宝企业属于中小企业,实力单薄,如果仅在规模上拼命扩张,以同质化产品参与市场竞争是没有出路的,他们还应该要关注珠宝首饰的稀缺性特点,人为地创造稀缺,提高珠宝首饰的附加值。

稀缺品要视产品的稀缺程度定价,稀缺程度越高,产品的定价也越高。同时,企业在宣传产品的稀缺性时,一定要实事求是,以强有力的事实证明企业的产品确实是稀缺的,只有让消费者认识并认同产品的稀缺性,产品的定价才是有效的。

十、时尚首饰的定价

时尚首饰的定价是企业根据时尚流行的趋势,围绕市场消费热点开发的新产品的定价。

任何产品都有其市场生命周期,即产品从进入市场到退出市场是市场发展的必然,时尚首饰更是如此,同样要经历这一过程。为了使产品在市场生命周期内最大限度地为企业创造价值,我们必须根据产品的市场生命周期的不同阶段的特点,采取相应的定价策略,以加强产品的竞争力,为企业争取最大的利益。这个问题在市场营销学讲述产品的市场生命周期及营销策略时有系统的介绍,这里不再赘述。

第五节 中国珠宝首饰业定价的误区

改革开放以来,中国珠宝行业发展很快,中国已经成为全球第二大珠宝消费国,消费能力和消费水平受到国际珠宝界的关注。但是,珠宝首饰的定价问题却很少有人去研究它,以致经营者在激烈的市场竞争中不知道如何利用定价这个武器为企业的产品确定适当的地位,更不会通过消费者对企业产品价值的认同为企业带来更大的利润。从某种意义上说,中国珠宝市场的价格竞争是由于珠宝首饰行业定价方式进入误区造成的。

一、逻辑混乱的成本加成定价

成本加成定价法是传统市场营销学归纳的定价方法,其基本定价思维是建立在成本和企业利润目标的基础上,即商品价格=成本+利润。

分析一下我国珠宝行业中众多珠宝企业使用的进销存管理软件,其中设置的珠宝首饰标价系统几乎无一例外的是采用成本加成定价法。这种定价方法存在三个缺陷:第一,商品的价格的确定是建立在销量的基础上,它可能适用于产销量固定的企业产品的定价,而珠宝企业的产品销量是不能事先确定的;第二,成本包括商品成本和经营成本,商品成本是固定的(实际上商品成本也会随着国际市场行情的变化而波动,但我们暂且把它看成是固定的),经营成本是变化的,变化的参数难以作为定价依据,固然,经营成本是可以大致预测的,但如果企业经营管理不善,会导致管理成本上升,而上升的成本极有可能转嫁给消费者;第三,利润目标是企业的一厢情愿,完全没有考虑消费者的需求,更没有考虑商品是否能够卖得出去。

正因为存在这些问题,于是,企业管理软件的开发简化了成本加成定价的方法,仅以商品成本乘以一个系数从而求得商品的价格,即:商品价格＝商品成本×系数。如此定价,新的问题又出现了:单件商品的销售表面上看起来有利润,但由于销量上不去,单件商品分摊的经营成本太高,最终企业是亏损的。

二、加快企业死亡的虚假折扣定价

20世纪90年代末,随着市场竞争的加剧,行业兴起了一股打折风,至今也没有停息,打折让利,压缩企业的利润空间,把利益让给消费者,固然会受到消费者的欢迎与拥戴,我们在前面探讨珠宝企业的定价方法时也将折扣定价作为珠宝首饰定价方式的一种。但这里所说的折扣定价是一种虚假的折扣定价,一些企业为了迎合消费者喜欢占便宜、追求打折的心理,使企业产品的定价远远高于一般企业的定价,然后以打折的方式销售。

高标价固然有更大的折扣空间,可以比其他企业的折扣更低,但消费者也不是傻瓜,特别是在商品同质化、价格有可比性的珠宝市场上,消费者一眼便可识别出这种虚假的标价和虚假的打折。这种虚假的打折只会让顾客产生厌恶和反感,最终会因受到消费者的排斥而加快企业的死亡。

三、自毁形象的薄利多销定价

近年来,网上珠宝电子商务发展迅速,然而,不论公司的规模如何,它们无一例外地采用薄利多销定价,利用网络成本低、无产品积压的优势,体现企业产品的价格优势。一些珠宝店也纷纷打上平价店的标语,试图以薄利抢占更多的市场份额。

珠宝行业是一个投入资金大、专业要求高、资金周转慢的行业,理应有较高的利润回报,高利润行业向消费者宣传薄利多销最多是宣传、是广告、是营销策略,实际上是不会追求薄利的。薄利多销能给企业带来什么呢？薄利意味着获利能力差,以巨大的投入换取一点微薄的利润,无法快速完成资金积累,企业没有发展空间,员工福利不能提高,长此以往就会影响工作热情,市场份额争取到了,但企业只能在原地踏步。

消费者又会怎么看待定低价的企业呢？"三年不开张,开张吃三年",珠宝行业是暴利行业,即使是薄利也是相对的,所以,买到低价商品也不会对企业有感激之情。再说,"便宜没好货,好货不便宜",价格那么低,产品质量一定有问题！明明是高质量产品,只是因为企业追求薄利多销把价格定得很低,结果可能变成消费者不屑一顾的产品。即使顾客接受了企业的产品,也不可能对企业有忠诚度,因为在他们的心目中,企业永远只是一个卖廉价商品的铺子,不可能形成一个高品位的珠宝店形象。

四、互相残杀的竞争导向定价

竞争导向定价，是以竞争对手的定价为标杆，比竞争对手的价格高一点、低一点或保持一致。这种定价法实际上是把竞争对手的价格作为市场接受度而不是以顾客的需求为导向，不仅不能反映企业的产品特点，反而把企业置于被动地位，竞争对手的价格变了，企业也得跟着变，让别人牵着鼻子走，企业失去了主动权。这还不是主要的问题，问题是市场竞争激烈时，竞争对手竞相降价，所有企业只能赚取微薄的利润维持生存甚至维持不了生存。

人们常常将市场竞争形容为你死我活的斗争，这是现代市场竞争所不容的。正确的市场竞争理念应该是：在竞争中寻求合作，在竞争中寻求发展。可口可乐与百事可乐是竞争对手，但同时也是战略联盟伙伴，它们进入中国超市的策略是要么一起进，要么都不进，以这种联盟的方式争取市场份额。

在市场竞争中，价格应该是所有企业共同的弱点，是不能作为竞争手段的，而竞争导向定价恰恰违背了这一市场规律，只能导致珠宝行业的价格大战。

本章小结

本章我们探讨的是如何为珠宝首饰确定一个合理的价格问题。我们已经知道，价格只不过是消费者对产品的价值认同罢了。不同的商品是为不同的目标市场准备的，没有一种产品用一种价格满足所有消费者的需求，有人说太贵了，必定也有人说太便宜了，这就是同一件商品对不同消费者需求的满足程度不同。基于此，我们必须选取一个特定的目标市场，全面分析目标消费者群体的特点，深入他们的内心世界，根据不同目标市场对价格的理解，为企业产品制定一个既能让目标消费者群体接受的、又能使企业利润最大化的价格。

我们从提升珠宝首饰的价值和参与市场竞争的角度出发归纳了10种常用的珠宝首饰定价方法，在实际的产品定价中，企业可能要根据定价目的的不同，在企业的产品组合中同时选择几种方法，以彰显企业的产品定位、产品特色。这10种方法是传统的成本导向定价法、竞争导向定价法和需求导向定价法的细化，我们重点强调的是围绕顾客需求的、以自身为主的定价，即以满足目标消费者群体的需求为出发点，结合企业的产品特色，发掘价值内涵，提炼差异化卖点，争取顾客的价值认同，通过产品的价值最大化实现企业利润最大化。

珠宝首饰的定价要谨慎使用成本加成定价法和竞争导向定价法。实际上，这两种定价方法正好是珠宝行业使用得最普遍的方法，这还是企业缺乏核心竞争能力、产品没有特色、不能提炼有别于其他企业产品的核心利益造成的。如果每个企业都有自己特定的定位,产品能为目标消费者群体提供独特的利益,让他们从获得的利益中感受到产品的价值,那么,珠宝行业所存在的产品同质化问题、价格战问题就迎刃而解了。

思考题

1. 你如何理解首饰的价格?
2. 详述珠宝首饰合理的定价对珠宝企业的意义。
3. 什么是价值定价?价值定价的依据是什么?如何操作?
4. 什么叫差异化定价?差异化定价的依据是什么?差异化定价应该注意什么问题?
5. 详述折扣定价的优点。折扣定价应注意哪些问题?
6. 什么是情感定价?情感定价的高低取决于哪些因素?
7. 结合珠宝的属性及珠宝行业的实际,详述珠宝首饰可以从哪些方面提炼稀缺性特征。
8. 珠宝首饰定价方法中,哪些方法属于需求导向定价法?
9. 结合中国珠宝市场的实际,分析珠宝首饰定价应解决的核心问题是什么。

第十一章 渠道——畅通无阻

一种产品被生产出来以后,只有通过市场的商品交换活动送达到消费者手中,才能实现商品的价值,为企业带来一定的经济效益。在现代市场营销中,产业链上所有的营销活动不可能由一个企业单独来完成。也就是说在产品的生产者和消费者之间由于种种原因存在着时间上和空间上的距离,要使产品能顺利地从生产领域进入消费领域,企业必须依赖市场上的一些中间环节,在适当的时候、适当的地点、以适当的方式提供给适当的消费者,这就是我们本章要涉及到的市场营销组合的另外一个因素——分销渠道。

企业产品顺利进入消费领域的前提是有畅通的销售渠道。如何最有效地将产品从生产领域转移到消费领域,以及产品转移过程中最有效的路线、环节和机构设置等问题是珠宝分销渠道研究的主要问题。本章将结合珠宝行业的特点和珠宝行业产品分销活动的现状,在认识分销渠道的概念、作用和分销模式的基础上,探讨珠宝企业分销活动的相关问题。

第一节 分销渠道的概述

一、分销渠道概念

分销渠道又称为销售通路,是指企业产品从生产领域向消费领域转移时所经过的路线、途径或流转渠道。它包括两层含义:一是指把商品从生产者转送到消费者手里的经营环节或经营机构,如批发商、代理商、零售商及企业自己的销售机构等;另一层含义是指产品实体从生产者到消费者手里的流动过程。企业选择分销渠道就是对这两个含义的内容进行决策。分销渠道是企业最重要的外部资源,其主要功能在于调节生产和消费在时间、空间、数量等方面的矛盾,以最节省的时间、最合理的环节、最经济的费用实现产品的价值。所以,珠宝企业研究分销渠道主要解决的问题有如下几个。

1. 分销的范围

分销的范围是指产品是局部分销还是整体分销。产品的分销范围直接影响产品的市场覆盖率,进而影响品牌的知名度和市场占有率。在什么范围内实行分销取决于企业的经济实力和运营管理能力。

2. 分销的模式

分销的模式即如何最有效地将产品输送到终端,以及以什么样的终端模式将产品提供给消费者。分销的模式包括纵向上分销途径的选择及横向上终端模式的选择,在"渠道为王"的商业时代,终端模式决定了企业的商业模式。

3. 分销的方式

分销的方式分为自建终端和通过加盟商进行分销。自建终端需要企业有强大的经济实力和运营管理能力,而吸收加盟商进行分销是一种借力的互利双赢模式,但在运营中有许多管理问题需要加盟总部和加盟商进行协商。

4. 渠道的整合

为便于企业的管理,分销渠道最终必须形成一个统一的模式,使分销更有效。在随后的内容中,我们将围绕这些问题对珠宝企业的分销活动进行探讨。

二、分销渠道的作用

通过对分销渠道模式的进一步观察,我们可以看到,产品在由生产领域(制造商)向消费领域(消费者)转移的过程中,存在几种物质或非物质的运动"流",渠道则表现为这些"流"的载体,组成分销渠道的各种机构是由几种类型的流程联结起来的。按照菲利普·科特勒的归纳分为"五流",即商流、物流、货币流、信息流、促销流。在这"五流"中,商流和物流是最主要的,是整个产品分销活动得以实现的关键;信息流沟通了产品的购销环节,为产品的生产和销售提供了市场依据;促销流为市场提供了产品的信息,是扩大产品的销路和销量的基础;货币流作为交易媒体,为商流和物流的运动提供了保证。"五流"的运动形成了分销渠道下的特定作用。

1. 使产品的供销渠道得以畅通

各种类型的中间机构沟通了生产者与消费者的联系,一方面为消费者提供了商品供应信息,另一方面为生产者寻找潜在顾客,并促进和实施他们之间的交易活动。

2. 为产品的快速流动提供了保证

通过物流渠道能及时地把产品运送到销售市场和消费者身边,还能根据消费者的需要对产品进行分等、分类,根据不同的市场提供不同的产品,并合理搭配产品,使产品通过各种中间环节快速流动,并能在适当的时机投放市场。

3. 使企业资金得到了快速周转

企业的分销活动使产品快速流动并使资金快速回收。通过金融中介机构的活动,使货币资金安全快速地运转,提高了使用效率。

4. 使企业的经营风险得到了分担

分销渠道中间环节的增加,实际上是将原先由生产者承担的风险分散到各个中间商,各个中间环节充分发挥自身的优势,使产品销售的风险可通过各个中间商之间的利益调整和专业化经营效益的发挥而得以减缓。

分销渠道这些作用的发挥,有利于生产者(制造商)更有效地将产品广泛地投放到各个终端市场,对分销渠道合理地选择利用;有利于企业产品迅速占领市场,提高市场占有率,实现最佳的经济效益。

三、分销渠道的模式

分销渠道模式即企业选择的将产品从生产者手中送达到消费者手中的途径和方式,途径即纵向上的产品分销渠道,方式即横向上将产品送达到消费者手中的方式,又称为终端模式。这里所说的分销渠道模式主要是指产品传输的途径。还需要指出的是,我们这里所说的珠宝首饰分销是指珠宝材料被加工成首饰成品后的分销活动。原料开采出来以后,要经过琢磨成为宝石裸石,再加工镶嵌成首饰才能流通到消费领域。也就是说,珠宝的分销包括原石的分销、宝石裸石的分销和珠宝首饰成品的分销,但前两者产品没有到达消费者手中,不能构成完整的分销渠道。所以,我们这里讨论的主要是珠宝首饰成品的分销渠道模式。

市场营销学中,产品由生产领域向消费领域转移过程中的中间商的加入构成了产品的分销渠道。各个中间商的经营性质、经营规模、资金实力和人力资源不同构成了不同的分销渠道模式,归纳起来可以得出四种模式(如图11-1)。

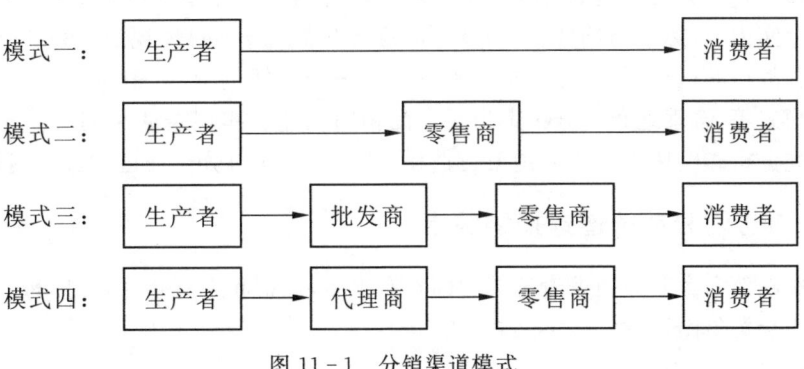

图 11-1 分销渠道模式

模式一是由生产者将宝石成品直接销售给消费者的一种分销模式,即珠宝企业自己生产、自己派员推销,如采用开设专卖店、电视购物、电子商务等手段来销售本企业的产品,将本企业产品直接提供给消费者。这种分销渠道模式没有任何中间商的介入,是最直接的、最短的分销渠道,在分销渠道策略中也称为短渠道策略或直接渠道策略。这种模式是珠宝行业最常见的分销模式,珠宝企业自建终端、零售商通过委托加工获得成品(充当生产者的角色)将成品销售给消费者都属于此种模式。

模式二是生产者将宝石成品批发给珠宝零售商(如加盟商),由零售商通过各种方式转卖给消费者。这种分销渠道模式在生产者与消费者之间只有零售商的介入,所以也是一种比较简单的销售渠道,在分销渠道策略中也称为间接渠道策略。珠宝企业以加盟连锁和自由连锁的形式实施品牌扩张即是这种分销渠道模式。

模式三是生产者将产品卖给批发商,批发商再批发给零售商,再由零售商卖给消费者。这种分销渠道模式在生产者与消费者之间有多层中间商的介入,在分销渠道策略中也称为长渠道策略。

模式四与模式三有相似之处,只不过批发商变成了代理商。批发商是批量买入再行批发,拥有商品的所有权,并承担经营风险;而代理商不拥有商品的所有权,也不承担经营的风险。由于珠宝行业资金占用大,经营风险大,所以鲜有代理商。且随着市场竞争越来越激烈,企业扁平化趋势越来越明显,前两种模式成为珠宝分销的主要渠道模式。

第二节　珠宝企业分销渠道的选择

珠宝企业分销渠道的选择是与企业总体经营战略相适应的,是企业结合自身的综合实力、目标市场选择、产品特色进行的对企业发展总体规划的一部分。在企业经营战略的指导下,企业要选择和决定具体的分销范围、分销模式、渠道模式和终端模式等,合理地布局分销渠道是产品销路畅通和实现企业利润的前提。下面我们先分析影响珠宝企业分销渠道选择的因素,再探讨分销渠道的选择问题。

一、影响分销渠道选择的因素

影响珠宝企业分销渠道选择的因素有很多,概括起来有企业自身因素、产品因素和市场竞争因素等。

1. 企业自身因素

选择分销渠道是珠宝企业经营战略的执行过程的一部分,企业将自身的经济实力、市场运营能力和经营管理能力作客观的评估,在此基础上制定不同阶段具体的行动方案。分销渠道选择作为行动方案的一部分,必须要同企业战略联系起来,审时度势,谨慎选择适合企业现状和发展的分销渠道并制定相应的分销渠道策略。

企业分销渠道的选择首先必须与企业的综合实力相吻合。这种综合实力包括:企业的规模与信誉,市场运作能力与管理能力。珠宝分销旨在建立强大的市场营销网络,为企业占领更大的市场,取得尽可能高的市场份额,它需要强大的资金做后盾,必须要有足够的货源保证,并且通过本企业的营销活动已经在市场上树立了一定的品牌声望和品牌效应。同时,品牌声望和品牌效应又是企业分销活动能否取得成功的重要条件。

强力的分销系统需要强力的市场运营与管理系统作保证。分销商越多,分销的范围越广,越需要企业加强管理力度。分销渠道管理得好,品牌效应会不断得到扩大;反之,品牌效应就会逐渐减弱甚至消失。

2. 产品因素

产品因素是企业实行分销渠道策略要考虑的重要因素,不同类型的产品对渠道有不同的适应性,如网络作为一种珠宝分销渠道,对钻石首饰的适应性较好,对翡翠等产品的适应性相对较差。其他对分销渠道构成影响的产品因素还包括品牌的知名度和市场影响力、品牌文化、产品的特色及与市场的适应性、产品的赢利能力、产品组合的特征等。

品牌的知名度及市场影响力是选择分销渠道考虑的主要因素。一个品牌进入某一区域市场从事营销活动,必须得到分销商和消费者的认同。品牌声望高、市场影响力大,就能得到消费者的认同,吸引消费者购买,为分销商带来利益。

珠宝首饰是文化饰物,品牌文化和产品特色必须得到消费者的认同。不同地域、不同的文化背景和不同的消费意识考验着品牌与市场的适应性,会对分销渠道产生直接的影响。近年来的市场实践表明,不同类型的市场对品牌的适应性有显著的差异,如老凤祥、龙凤珠宝等带有中华民族吉祥文化色彩的品牌在二线城市市场很受欢迎,而在一线城市周大福、谢瑞麟等香港品牌更受青睐,这可能是一种文化的影响。另外,产品受欢迎也会对分销商产生较大的吸引力。

企业产品组合的深度和广度对分销渠道的选择也会产生直接的影响,企业的产品组合应能满足一个区域市场多元化的需求,或者企业的产品特色对这个区域市场的一个或几个细分市场有独特的吸引力,如果企业的产品单一或缺乏特色,就不利于分销渠道的选择。

所以,企业的分销渠道选择同样要在广泛地市场调查基础上,了解企业产品通过一定的分销渠道进入这一市场后能否受到消费者的拥戴,取得应有的市场份额,为分销渠道的选择提供市场依据。

3. 市场竞争因素

企业选择分销渠道的目的是为了更有效地参与市场竞争,取得更高的市场份额,因此,了解市场竞争状况及企业/品牌在市场竞争中的地位是十分必要的。

企业分销渠道的选择首先要考虑自身产品特色,如果企业通过某一渠道分销企业产品且在这一渠道上具有特色优势,企业就可以在市场竞争中获取竞争优势,取得有利的市场竞争地位。同时,要充分考虑在这一渠道上的竞争对手的综合实力和产品特色,如果竞争对手的实力很强,则应避开其锋芒,在竞争对手未涉足的市场空白点另辟渠道;如果与竞争对手的实力相近或强于竞争对手,就要考虑如何强化企业的竞争优势,以公开的方式竞争,凭实力在竞争中胜出。

二、珠宝企业分销渠道的选择

1. 分销范围的选择

分销范围的选择是企业根据既定的经营战略、企业定位、产品特色和品牌声誉决定的。企业产品的分销是局部地区分销还是全国性分销,是在一级市场分销还是在二级市场分销,完全取决于企业的经营战略。在战略实施的不同阶段对分销范围的选择有不同的思考,如周大福实施的是先横向扩张再纵向渗透的战略,其渠道布局是先横向扩张占领国内一线城市市场,然后再纵向渗透进入二级市场,逐步形成一个遍及全国市场的营销网络;周大生则是以布局全国市场为目标,不分市场级次,只要有市场机会,只要有加盟商愿意加盟并达到品牌的加盟要求,力求以最快的速度完成全国市场的布局。

分销范围的选择取决于企业的综合实力(经济实力、市场运营能力和管理能力)、企业的总体战略思维和企业战略实施的阶段性步骤。

2. 分销模式的选择

分销渠道模式包括直接渠道模式、间接渠道模式和复合渠道模式。

直接渠道模式又称为零级渠道模式(如图 11-1 中的模式一),是生产者自建终端,直接将产品卖给消费者,没有中间商的参与,是最短的渠道模式。直接渠道模式往往是在全国分区建立分销管理机构,负责各区域的运营管理。

间接渠道又称多级渠道模式(如图 11-1 中除模式一以外的其他模式),在生产者与消费者之间有中间商的参与。中间商可以是批发商或零售商(也包括加盟商),视中间商的级别可分为一级渠道、二级渠道。生产者与中间商是独立的利益主体,但如果是加盟商则必须服从加盟总部的管理,在加盟协议规定的范围内履行责任和义务,加盟总部也相应地在全国分区建立分销管理机构,负责各区域加盟商的管理。

复合渠道模式又称为宽渠道模式(如图 11-2 所示),复合渠道模式中有长渠道和短渠道存在,也有宽渠道与窄渠道存在,各种形式的渠道都可以最大程度地发挥各自的优势,扬长避短,使渠道效率达到最大化。

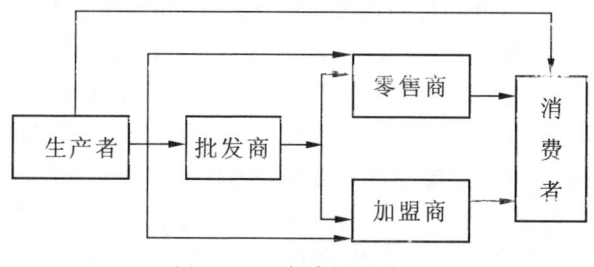

图 11-2 复合渠道模式

复合渠道模式是一种复杂的分销渠道模式，不同的企业可根据生产能力、资金实力、经营管理能力选择使用不同的渠道模式。不同的渠道模式决定了企业的产品分销方式，珠宝企业的连锁经营中，综合实力强的企业一般采用复合渠道模式，有些企业简化了一些中间环节，形成简化了的复合渠道模式，使之与珠宝企业的综合实力更加适应。这一问题将在下一节中讨论。

3. 终端模式的选择

渠道模式的选择是企业在纵向上确定产品分销的通路，终端模式则是探讨将产品提供给消费者的途径或方式，终端模式决定了企业的商业模式。

消费者购买商品的途径有很多，概括起来有销售代理模式、商场专柜模式、专卖店模式、直邮模式和网上电子商务模式。但对于哪些是适合珠宝首饰的终端模式，我们必须从消费者对终端模式的适合性、渠道与产品的适应性和使用该终端模式的经济性三个方面对各种终端模式进行评估（见表 11-1）。

表 11-1 各种终端模式与珠宝首饰的适合性评估

终端模式 \ 评估	模式与消费者的适应性	模式与产品的适应性	经济性
销售代理	√	×	√
百货商场	√	√	?
专卖店	√	√	√
直邮	×	×	√
网上珠宝电子商务	?	?	√

销售代理：销售代理是多数工业用品、日常生活用品的销售方式。但是如前所述，珠宝首饰的营销由于资金占用大，经营风险高，产品与这种终端模式没有适应性。

百货商场：20世纪80年代初珠宝行业开始复兴时，在百货商场设立珠宝专柜是珠宝企业的主要终端模式（图11-3）。由于百货商场规模大、形象好、产品齐全、顾客流量大、管理规范，有利于企业形象宣传、形成品牌和扩大销售，一直是珠宝商家理想的终端模式。但百货商场模式也存在经营方式不灵活、经营成本高和产品同质化导致的激烈竞争等缺点。百货商场规范的管理导致企业失去了经营的主动权，"二房东"的角色、保底加提点的收费方式导致的高成本使一些国内品牌几乎无利可图。一些品牌为了建立品牌形象，即使亏损也坚持在商场设立专柜。2007年以来，百货商场细分趋势越来越明显，商场出现了定位的差异化。由于本土珠宝企业品牌影响力有限，在进驻商场问题上面临着三难的境地：好的商场进不去，差的商场不愿进，新开业的商场又担心养店时间过长。未来几年内，高端商场会逐步被国际知名品牌、香港知名品牌和定位高端的国内品牌占领，中档商场则被香港品牌、国内珠宝驰名品牌占领，知名度较低的国内品牌只能进入中低档次的商场。

图11-3 商场珠宝专区

珠宝专卖店：专卖店模式也是随着我国珠宝行业的复兴逐步成长起来的，在近年来的珠宝品牌建设中，店面形象越来越专业，专卖店的数量越来越多，有一些珠宝业发达的城市已经形成了以展示品牌形象为主体的珠宝一条街（图11-4）。珠宝专卖店一般建在繁华的商业大街上，同样聚集众多人气。专卖店经营形式灵活，经营不像百货商场专柜那样受到各种限制，专业的形象、清晰的定位，吸引着不同的目标消费者群体前来购买。专卖店可以根据企业的定位建立特色的品牌形象，形成企业的经营特色，这可能是未来国内珠宝行业主要的终端模式。

直邮：是指企业通过分析消费者需求，将相关信息以邮寄方式传递给目标受众的一种精准媒介形式，具有精准分类、定向传播、保密性好、效果持久、成本低廉等

图 11-4　大街上的品牌形象店

特点,其营销方式称为直邮营销。直邮可能更适合那些标准化程度较高的产品,而珠宝首饰的质量、款式、造型千变万化,每位消费者的审美观念、价值观念不同,对珠宝首饰有不同的选择,尽管直邮模式有较好的经济性,但产品和消费者对这种模式没有适应性。

网上珠宝电子商务:近年来,网上珠宝电子商务发展很快,仅在淘宝网上建立的 BtoC 珠宝电子商务平台就达上万家,诞生了一批以网上电子商务为商业模式的珠宝品牌,如钻石小鸟、九钻、戴维尼等。它们借助网络虚拟平台建立珠宝首饰展示系统,同传统的店面模式相比具有运营成本低、在货品上不占用资金的特点,通过网络与客户沟通,以低于传统店面模式的价格与消费者达成交易,取得良好的经营业绩。但对网上珠宝电子商务的经营情况进行分析,可以发现如下特点:第一,网上珠宝电子商务以经营钻石为主,这主要是因为钻石的质量评价有一个"4C"标准,消费者容易比较价格,其他商品的销售业绩并不十分理想;第二,经营业绩较好的网站都建立了体验中心,实际上,80%以上的交易是在体验中心成交的;第三,网上购买珠宝首饰的消费者主要以年轻的、追求价格实惠的消费者为主;第四,从产品特色来看,主要以经营市场上热销的款式为主。据此我们可以认为:在中国这个商誉尚未完全建立的市场环境中,消费者对这一终端模式的选择还是有限的。

通过以上对各种终端模式的特点和经营现状的分析,我们可以认为,百货商场模式和珠宝专卖店模式仍然是珠宝分销活动最主要的终端模式。

三、分销渠道选择的原则

珠宝首饰分销渠道的选择关系到企业经营战略的成败,渠道畅通,则产品销售无忧,为企业带来经济效益也就是自然而然的事;相反,如果渠道受阻,则企业可能面临着生与死的考验。分销渠道的选择要从企业的综合实力出发,选择与企业产品、管理能力和市场运营能力相适应的渠道,以最小的投入获取最大的收益。在选择具体的分销渠道模式时,一般都要遵循以下原则。

1. 畅通高效的原则

这是渠道选择的首要原则。珠宝企业选择分销渠道的目的就是要保证产品销售渠道畅通无阻、经济高效。畅通的分销渠道应以终端消费者需求为导向,以最快的速度、最短的途径、最佳的方式将珠宝产品输送到终端市场,满足消费者的购买需求。畅通高效的分销渠道模式,不仅要让消费者买到满意的商品,而且应努力提高企业的分销效率,争取降低分销费用,以尽可能低的分销成本,获得最大的经济效益,赢得市场竞争的主动和尽可能大的市场份额。

2. 覆盖适度的原则

企业在选择分销渠道模式时,仅仅考虑加快速度、降低成本是不够的,还应考虑及时准确地送达的商品能不能销售出去,是否有较高的市场覆盖率足以让目标市场都能方便地购买。因此,企业不能一味强调降低分销成本,这样可能导致销售量下降、市场覆盖率不足的后果。成本的降低应是规模效应和速度效应的结果。在分销渠道模式的选择中,也应避免扩张过度、分布范围过宽过广。珠宝首饰不是日常生活用品,不需要选择密集分销策略,但分销网点要布局适度,方便目标市场消费者的购买。

3. 稳定可控的原则

企业的分销渠道模式一经确定,便需花费相当大的人力、物力、财力去建立和巩固,渠道的建设过程往往是困难而复杂的,而渠道一旦建立起来,就要保证渠道的相对稳定,一般不能轻易更换渠道类型、更换渠道成员,更不能随意转换渠道模式。只有保持渠道的相对稳定,才能进一步提高渠道的效益。

分销渠道系统建立起来后,管理难度也是很大的。企业要建立分销渠道控制系统,首要的是控制分销商的经营行为和经营理念,使之与本企业保持一致。只有这样才能树立企业总体形象,逐步提高企业和企业产品的知名度和信誉度,走上名牌化发展的道路。

4. 协调平衡的原则

分销渠道的各个环节的利益是密切相关的,企业在选择和管理分销渠道时,不能只追求自身的效益最大化而忽略其他渠道成员的局部利益,应合理分配各个环节间的利益。

渠道各个环节之间有合作、冲突、竞争的关系,要求渠道的管理者有一定的管理艺术,能够统一、协调、有效地引导渠道各个环节的成员充分合作,鼓励渠道成员之间的有益竞争,减少冲突发生的可能性,确保总体目标的实现。

5. 发挥优势的原则

选择分销渠道是为了更有效地销售企业的产品,但前提是必须发挥企业的优势,如企业的产品特色优势、营销组合优势、市场竞争优势等。所以,企业在选择分销渠道模式时要选择那些与企业优势相适应的渠道,争取在竞争中处于优势地位并注意发挥自己各个方面的优势,将分销渠道模式的设计与企业的产品策略、价格策略、促销策略结合起来,增强营销组合的整体优势。能够发挥企业优势的渠道才是最有效的渠道。

第三节 珠宝企业连锁经营

连锁经营是一种在国外已相当成熟的商业模式,20世纪60~70年代,连锁经营以其特有的生命力,冲破贸易保护主义的篱笆,从美国向世界各地蔓延,20世纪90年代初期快速地在中国各大中城市推广和实施。21世纪初,连锁经营的商业模式被成功复制到珠宝营销领域,成为珠宝企业市场扩张最有效的手段。

一、连锁经营的类型

概括地说,企业的连锁经营有三种类型:直营连锁、合同连锁和自由连锁。

1. 直营连锁

直营连锁即所有的店铺都是由同一经营实体——总公司所有。经济实力强大的企业自己出资设立连锁店向外扩张,连锁店是本企业的分支机构,即总公司对各分支机构拥有完全的所有权和经营权,总公司或总部集中领导,统一管理。人事由总部安排,连锁店的负责人是总部委派的雇员而不是所有者;各连锁店实行标准化经营管理,有统一的企业形象和装修格调,经营品种、规模和档次视不同的区域市场可稍有不同;经营方针和营销策略由总公司统一制定,连锁店负责人是总公司的代言人或政策执行者,只负责本店的经营管理工作,不负经济和法律责任。

2. 合同连锁

合同连锁又称特许连锁或加盟连锁,是以合同的形式授予加盟店在规定区域内的经营权。即允许加盟店使用本企业的品牌名称、品牌形象和经营模式,加盟店则需要向企业交纳一定的品牌使用费,承担规定的义务。加盟店是法人企业,独立核算,自负盈亏。但为了统一形象和管理产品质量,本企业可以统一配送货品或与加盟企业签订产品质量保证协议,统一进行员工培训,统一经营模式和服务模式。加盟店的加盟资格会受到严格的审查,经营也会受到协助。达不到企业的加盟要求是不允许加盟的,违反加盟合同将会受到严惩或被取消加盟资格。

3. 自由连锁

自由连锁即由各资本所有权独立的店铺,采用共同进货、协议定价的一种商业横向联合,是一个相对松散的营销组织。各零售企业也使用统一的品牌和统一的企业形象,经营规模各不相同,经营的商品全部或大部分从该批发企业进货。作为对等条件,该批发企业必须向零售企业提供规定的服务。自由连锁最大的特点是,成员店所有权、经营权和财务核算都是独立的,成员店在保持自身独立的前提下,通过协商自愿联合起来,共同合作,统一进货,分散销售,协调行动。连锁总部遵循共同利益原则,统一组织进货,协调各方面的关系,制定发展战略。因此,自由连锁灵活性强、各店自主性大、主动性高,但统一性差、决策相对迟缓。

直营连锁、合同连锁、自由连锁三种品牌扩张方式各有优劣,企业以何种方式实施品牌扩张,视企业的具体情况而定。

二、珠宝企业连锁经营的现状

1. 珠宝企业连锁经营的产生与发展

连锁经营被认为是 21 世纪最成功的商业模式,是当今世界上最具活力、发展最快的一种经营模式。最早将中国珠宝行业引入连锁经营模式的当推著名香港品牌——周大福。

1998 年,周大福在内地的第一家珠宝专柜在北京贵友商场开张,由此拉开了在内地珠宝市场扩张的序幕。由于周大福进入内地市场初期面临着对市场不熟悉、管理人才缺乏、消费者对品牌的接受度有限等一系列挑战,周大福一方面加强宣传力度,提高其在内地市场的品牌知名度,一方面注重培育管理人才,为品牌的市场扩张作准备。在完成了一系列准备工作之后,他们利用北京是中国的政治、经济、文化中心地位的特点,采用立足北京、辐射全国的策略,以百货商场为依托,以直营和加盟两种方式在内地一线城市建立周大福珠宝专柜或店中店。在初步完成一线城市的市场布局后,通过稳定一线城市市场,同时迅速向二、三线城市扩张。随着经营规模的不断扩大,周大福珠宝的品牌声誉也在不断提高,至 2010 年,周大福在内地珠宝市场的连锁店已超过 1 000 家,成为国内大中城市家喻户晓的品牌。

1995 年 5 月,金伯利钻石成功通过商标注册,并在河南开设第一家钻石专营店。1996 年初,金伯利钻石在业内首倡保真、保质、保价、保换、保修、保洗"六保服务",建立了中国钻石珠宝领域的新服务标准,以独特的服务品牌形象开启了金伯利钻石连锁经营之旅。他们以占领中西部二线城市市场为目标,以优质的服务广泛吸引加盟商,1999年底,第100家金伯利钻石专营店盛大开业,并以平均每年开设60家左右连锁店的速度迅速进行品牌扩张。至2011年,金伯利钻石在国内已经有800多家钻石连锁经营店,销售网络遍布全国。

从2003年开始,连锁经营之风迅速在珠宝行业盛行,开启了我国珠宝首饰零售业销售网点迅速膨胀之门,改变了我国珠宝市场竞争格局,使行业的竞争由产品竞争、价格竞争转化为品牌竞争,领军者当数钻石珠宝行业的龙头品牌——周大生。

周大生钻石首饰有限公司是1999年在深圳注册的一家专门从事钻石批发的公司,激烈的市场竞争使钻石行业各个环节的利润空间被无限压缩,周大生便研究使钻石的销售通路缩短、进入零售行业的可行性。2003年,以"周大生"为品牌名称的钻石品牌开始试探性地在湖南、福建等省的二线城市市场招募加盟商,从事钻石连锁经营,受到了以前有业务往来的经营商的拥戴。周大生顺势而为,建立连锁经营管理机构和品牌运营中心,在全国推广周大生钻石品牌,收到了很好的效果。2007年,在短短4年时间里,周大生在全国的钻石连锁经营机构超过700家。这时的周大生一方面强化品牌运营管理,在全国分区建立品牌运营管理中心,一方面继续进行品牌扩张,至2011年,周大生在全国各大中城市的连锁店已超过1 300家,已形成了一个遍布全国市场的钻石经营网络。

周大生的成功引起了全行业的效仿效应,据初步统计,在全国各地从事品牌运营的企业超过200家,绝大多数企业选择与周大生一样的品牌扩张模式,一方面以加盟的方式广泛吸收加盟商,一方面建立直营连锁店,扩大品牌的经营规模。

2. 珠宝企业连锁经营模式

中国珠宝企业一般是以家族式为主体的中小企业,综合实力有限,在品牌扩张的过程中借力发展是十分必要的。多数珠宝企业选择了以加盟连锁为主的连锁经营之路,但不同的企业在连锁经营模式上是有区别的。

(1)单一模式的连锁经营。连锁经营有三种类型,即直营连锁、加盟连锁和自由连锁。以其中一种类型为主的连锁经营方式,我们称之为单一模式的连锁经营。周生生选择直营连锁的方式从事连锁经营,所有连锁机构都是企业投资建立的分支机构;金伯利、卓尔珠宝选择加盟连锁的方式从事连锁经营,他们选择在各地主要城市建立形象店,展示品牌形象,市场扩张则借助加盟商来完成;龙凤珠宝实行自由连锁的连锁经营,他们整合全国各地的品牌资源,统一使用一个品牌名称,建立统一的品牌形象,统一配货,自负盈亏,是一种松散的连锁形式。

(2)混合模式的连锁经营。企业同时以直营连锁和加盟连锁两种连锁经营类型进行市场扩张,我们称之为混合式连锁经营。国内多数企业都是混合模式的连锁经营。该模式如图11-5所示,连锁经营总部一方面在企业资金能力允许的情况下投资建立属于总部分支机构的零售店,直接将产品提供给目标顾客;一方面借助加盟商的力量,广泛吸收加盟商,由加盟商将产品转卖给目标顾客。为了避免渠道的冲突,一般在一个城市或一个区域只指定一个加盟商,与直营连锁店实行统一的营销组合策略。

(3)复合模式的连锁经营。这是生产型企业的连锁经营模式,生产者自行设立品牌,采用复合渠道模式(如图11-2所示)分销企业产品,一方面通过自行设立的批发机构或指定的批发商向经销商批发

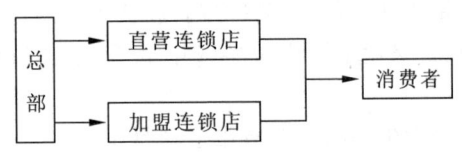

图11-5 混合模式的连锁经营

企业产品,经销商可以不以生产商的品牌销售企业产品;另一方面,自建终端或吸引加盟商,通过直营连锁店或加盟店以生产者的品牌销售企业产品。这是一种复杂的连锁经营模式,需要企业有强大的经济实力和经营管理能力。

3. 连锁经营模式对企业发展的影响

不同的连锁经营模式对企业的发展产生深刻的影响,这里,我们以香港品牌周大福、周生生和六福珠宝为例,分析不同的连锁经营模式对企业的发展和品牌的建设的影响。

香港珠宝品牌周大福、周生生和六福珠宝几乎是同时进入内地珠宝市场的,周大福选择了混合模式的连锁经营,即一方面自建终端,开设公司直属的分支机构,一方面吸引加盟商参与分销活动,以最快的速度占领尽可能大的市场范围,提高品牌知名度和市场占有率;周生生选择的是单一模式的连锁经营,即自建终端,这种选择无疑对市场调研、资金、物流、市场策划、经营管理等方面提出了更高的要求;六福珠宝本身是由若干个公司组成的集团,也是单一模式的连锁经营——自由连锁经营模式,这种公司结构本身的缺陷导致公司决策迟缓。至2010年,周大福已在内地珠宝市场建立了1 000多家连锁经营机构,市场知名度和市场占有率居中国珠宝行业之首;周生生、六福珠宝各有160家左右的连锁经营机构,其市场知名度和市场占有率与周大福已经不能同日而语了。

当然,连锁经营作为一种商业模式,连锁方式的选择取决于企业的综合实力和公司的架构。以综合实力而论,周大福与周生生在香港可以说是并驾齐驱,但他们近年来在内地珠宝市场上表现出的市场地位的差异,我们不能不说是策略导向和商业模式选择的差异造成的。

三、珠宝企业连锁经营发展的瓶颈

国内珠宝企业的连锁经营大多选择混合连锁经营模式,这主要是因为国内家

族式企业还没有联合起来发挥各自的优势,也没有产生整合力量与大品牌对抗的意识,所以国内还没有自由连锁的典型案例。我国珠宝企业大多是家庭式为主体的中小企业,如果选择直营连锁模式,别说管理问题,单说资金问题很多企业就望而却步了。那么,单一的加盟连锁模式呢?许多企业不安心于做供货商还要花很大力气管理加盟商而求得一点小利,都希望进入零售环节获取更大的利益,选择直营连锁+加盟连锁的混合连锁经营模式也就是自然而然的事了。

到过深圳的人可能都听说过深圳罗湖有个珠宝产业聚集区,这里也是中国珠宝品牌的塑造区,在倡导珠宝品牌建设时,很多珠宝品牌从这里开始向全国各地渗透,布局数十家甚至数百家连锁店。然而,时至今日,再来细数这些品牌时,我们会发现有些已经淡出了我们的视线,有些还在苦苦地挣扎,同时又诞生了新的品牌。人们不禁要问:中国的珠宝品牌怎么了?如果说品牌是闪烁的星星的话,那么,珠宝品牌应该是恒星而不应该是流星。之所以成为流星,是因为中国珠宝品牌建设在品牌规划、渠道设计等方面出现了瓶颈。

1. 珠宝品牌缺乏核心竞争能力

如果问一下珠宝企业的管理者们:您的品牌的核心理念是什么,您的品牌特色是什么,恐怕没有几个人能回答出来,其实这就是我国珠宝连锁经营发展过程中最大的问题。一个优秀的品牌必定有独特的品牌文化及从品牌文化中提炼出来的品牌核心竞争力,它是品牌长盛不衰的根本原因,中外品牌建设与发展的历史都证明了这一点。我国多数珠宝企业综合实力不是很强,品牌建设必须借力,所以品牌营销渠道的拓展大都依赖品牌加盟。2003年周大生成功启动品牌加盟后,很多品牌跟风而上,以品牌加盟的方式拓展市场,由于企业缺乏长期的品牌投资理念,缺乏系统的品牌策划,缺乏明确的目标市场定位,品牌加盟没有完善的管理体系,加盟商成为一个松散的连锁组织。这样的品牌在市场竞争中处于劣势地位,不能为加盟商带来利益,加盟体系的瓦解是迟早的事。

核心竞争能力是个性化的、不能复制的,从事连锁经营的珠宝品牌必须具备这种能力,因此,我们可以仔细筛选一下,哪个国内珠宝品牌具备这种能力。

2. 同质化无法有效地应对市场竞争

中国珠宝市场同时面临着来自国外品牌、香港品牌的市场竞争。产品同质化问题一直是制约珠宝企业发展的问题,在品牌的连锁经营中更是突显出来,多数品牌不注重产品的研发与创新,没有自己的产品设计人员,没有自己的镶嵌厂,仍然以委托加工的方式走产品模仿的老路,品牌与品牌之间产品是同质的,不要说同国外品牌、香港品牌展开市场竞争,就是在同国内珠宝品牌的市场竞争中也处于劣势。有些品牌虽然注重产品研发,但是由于品牌缺乏核心理念和明确的目标市场定位,产品研发不能体现品牌的核心理念,不能满足消费者需求,只是盲目地迎合时尚潮流,这样的产品同样没有竞争力。加盟商加盟这样的品牌,不能从品牌经营中获取利益,还要为加盟总部支付高昂的加盟费,只能促使加盟商退出该品牌的加盟。

3. 加盟总部与加盟商之间同床异梦

资本的逐利性注定加盟总部与加盟商不能形成一个利益共同体,对于加盟总部来说,他们从事的是品牌运作,一方面要求加盟商按照品牌运营的要求规范地从事品牌营销,另一方面要从连锁经营中获得既得利益。作为加盟总部,他们理应从品牌战略的角度思考企业的长远利益,追求如何建立一个长盛不衰的品牌,但实际上,加盟总部追求的是短期利益,在有利可图的市场,自己设立品牌店;在有风险的市场,吸收加盟商加盟,把风险转嫁给加盟商,赚取品牌加盟费,把连锁经营作为企业短期圈钱的工具。而对于加盟商来说,他们加盟一个品牌,目的很明确,那就是通过品牌经营获得更多的眼前利益,至于品牌建设似乎与他们无关,于是,他们总是在抱怨:加盟费用高了,品牌宣传少了,提供的配套服务少了,等等。

加盟商处于品牌运营的终端,他们直接与消费者打交道,是品牌价值的传递者。如果加盟双方不能形成一个利益共同体和共同的品牌经营理念,如何能够传递品牌价值,传播品牌效应,经营理念再好的品牌也不能成为强势品牌。

4. 家族式企业管理带来的人才瓶颈

大多数公司选择"直营+加盟"的混合连锁经营模式,试图一方面通过连锁经营取得更大的市场覆盖率,一方面进入终端获取更大的利益。殊不知,它会使公司的管理问题更加突出。我们知道,我国珠宝企业的家族式管理模式本身就存在很多问题,引入混合连锁经营模式会使家庭式管理中的矛盾更加突显出来,这种混合的连锁经营模式对管理提出了更高的要求:即对珠宝企业的人才结构要求更高,因为这需要三套人才,即直营连锁管理人才、加盟连锁管理人才与零售管理人才。多数企业仓促上马搞连锁经营,连一套人才都不具备,如何有能力培养出三套管理人才呢?更大的难题是:加盟队伍中,很多加盟商有的与企业是多年的合作伙伴,有的是老板的亲戚、朋友,区域经理对他们的经营行为根本无权过问,即使发现了问题也不是他们能解决的,加盟商可以直接找公司老板解决问题,一般的加盟商违反规定,也只是罚款了事。这样的管理使区域经理的管理职能无从发挥,无疑使加盟条例成为一纸空文,使本来使缺乏规范管理的加盟连锁形成不了一个有机的整体,连锁机构成为一种宽范的组织形式,无法对品牌起到支持作用。

在队伍建设方面,珠宝企业一方面想把市场做大,另一方面又不肯在人才建设方面投资,一个具有 500 家加盟商的企业可能只会配备一个 5~10 人的市场部,一个人负责几个省份的业务,这种自相矛盾的做法使得各个企业的市场部都异常薄弱。由此可以看出,珠宝企业都希望成就一番大事业,但用的是作坊式的经营手法和管理方式,对市场开拓与维护没有一个系统的、完整的概念,他们眼中所看到的连锁经营只是通过这种渠道快速出货,资金快速回笼、快速圈钱,根本没有设计好企业未来。这种弥漫在整个珠宝界的急功近利作风会造成加盟商对品牌商不信任,加盟总部和加盟商又如何形成一个利益共同体呢?

从渠道的选择上来看,不具雄厚的实力的珠宝企业选择以"直营+加盟"的连锁经营方式是没有什么问题的,但如何将连锁经营走上正规的轨道是每一位经营者要考虑的问题。

第四节 珠宝企业渠道的整合

不同的分销渠道模式对企业获利能力的影响是十分明显的。企业在不同的发展时期对市场环境的适应程度、企业的经济实力、市场运营能力及管理能力左右着企业对渠道模式的选择。对于一个有系统规划的企业来说,企业应该对不同时期所具备的能力有客观、清醒的认识和评估,进而选择不同的渠道模式,这种战略性思考对企业的发展是十分重要的。企业选择渠道的最终目的是要形成一个能够更好满足客户需求的、为企业带来最大赢利空间的渠道模式,建立一个整合的渠道模式。

一、渠道整合的意义

渠道的整合有利于更好地满足客户需求。渠道的整合是以目标客户为中心,以更好地满足目标客户需求为出发点,尤其是终端渠道的整合更是如此,终端是顾客与渠道的接合处,终端层面整合的好坏直接影响到客户的满意程度,进而影响到企业的品牌声誉和客户的品牌忠诚度。

渠道的整合有利于减少渠道冲突。不论选择单一的加盟连锁的渠道模式还是直营+加盟的混合渠道模式,加盟商的参与会使渠道冲突不可避免。加盟总部与加盟商既是利益共同体,也是利益的对立体,因为他们各自都要寻求利润最大化,资本的逐利性使他们之间的冲突不可避免。如果加盟总部在一个地区吸收多个加盟商的加入,产品的同质性和加盟商为了争取更大的市场份额更容易导致加盟商之间的渠道冲突,整合的渠道就可以避免这些冲突。

渠道整合有利于降低成本,提高效益。因为在企业选择的分销渠道中,需要借助一些中间环节将产品最终转移到消费者手中,不同的中间环节承担销售过程中的不同职能,取得各自的经营利润,参与的中间环节越多,每个中间商获得的利润就越小。企业之所以选择中间商参与企业的分销活动,是因为企业资源的有限性造成的,如资金实力、市场运营能力、经营管理能力等都会影响企业分销模式的选择。随着企业综合实力的积累,在不同的时期使企业资源得到最大限度的利用,不仅可以发挥企业的最大优势,也可以使企业获得更多利润。

我们不妨通过周大福对渠道模式的选择了解珠宝企业渠道整合过程。

1929年周至元先生在广州创立周大福金行,经营传统的黄金饰品。1931年,由于国内战争及抗日战争相继爆发,周大福金行陆续由广州迁往澳门。周大福在澳门的第一家专营店在澳门新马路28号。1939年,周大福在中环皇后大道中148号B开设香港第一家分行。1939年,周大福又迁往香港,这时的金行在香港是一个没有经营特色,只是赖以维持生计的小店。1956年,周大福珠宝金行由郑裕彤先生接手经营,由他创立了999.9纯金首饰成色标准,并在1984年香港政府为黄金制品立法时,将周大福首创的999.9纯金规定为足金饰品成色含量标准,逐渐形成了本企业的产品特色和企业形象。1960年,周大福突破了古老金铺的资本结构模式,成立周大福珠宝金行有限公司,由单一的经营黄金扩大到经营珠宝,成为香港黄金行业最早的有限公司。同时,周大福大胆摒弃旧时金铺、分店的形式,以现代连锁经营的方式拓展公司业务,并将"顾客至上"的市场营销理念发挥得极佳,在香港赢得了广泛、良好的口碑。1964年,周大福的触角伸向了钻石,通过艰苦的努力成为了全球钻石垄断组织——戴比尔斯公司的看货商。1990年,周大福决定以成本加上合理的利润制订"一口价",使所有的消费者都能享受以合理的价格购买珠宝的待遇,真正保障他们的利益。"一口价"政策对改变香港珠宝零售业定价混乱局面有着非常重要的意义。通过这些决策逐步形成周大福的核心竞争力,而周大福真正步入快速发展的时代始于中国的改革开放政策和进入中国内地珠宝市场。

随着国内改革开放政策的不断深入和珠宝市场的不断发展,许多香港较有实力的珠宝品牌相继进入中国内地市场。周大福也不失时机地向中国内地市场进军。经过精心地策划,最终选择以特许品牌加盟连锁来开拓中国市场。1998年,周大福在国内第一家专营店在北京建国门贵友商场开设。这家专营店的开设对周大福开拓国内市场具有里程碑的意义,由此开始了周大福在中国内地珠宝市场的快速扩张之路。周大福选择直营+加盟的混合连锁经营模式迅速拓展内地珠宝市场,2002年,周大福在内地的第100家专营店在广州北京路开设。2004年,周大福的第200家专营店在上海市静安区久光百货商场隆重开业。2005年,周大福的第300家专营店在沈阳市隆重开业。至2010年,周大福在内地的专营店数量已超过1 000家。

为了满足配货的需要,周大福在内地开设了首饰加工基地,引入香港先进的加工技术和工艺及国外先进的珠宝加工设备,并在深圳设立运营管理中心,使加盟商的配货更方便快捷,使产品质量始终处于市场领先地位。

在市场扩张过程中,周大福紧紧围绕企业的经营战略不断调整连锁经营模式。进入内地珠宝市场初期,周大福一方面广泛吸收加盟商,同时,在合适的地区开设直营连锁店,并且注重品牌形象建设。对加盟商的资格进行严格的审查,只有符合条件并遵从周大福品牌经营理念的客户才能成为周大福的加盟商。每家铺面的开张都由公司总部统一进行装修,统一设计公司形象,统一进行人员培训,统一配置货物,统一售后服务。这种严格的管理和规范的经营使周大福在珠宝市场的品牌地位迅速提高。在连锁经营的过程中,周大福也十分注重人才的培养,广泛吸纳行业内珠宝营销管理人才,为适应企业的发展作好人才的储备。2005年,周大福在内地一线城市已经有了很高的品牌声望,同时,企业的人才储备已经能满足市场运营的需要。此时,周大福对连锁经营方式作出了重要调整,他们迅速回购周大福在一线城市的加盟店,在一线城市实行直营连锁经营;在二三线城市,周大福的市场竞争优势尚未完全确立,市场拓展有一定风险,所以,仍然实行加盟连锁经营。这是周大福渠道整合的一个战略性步骤,渠道的整合不仅更有利于周大福的品牌形象建设,规范企业管理,规避企业经营风险,也有利于实现企业利润最大化。

二、珠宝企业渠道整合的条件

从周大福的渠道模式选择中,我们可以清晰地看到其不同阶段市场扩张的思路。我们可以预测,周大福渠道整合的结果是一个运营有序的直营连锁体系。但是,一个整合的营销体系的建立需要一系列的基础条件作保证。

1. 企业品牌的认知度是渠道整合的基础

如前所述,渠道的整合是为了更好地满足目标客户的需求,为企业创造更大的利润。渠道建立之初,目标客户对品牌没有足够的认知度,通过加盟商的广泛加盟可以提高品牌的市场覆盖率,吸引目标客户购买。只有当目标客户通过消费体验对企业的产品/服务有了足够的认知,产生了信任度和满意度,才能形成对企业品牌的忠诚度。如果没有加盟商的参与而形成的广泛的市场覆盖率,消费者对品牌就不可能有广泛的认知。但是,加盟体系的建立与管理是一个极其复杂的系统工程,加盟商有不同的经营理念、不同的市场运作方式,很难建立一个统一的品牌运营系统,即使有了较高的市场认知度,也会因为加盟商的不规范运营而影响企业的品牌形象。这时,企业必须选择一个整合的渠道模式更有效地从事品牌运作,将依靠加盟商的力量形成的品牌认知度进一步转化为品牌信任度和满意度。

2. 企业的资金实力是渠道整合的前提

企业广泛吸收加盟商,将品牌经营权出售给加盟商,目的是借助加盟商的资金扩大市场覆盖率,进而提高品牌认知度,另外市场扩张是有风险的,让加盟商参与品牌运营,实际上是将市场扩张的风险转嫁给加盟商,同时也利用了加盟商在各地的资源进行品牌宣传,使品牌与各地的珠宝消费文化相适应。依靠加盟商建立起来的渠道是品牌与加盟商共有的资源,企业要想以直营连锁的方式整合渠道,就必须为渠道投资。企业一方面要购买加盟商的品牌经营权,整体买入按品牌要求建立的连锁店;另一方面,要给加盟商一定程度的经济补偿。没有强大的资金实力是无法完成渠道的整合的。

3. 企业的管理能力是渠道整合的保证

渠道整合的目的是为了强化品牌形象,使品牌形成一个统一的整体。珠宝企业的连锁经营是依靠加盟商的力量建立起来的连锁体系,加盟总部只负责管理加盟商的经营行为,如品牌形象是否符合加盟规范、货品来源是否符合加盟要求、分销渠道是否会发生冲突等。加盟总部只负责渠道的管理,终端营销的管理是加盟商自己的事情,如果要建立一个整合的渠道,企业不仅要管理渠道,还要管理终端的营销。一个终端连锁店就需要有一支管理队伍,如果企业建立1 000家连锁店,每个店配备一个店长就需要1 000名店长,没有强大的管理能力是不可能建立一个整合的渠道的。

三、珠宝企业渠道整合的决策

渠道的整合是企业经营思路的重大变革,它是企业在对内部资源和对渠道的控制能力作客观评估的基础上作出的一项战略决策。

1. 渠道整合的内部资源评估

渠道整合的内部资源决定了企业整合渠道的能力和整合渠道的方式,这些资源包括以下几个方面。

(1)企业的资金实力。企业的资金实力决定了企业整合渠道的方式。资金实力强大的企业可以以直营连锁或以直营连锁为主的方式整合渠道,如果资金实力不够强大,则可以选择以加盟连锁的方式实现与加盟商互利共赢。

(2)企业的管理能力。加盟连锁的管理重点在于纵向渠道的管理,即对加盟商的经营行为进行管理,直营连锁管理的重点在于终端渠道的管理,分销渠道向哪个方向整合,取决于企业的管理能力。

(3)产业链上游资源的整合能力。一些珠宝企业具备产品的设计、生产能力,对上游资源的整合能力主要评估其原材料供给的保障能力;一些企业不具备产品的设计、生产能力,对上游资源的整合能力则要评估设计、生产和原材料等资源的整合能力。只有具备了对上游资源的整合能力,才能对分销渠道提供货源保证。

(4)物流配送体系。物流配送体系的建立是为分销渠道合理配货、提高配送的服务质量、降低配送成本,企业应围绕配送过程的合理化、流程构建与系统控制对物流配送体系进行评估,保证分销渠道中物流的正常流转。

(5)渠道的整合与企业的发展战略的适应性。渠道的整合本身就是企业发展的战略性步骤,在不同的发展阶段,企业要对发展战略有具体的规划。渠道的整合作为企业发展战略的联合体性步骤,选择的时机是否最有利于企业的发展,要与企业战略结合起来考虑。

2. 渠道整合的外部资源评估

渠道整合的外部资源决定了企业对渠道进行整合后能否强化品牌的市场地位、提高品牌知名度、更好地满足目标客户的需求以及能否为企业带来更大的利润。

(1)渠道的整合对渠道体系稳定性的影响。有些渠道的建设是依靠加盟商的力量建立起来的,如果选择变加盟连锁为直营连锁整合渠道,势必让加盟商退出经营,企业要评估加盟商退出后渠道的稳定性。

(2)渠道的整合对企业获利能力的影响。整合渠道的目的是为了获得更大的利益,企业要评估不同的整合方式对企业赢利能力的影响,结合企业内部资源状况,选择最优的渠道整合方式。

(3)渠道的整合对加盟商的影响。不同的渠道整合方式对加盟商有不同的影响。若以直营连锁的方式整合渠道,则意味着加盟商要出让品牌经营权;以加盟连锁的方式整合渠道,每个地区只指定一名加盟商,则有利于避免渠道冲突。

(4)加盟商对渠道的整合的反应。如果企业品牌是强势品牌,加盟商可以从品牌经营中获利,那么,加盟商必定不愿意退出加盟,或者对退出加盟提出补偿条件。加盟总部应该与加盟商进行充分的沟通和必要的解释,避免加盟商作出过激反应,努力将加盟商退出品牌加盟所造成的负面影响降到最低。

企业在作出渠道整合决策时,必须对企业内外部资源进行客观的评估,充分利用资源的优势,从发挥品牌效应、更好地满足目标顾客的需要和构建优质的营销渠道体系等方面综合考虑,建立整合的渠道模式,选择最有利于企业赢利的渠道。

本章小结

本章讨论的主题是如何构建畅通无阻的分销渠道,我们试图说明如下问题。

(1)渠道是品牌做大做强的关键,是产品畅销的保障。珠宝营销只有选择合适的渠道,产品的销售通路才能畅通无阻,市场占有率才能逐步提高,品牌的知名度也才能相应地提高。在崇尚品牌的中国珠宝市场,选择好的销售通路对于品牌运营、对企业取得更好的经济效益都具有十分重要的意义。

(2) 渠道的选择受多种因素的影响，不同的渠道模式对企业的发展和品牌的扩张有不同的影响，选择一个好的、与企业资源相适应的渠道模式是品牌做大做强的关键。珠宝企业要在对企业内外部资源作客观评估的基础上，选择适应本企业的分销渠道模式。

(3) 选择合适的分销渠道是实现企业战略的一个阶段性步骤，珠宝企业整合企业资源、优化渠道模式的目的是为企业带来最大的利益，实现企业的阶段性战略目标。阶段性目标一旦实现，企业的渠道建设取得一定的成果，原来的渠道模式不一定适应下一阶段的战略需要，为了最大限度地发挥企业内外部资源的优势，必须对渠道模式进行整合，从中选择最能取得品牌效应、为企业带来最大效益的渠道模式。

思考题

1. 什么是分销渠道？分销渠道有什么作用？
2. 分销渠道模式有哪几种？结合老凤祥的品牌运营分析其分销渠道模式。
3. 哪些因素影响分销渠道的选择？分销渠道的决策包括哪些内容？
4. 列举各种终端渠道模式，说明这些终端模式与珠宝产品和消费者的适应性，并对其经济性进行评估。
5. 分销渠道的选择应遵循哪些原则？
6. 珠宝企业的连锁经营有哪些类型？举例说明各种类型的连锁经营方式及不同类型的连锁经营各有什么优劣势。
7. 简述我国珠宝企业连锁经营的现状及制约我国珠宝企业连锁经营的瓶颈有哪些？
8. 珠宝企业分销渠道的整合决策需要考虑哪些因素？

第十二章　珠宝促销——组合拳与点穴功

珠宝企业营销不仅要求珠宝企业生产适销对路的产品,制定适当的销售价格,以适当的销售渠道提供给消费者,而且还要通过各种方式让消费者及时地了解企业及其产品,使消费者对本企业产品产生购买欲望,使企业的产品得以畅销,这就是我们本章要讲的内容——珠宝促销。珠宝促销是珠宝营销组合策略的重要组成部分,珠宝企业应根据企业的产品特征、目标市场特征、企业内部状况、市场地位和促销目的制定适合于本企业的促销组合策略。

第一节　珠宝促销的方式

珠宝促销组合是指珠宝企业通过各种宣传活动,说服消费者购买其产品或服务的全过程,企业配合使用的各种促销方式称为促销组合。一方面,促销活动的核心是传递信息,企业通过各种方式将产品信息传达给社会公众,让广大社会公众了解产品的特点,并对产品产生好感或兴趣,激发他们的购买欲望,进而产生购买行为;另一方面,通过促销活动可把市场的需求信息,对产品、价格和对企业的诚信度等方面的评价信息反馈给企业,促使企业改变经营方式,提高经营管理水平,以更好的产品满足市场需求。所以,从本质上讲,促销也是交易双方信息的互动与沟通。在市场竞争日益激烈的今天,为了提高企业的品牌知名度和产品的市场占有率,为企业创造良好的经济效益,珠宝企业的促销手段可以说是无所不用其极。传统的促销方式包括人员推销、商业广告、营业推广和公共关系等。随着网络技术的发展,网络广告及一些利用现代信息技术的公众传播手段被大量用于珠宝促销中。

一、传统的促销方式

1. 人员推销

人员推销又称派员推销或直接推销,是促销的一种最基本的方式,是自商品生产和商品交换产生以来一直采用的一种古老的促销措施或手段,是指企业派出的销售人员为销售产品或为了让顾客了解企业或企业产品而与顾客直接作口头沟通的一种促销方式。

人员推销是一种最古老的促销方式,也是现代珠宝企业经常运用的重要促销手段之一,这种促销方式有其与众不同的优势。第一,推销人员与顾客是面对面的交流,推销人员可以向顾客详细介绍企业的基本情况和所推销的珠宝首饰的相关特征,如企业的知名度与信誉度,所推荐首饰的质量、款式、价格,拥有本产品所带来的利益,企业的售后服务等,可以促进产品的销售;同时,推销人员可以收集到消费者对珠宝需求信息的第一手资料,使市场供求信息来源更直接,及时地将这些信息反馈给企业,可以作为企业决策的重要依据。第二,人员推销过程中,通过面对面的看货、议价和交谈,不仅有利于推销人员根据顾客的态度及时发现问题,进行解释和协调,抓住有利时机促成顾客的购买行为,而且通过直接的接触与交流,有利于联系推销人员与消费者之间的感情,促进彼此之间建立起良好的关系,有利于提高产品的销售率。第三,人员推销能够引起顾客的注意,销售人员通过展示商品,引起顾客的注意和兴趣,这种反应会激发顾客的需求,从而导致顾客产生购买欲望并最终促成交易。第四,人员推销也是买卖双方的一种感情交流,特别是在买卖双方彼此之间有一定的了解的情况下,卖主上门推销首先不是推销产品,而是交流感情、互通信息,在此基础上进行推销,成交的几率会更大。例如,一个先前没有任何业务关系的钻石批发企业的经理拜访一家珠宝零售企业,零售业主一定会被这个经理重视本企业的行为所感动,通过交流,彼此互相了解后,钻石批发经理邀请零售企业主去他的公司看货并建立购销合作关系,零售业主一定会欣然应允。显然,这种先建立感情再实施推销的策略更容易使推销成功。

人员推销有很多方式,概括起来主要有上门推销、柜台推销和会议推销三种。

(1)上门推销。这是一种古老的推销方式,可以被大多数人认同和接受。但珠宝首饰是专门为特定的目标顾客群体准备的,盲目地上门推销不仅不能成功,反倒会让顾客产生怀疑感。所以,一般来说,上门推销不适用于珠宝零售企业,它比较适合批发企业和首饰镶嵌服务企业的产品推销,这类企业的业务员携带企业的产品样本或产品图片,走访顾客,只有在买卖双方有了一定的了解后再行推销才能使推销成功成为可能。

(2)柜台推销。这是珠宝零售企业普遍采用的一种推销形式,是由营业员向光顾本店的顾客实施推销的一种方式,营业员以自己的销售技巧向顾客推销本企业的产品。

(3)会议推销。即利用各种会议形式,如新闻发布会、企业专场产品展示会,宣传和介绍本企业及产品,并开展销售活动。会议推销被大多数企业特别是大型珠宝企业所采用,因其可以使来自不同地区的企业、同行业之间广泛接触,影响面大,故推销效果比前两种推销形式显著,特别是企业在树立企业形象、需要同广大中间商和社会公众广泛接触时,这种推销方式会取得令人满意的效果。

2. 商业广告

商业广告是一种简单明了、生动形象地向社会公众传播企业信息的宣传方式，是塑造企业形象、扩大企业知名度的重要工具，是竞争和促销的有效手段，是企业现代营销的重要环节。随着市场经济的不断发展，广告在社会经济活动中的作用已越来越引起企业的重视。由于广告多是以声音和视觉形式向社会公众传播的，它已越来越多地影响和改变着人们的消费观念和行为。在中国珠宝市场形成之初，戴比尔斯在中国投入巨资从事广告宣传，"钻石恒久远、一颗永流传"的钻石消费理念已铭记于每个消费者的心中，终于使中国成为了世界上主要的钻石消费国之一。如今，企业的营销活动离不开广告，消费者的消费倾向也备受广告的诱导，广告已成为沟通生产者和消费者的重要途径。

商业广告是以盈利为目的，主要是为了推销商品和劳务的广告。按照广告信息的传播途径的不同，广告可分为印刷品广告、视听广告、户外广告等。

(1) 印刷品广告。即将商品促销信息和企业活动信息发表在报刊杂志上供读者浏览的广告。它的优点是传递面广，阅读范围大，传递速度快，相对费用低，可以长期保存随时取阅，但表现形式比较单一，不宜引起人们的注意，吸引力差。报刊杂志分为综合性和专业性两类，由于其面对的读者不同，企业做印刷品广告时会根据企业的性质有选择性地使用。一般来说，综合性报刊杂志是面向社会大众发行的，覆盖面相对较广，适合于做品牌推广或短期促销。如全国知名珠宝企业做企业形象宣传，珠宝零售企业的各种促销活动等。专业性报刊杂志是在行业内部发行的，适合于发布商品信息，寻求供求客户。如珠宝批发企业发布产品信息、寻求代理商，品牌企业寻求品牌加盟商，珠宝零售企业寻求供应商等。

(2) 视听广告。视听广告是指用电视、广播等视听技术传递信息的广告。电视广告是珠宝业运用得最为普遍的广告形式，其覆盖面广，且具有很大的灵活性和艺术感染力，信息传递效果好，并且可以重复播放。但随着电视业的发展，可供人们选择的电视节目越来越多，再加上观众对电视广告的厌烦心理及播放时间紧凑、给观众的印象不深等因素，使得企业对电视广告的投入越来越大，且需要选择数个频道在不同的时间段重复播出才能取得预期的效果。利用无线电广播播送广告，速度快，范围广，价格便宜，艺术性也较强，但表现形式单调，给人的印象不深，很少被珠宝企业采用。

(3) 户外广告。户外广告是在人口集中或人流量大的地点（高楼的楼顶、车站、公共汽车车身等）设置反映企业特征的广告牌。户外广告的特点是传递信息较为广泛，并可长期宣传，但是，由于这些公共场所的行人都是来去匆匆，不易给人深刻印象，因此，它只适用于一些知名企业作形象宣传。

除以上广告类型外，珠宝企业还有其他一些广告形式，如企业产品包装广告、橱窗广告、企业建筑或门牌前的霓虹灯广告、零售企业店内自行制作的电视广告片等。

3. 营业推广

营业推广又称销售促进,是企业在某一段时期内采用特殊的手段对消费者实行强烈的刺激,以促进企业销售迅速增长的一种策略。营业推广的目的在于,激发消费者购买本企业产品的积极性,促进产品销量的增长和销售额的提高,在商业旺季时抢占更多的市场份额,在商业淡季时尽量扩大销量和减少库存;在新产品即将上市时加强库存产品的促销,促进产品的更新换代。所以,营业推广作为珠宝营销中广泛使用的一种促销手段,发挥着重要作用。第一,有利于吸引新顾客,维系老顾客。由于营业推广发出的促销信息对消费者有比较强烈的刺激,能吸引广大顾客的注意,使其因追求某些方面的利益而转向购买本企业的产品;同时,对老顾客的优惠措施(如免费的售后服务、更多的优惠待遇、赠送礼品等)会保持他们与企业的长久联系和加强信任关系,有利于吸引更多的老顾客回头购买,并在老顾客周围产生扩散效应,扩大销售链。第二,利用各种营业推广手段让利于顾客,能有效地抵御和击败竞争对手。同其他珠宝企业相比,本企业产品能够提供给顾客更多的利益,必定会吸引更多的追求实惠的消费者,提高市场占有率。而当竞争对手加大促销力度时,营业推广也是抵御和反击市场竞争的有力武器。第三,利用各种营业推广措施促销,有利于企业处理库存产品,加快资金周转,推出新产品。珠宝首饰是时尚产品,企业在长期的经营活动中,由于款式的不断更新、流行趋势的不断变化,不可避免地会造成一些产品的积压,利用各种营业推广措施可以快速地处理积压产品。第四,利用各种营业推广手段,能保持和增强企业与分销商之间的长期业务关系。分销商在分销活动中发挥着重要的作用,企业通过营业推广中的折扣、馈赠、对分销商经营情况的管理等手段可以使分销商与企业保持长期、稳定的业务关系。

营业推广对企业的促销确实是非常重要的。但是,营业推广不能作为一种促销手段经常性地使用,要对营业推广的时机、卖点作谨慎的选择,才能有效地促进销售快速增长。随着珠宝市场的成熟和消费者的消费观念日益理智,企业趋同的营业推广形式在市场营销中的作用在不断地被削弱。

营业推广的形式多种多样,不同类型的企业采用的营业推广形式也是不同的,应根据企业的性质而定。零售企业、批发企业和加工企业应采取不同的营业推广形式。

珠宝零售企业是直接面对珠宝消费者的,应深入分析顾客的购买心理,把握好促销时机,采用的营业推广形式有:现金券、价格折扣、附赠物品、提供更好质量的产品或更优质的服务等;珠宝批发商一般是面对珠宝零售商或分销商从事珠宝成品或半成品的批发业务，可以说是珠宝行业内部的交易，买卖双方对市场行情、货物品质、彼此的信誉和服务都有大致的了解，所以，批发企业的营业推广形式完全不同于零售企业，他们的营业推广形式主要有：批发回扣、推广津贴、情感促销和服务促销等；珠宝加工企业是主要为珠宝中间商提供宝石加工或首饰镶嵌服务的企业，作为服务行业，必须从服务质量入手策划其营业推广方式，如提供优质的工艺、时尚的款式、更好的商誉等。在行内赢得好的口碑便是最好的营业推广效果。

4．公共关系

公共关系是企业在市场营销中，为获得企业内部和社会公众的了解、信任和支持，以树立良好的企业形象而采取的一系列行动。

珠宝企业在激烈的市场竞争中，迫切需要通过建立良好的企业形象达到促销的目的，它是企业高效运转和使社会公众产生认同感和信任感的前提。消费者不是珠宝专家，只有对企业整体形象有了全面的认识，才能对企业和企业产品产生认同感和信任感。企业整体形象的核心是企业文化建设，包括经营观念文化、企业管理文化和企业营销文化。企业文化建设绝非一日之功，它是靠企业全体员工上下一致，团结一心，经过长期而艰苦的努力炼成的。

以建立企业整体形象为中心的公共关系包括企业内部关系和企业外部关系。

企业内部关系是整个企业公共关系的基础，企业只有首先获得了全体员工的支持和理解，才能增强企业内部的凝聚力。搞好企业内部公共关系，必须注重物质文明和精神文明建设，培养员工执着的开拓精神和正确的价值取向，树立坚定的团队观念，建立完善的激励机制，使广大员工以企业为荣，与企业荣辱与共。

企业的外部关系直接影响到企业的整体形象。外部关系处理得好有利于企业整体形象的建立，否则，将会对企业整体形象造成损害。正确处理企业外部关系包括企业与消费者的关系、企业与大众媒体的关系、本企业与其他行业的关系、企业与竞争对手的关系等。消费者是企业的衣食父母，常被企业尊称为"上帝"，处理好与"上帝"的关系最首要的是为他们提供全面、周到、满意的服务。由于珠宝特殊的商品特性，在真假、质量和价格上很容易被消费者误解，需要营销人员以足够的诚信、热情和耐心去打动他们，有时甚至要不惜牺牲企业或个人利益去换取消费者的信任。大众传播媒体是传播企业形象、企业开展各种促销活动的工具，企业形象、企业的各种产品信息都需要通过它们传达给社会公众，其重要作用是不言而喻的。企业不能游离于社会之外而独立存在，需要与社会上各种企业、单位和个人密切合作和相互支持，才能创造一个有利于建立企业形象的环境。处理好与本行业竞争对手的关系也是如此，不管什么行业，有市场就会有竞争，协调和处理好与竞争对手的关系，能够起到互相促进与成长的作用，对于一个地区珠宝市场的发展与繁荣都会起到积极作用，反之则可能造成两败俱伤的局面，不利于企业的发展与企业形象的建立。

珠宝企业运用公共关系的方式,应根据企业的经营方式、经营目标和目标市场的状况而加以选择。通常采用的公共关系方式有:以建立企业形象为目的的新闻宣传、广告宣传、企业自我宣传和参与社会的各种公益活动,达到社会公众对企业的认同的目的。

二、现代促销方式

1. 网络信息技术

新的信息传播媒体的出现或发展,都会促进促销策略的发展。当前信息媒体最具革命性的发展就是网络信息技术,网络已成为自电视发明以来诞生的最新兴的媒体,由此,企业网上开展促销的步伐也随着网络信息技术的快速蔓延而加快,出现了所谓的网络促销。其中发展最快的就是网络广告,它传播速度快,范围广,价格便宜,艺术表现形式多样。

网络信息技术作为一种传播媒体,在珠宝行业中的运用主要有三个方面:第一,宣传珠宝企业形象,许多珠宝企业都建立了自己的网站,在公司网站上展示企业形象、实力和产品;第二,作为珠宝电子商务平台,尤其是网上支付系统的建立和不断完善,大大加快了珠宝电子商务的进程;第三,集传统商业广告的优势于一身,广泛用于产品促销。网络信息技术是一种发展潜力很大的广告形式。

2. 现代通讯技术

企业将广告信息(如销售信息、企业及产品介绍、货品图片等)通过电子信箱直接寄送给经常性消费顾客或潜在顾客,或通过短信平台将商品信息直接发送到潜在顾客的手机上。它的特点是对象明确,有高度的选择性,企业可以有选择性地将商品信息发送给可能对产品感兴趣的目标群体,特别是用于同经常性购买的客户沟通,由于企业已经对他们的购买倾向有一定的了解,这种广告更具有针对性。但是,这种广告的主题一定要清楚,对目标顾客群体有吸引力,否则,这些邮件或短信可能被消费者当垃圾处理掉,不仅起不到宣传效果,反而引起顾客对企业的反感。

大多数促销信息是通过大众传媒传播的,由于媒体传播的广泛性,使得促销不可避免会出现与企业目标市场相比过于分散以至于浪费的倾向。传统促销的主要问题是促销的效果较难把握,尤其是商业广告,因为企业往往无法确切地知道有多少人接受到了所发布的广告信息和反馈情况。现在,现代信息技术的发展为克服这一问题提供了条件,这也使得促销越来越强调效果的可预测性。例如发布网络广告,可以及时统计每条广告被多少用户看过,以及这些用户浏览这些广告的时间分布、地理分布和反映情况等,企业可以实时评估广告效果,进而审定广告的策略合理性并进行相应调整。

第二节 珠宝促销组合设计

如何合理地运用各种促销手段开展促销活动,使企业的经营取得成功,是每个企业在市场经济条件下必须认真研究的一个课题。不管是传统的媒体还是现代的促销手段,都有其长处,也有其不足。珠宝企业应该结合企业的性质、珠宝产品的市场特征、促销活动的目标以及目标市场的具体情况,选择使用不同的媒体,设计不同的促销组合方式,力求使各种促销方式所起的作用达到相辅相成,互相补充而不重复,相互协调而不矛盾,获得最好的促销效果。以下我们结合影响珠宝促销的不同因素具体探讨一下如何根据这些因素设计企业的促销组合方案。

一、珠宝企业的性质与促销组合设计

按照珠宝企业的性质,珠宝企业可以分为珠宝批发企业、珠宝零售企业和珠宝加工企业,不同的企业性质决定了企业的促销组合方式不同。

珠宝批发企业是面向广大零售商从事批发业务的企业,所从事的业务是面向行业内部而不是社会公众,促销的重点是在行业内部进行广泛的宣传,让广大零售商了解企业及企业产品,树立良好的企业形象,在行业内部建立良好的商誉,形成良好的口碑,并与广大零售商建立良好的合作关系。相应的促销组合方式应该以人员推销为主,辅以商业广告。如企业派出推销人员登门拜访,加强企业与零售商的联系,建立良好的互动关系,为零售商取得良好的经营业绩出谋划策并提供相应的技术支持;运用珠宝展销会宣传企业形象,通过产品的形象展示让零售商了解企业的产品特色、企业综合实力、信誉等;以专业报刊杂志为商业广告形式,在专业杂志上发布企业形象信息、经营理念信息和商品供应信息等。已经成为知名品牌或志在建立品牌的珠宝企业,需要创造品牌形象和知名度,应以公共关系为主要促销方式,以良好的内部形象实现行业内的认同,以良好的外部形象取得广大社会公众的认同。

珠宝加工企业是面向珠宝行业提供首饰镶嵌加工服务的企业,其促销组合方式与珠宝批发企业有相似之处,同样是以人员推销为主,辅以商业广告。通过人员推销宣传企业的加工工艺水平和产品特色,并通过客户的消费体验在行业内形成口碑效应,吸引更多的客户;在各种展销会上展示公司的产品工艺,通过产品展示直观地让零售商了解公司的产品及服务状况,赢得客户的认同;在专业的杂志上发布企业广告,详细介绍企业的产品、工艺及服务内容。由于专业杂志的读者大多是行业内部人士,企业的产品和服务如果有鲜明的特色,也会引起他们的注意。

珠宝零售企业的促销是追求短期内提高产品的销量和利润为目的,其促销对象是广大的目标消费者群体,以特定的促销主题吸引他们的眼球,为他们提供更多的利益。相应的促销组合方式应以商业广告和营业推广为主,以商业广告(如电视广告、报刊广告等)宣传企业的产品特色和促销的卖点,以营业推广强化卖点,激发目标客户群体的购买热情,吸引他们更多地购买企业的产品。新开业的企业一方面要通过商业广告强化企业的产品特色,以特色的产品吸引目标顾客群体的注意,另一方面更要注重宣传企业的核心经营理念,让目标客户群体了解企业,了解企业的产品,在营销中,推广人员以热情的服务态度、真诚待客的服务理念和专业的敬业精神感动顾客,在温馨、感动与信任中买到自己称心如意的商品;传统店铺的促销更要有独特的卖点,在市场竞争日益激烈的珠宝行业,商家的促销手段可以说是无所不用其极,商品的打折、返现等传统的促销手段已经让消费者感到麻木,如何创造促销的新意是传统店铺需要考虑的重点,不断开发新产品、提供新服务是这些企业开展促销活动的新卖点,以创新的产品发掘顾客新的需求,不断培养新客户、保持老客户是他们促销的目标,流入俗套的促销是不会有影响力的。

二、珠宝产品的市场特征与促销组合设计

不同的产品有不同的市场特征,需要采用不同的促销方式,它直接影响到促销方式的有效性。珠宝首饰属于消费品,同其他商品一样,其促销方式的有效性由大到小依次为:商业广告、营业推广、人员推销、公共关系。但是,珠宝首饰不是一般的消费品,而是一种贵重且消费者不甚了解的商品,不能同一般商品的促销那样经常以打折返现等方式促销,商业广告应更注重企业经营理念、产品质量、产品文化、产品特色及品位等方面的宣传,并以此为卖点来吸引消费者来公司购买;通过营业推广向顾客展示商品,强化产品的卖点,努力将顾客的购买冲动转化为购买行为。当然,让顾客产生购买行为的前提是企业通过橱窗展示和店面装修建立与产品档次相适应的专业的企业形象,取得消费者信任是促销产生效果的基础,提炼的产品卖点为顾客带来的利益是促销取得成功的保证。

纵观国内外奢侈品的促销,它们无一例外地是宣传企业的核心理念,宣传产品的尊贵与奢华,很少大张旗鼓地在电视、报刊等主流媒体上作促销广告,只是在一些高端、精美的杂志上作经典产品介绍,以彰显购买者的身份、地位为卖点,以创新产品、限量产品为促销卖点。相比于国内珠宝品牌,动不动就是打折、返现,以低价吸引消费者的眼球,那么,它们在折扣之外剩下的是什么呢?是产品的虚标高价?是品位的折扣还是顾客尊贵身份的降低?当然,我国珠宝品牌的品牌效应还没有真正形成,做广告从事品牌宣传以提高品牌知名度是十分必要的,但宣传的目的不是为了追求促销的短期效益,而是要立足长远,宣传品牌的核心理念、品牌的定位

等,一味以低价促销的品牌注定是没有生命力的。

三、促销活动的目标与促销组合设计

珠宝企业促销活动的目标与企业的总体目标是一致的,都是为了保证企业的经营取得成功。但是,在企业发展的不同时期,企业的策略导向是不同的。促销活动的目标也是一样,既可以是短期的商业活动(如传递企业的促销信息和产品信息),也可以是从企业长远利益考虑宣传企业形象。促销目标的不同,选择使用的营销组合方式也不同。若企业的促销目标是在一个区域市场建立良好的企业形象,从长远的利益考虑,企业产品今后能占领更大的市场,取得市场竞争的领先优势,则企业的促销目标应当是进行长期的信息传递,树立良好的企业形象,所选择的促销方式应当是以公共关系为主、辅以人员推销和商业广告。企业形象的建立一方面需要得到企业内部员工的支持,形成企业特有的、能得到消费者认同的企业文化;另一方面需要得到社会公众的了解、认同。企业形象建设是一个长期的过程,企业利用公共关系,持续不断地强化企业文化建设并向社会公众宣传企业的核心经营理念,逐步获得全社会的认同,才能建立一个良好的企业形象。如果企业的促销目标是提高短期的销售业绩,积极应对市场竞争,争取更多的市场份额,或者新产品上市促销等,所采用的促销组合方案则应侧重于商业广告,配合以营业推广等促销方式。珠宝企业的商品促销主题的设计不应该是以折扣为主的价格战,而应该是以强调企业经营特色、产品特色或新产品的推广。折扣促销难免有虚标高价之嫌,在合适的标价基础上的折扣是对企业利润的损失,而对消费者来说,珠宝首饰是贵重商品,本来就是富贵阶层的消费品,他们不屑那点折扣,折扣多了反而降低了品位。对老客户给予一定的折扣是对他们的感激和回馈,是一种营业推广的手段,不加区别地一味以打折的方式促销是不可取的。

四、目标市场定位与促销组合设计

不管企业采用何种方式开展促销活动,都要对目标市场的需求状况作充分的市场调查,搞清他们的利益需求倾向,正确认识目标顾客的消费倾向、消费理念和消费能力,有针对性地开展促销。

不同的企业有不同的目标客户定位,定位高端市场的企业/品牌,它们的客户群体是高端消费者,这些企业不用铺天盖地地进行广告宣传,可以运用现代信息技术作为传播手段辅以营业推广的方式,有针对性地对这些客户群体加强宣传促销。这些客户需要的是优雅的购物环境和优质的、能彰显他们尊贵身份的服务。针对这些客户促销还要注意,不是因为他们是有钱人就不在乎价格的高低,他们更多的是追求一种心理感觉,企业要以热情、尊重、关心的态度为他们提供周到细致的服

务,让他们觉得有一种受尊重、受重视的感觉。给予老客户一定的价格折扣也是十分必要的,会对产品的销售起到促进作用。近年来在全国各大城市诞生的会所式经营模式主要是以高端客户为目标市场的,这些会所为客户设计星级购物环境,提供高端、专业的服务,让顾客感受尊贵的地位,起到了很好的促销效果。

定位为大众化市场的企业/品牌,它们的客户群体规模大、范围广、消费需求多样。针对这些消费群体的促销,一方面要让他们了解企业的商品供应信息和商品特色,一方面要了解每位消费者的具体需求特点,以商品特有的利益满足他们的需求,相应的促销组合设计应以商业广告为主,辅以营业推广的方式。企业可以调动一切可能的商业广告的形式,宣传企业的产品特色和促销卖点,让尽可能多的消费者对企业产品感兴趣,再辅以营业推广的方式,激发目标客户的购买欲望,力争让每一笔交易都取得成功。

五、产品的市场生命周期与促销组合设计

这里主要指企业开发的新产品投放到市场的促销组合策略,企业开发的新产品不仅要根据产品的市场特征制定消费者容易接受的价格,更要设计出能激发消费者的兴趣、调动消费者购买热情的促销组合策略。

各种促销方式在产品的市场生命周期的不同阶段起着不同的作用。在产品的导入期,商业广告和公共关系中的宣传报道对珠宝促销最为有效,可以广泛地向消费者传播新产品的消息,刺激消费者的购买欲望。企业可以选择好新产品的发布时机,以新产品发布会的形式将产品发布与社会广泛关注的某些社会热点问题结合起来开展公共关系活动,设计与社会关注热点问题有关的卖点,吸引消费者购买。如汶川大地震发生后,某企业以此事件为背景,以"关爱"为主题,发起新产品促销活动,倡导将所获利润全部捐往灾区,表达企业对灾区的关爱。新产品在成长期,促销的目的是扩大产品的销量,广告和公共关系中的宣传报道仍然有效,但此时消费者已经对产品有了一定的了解,促销的重点应逐渐转入营业推广;在成熟期,多数消费者对产品已经有所了解,促销活动的营业推广比商业广告更加重要,企业要采用各种营业推广方式刺激消费者的购买积极性,吸引尽可能多的消费者前来购买;在衰退期,各种促销方式已很难起到好的促销效果,珠宝首饰是时尚产品,跟不上时尚潮流的产品对消费者是没有吸引力的。

六、促销预算与促销组合设计

促销预算也是影响珠宝促销组合的一个重要因素。它是未来一定时期内珠宝企业各种促销方式的费用支出。企业每一个经营年度都会制订促销计划和相应的促销费用预算计划。如果促销计划制订得切实可行,促销预算就会对促销组合因

素起着重大的影响,预算费用越大,促销组合因素越多,促销的效果就越好。但是,促销费用的开支一定要与收益成比例,盲目而无休止的投入不一定会取得成比例的促销效果。

促销计划一定要与企业的经营目标和中长期经营战略结合起来,选择最适合于企业的宣传媒体和促销方式,按照企业的促销计划有序地投入宣传。综合实力太小的企业如果在促销费用上投资过少且缺少促销的卖点,无异于浪费投资,因为这样根本无法吸引顾客的太多注意;综合实力较强的企业,其促销活动一方面是为了建立形象、宣传企业的核心经营理念,同时也是为了促进产品的销售,提高市场占有率,在促销费用上也要作适当的计划,在企业发展的不同时期促销费用的投入也要有所区别,遵照"好钢用在刀刃上"的原则,投一分促销费用就要取得一分促销效果。企业一般采用的促销开支原则是:以企业自身的财力、往年同期水平与预计销售量的百分比、竞争者花在促销预算上的百分比来确定本企业的促销预算。

珠宝企业在制定促销策略时,要综合考虑影响珠宝促销组合的各种因素,从企业的中长期和近期经营目标出发,有针对性地选择使用各种促销方式制定相应的促销组合策略,保证企业的促销计划取得成功。

第三节　设计促销的卖点

珠宝企业的促销组合设计是为了提高企业的品牌知名度,扩大产品的市场占有率,为企业带来更好的经济效益。理想的促销组合方式是既要选择好合适的促销媒体,又要设计好促销的卖点。所谓卖点,其实就是一个消费理由,最佳的卖点即为最强有力的消费理由。为产品寻找(发掘、提炼)卖点是现代营销学普遍重视的一个问题,产品卖点是市场营销的前哨战,是市场营销的突破口,只有将两者巧妙地结合起来,才能更有效地将卖点传递给消费者。从某种意义上说,卖点的设计比媒体的选择更加重要,因为它直接关系到能否吸引消费者的眼球,使消费者产生购买欲望。卖点的创意是很多的,人们已经在这方面积累了丰富的经验,但获得卖点的创意却是不容易的,因为新的卖点往往不是从经验中就可得来的,更不是从简单的模仿、借鉴中可以得来的,它需要捕捉、发掘、提炼,更需要独创。那么,珠宝企业如何设计促销的卖点呢?

一、基于企业形象宣传的卖点设计

企业形象宣传就是以广告形式向广大社会公众展示企业实力、企业特征,宣传企业使命和社会责任感,通过同消费者和广告受众进行深层的交流,增强企业的知名度和美誉度,产生对企业及其产品的信赖感。企业形象是产品的一个重要组成部分,围绕企业形象的促销是基于企业长远发展战略的促销,企业要建立强势品牌,必须有较高的市场认知度,通过市场营销活动让广大消费者通过消费体验,认识企业产品,认识品牌特色和信誉,进而取得消费者的信任,这是品牌长期生存和发展的基础。有了这样一个基础,企业就能在消费者心目中树立了一个良好的企业形象,企业产品就会受到消费者的拥戴,企业的发展就会进入一种良性循环。

企业形象就是要告诉消费者你是谁、你是做什么的、你存在于社会的责任感和使命感是什么,通过特定的视觉表达形式向消费者传达企业的价值观念、经营理念、企业的精神,以引人入胜的广告导语激发消费者对企业正面的联想,建立对企业及其产品特征的良好认知,形成对企业独特的印象。企业通过对社会公共事业和公益事业的响应,积极参与社会公益活动,以企业名义倡导一种精神文明观念和对社会的一种看法,展示了一个企业的高度社会责任感,以此来博取消费者的赞同或支持,产生一种关注效应,进而转嫁这种关注到企业或产品上,提高品牌的知名度和亲活力。如爱迪尔珠宝以"非凡"为核心的品牌文化和"灵感成就非凡"的品牌主张,以关爱社会、关爱珠宝教育、关注弱势群体树立公司在社会公众心目中的形象,持续不断地坚持以关爱为主题的宣传活动,力争成为以关爱指导服务的著名公司。

以企业形象为卖点的促销广告策划应该注意如下几点:首先,企业形象宣传要具有客观性、真实性,即实事求是地宣传企业的核心理念、价值主张和企业特色,不能故弄玄虚、任意拔高,要在造势与做实之间寻求一个理想的平衡;其次,企业形象的建立是一项长期复杂的系统工程,不能搞突击式、集中式的宣传,不能刻意追求时效性,应有长远的投资计划,将企业形象广告作为一项长期的无形资产投资经营,每年作出相当比例的投入计划,在权威性媒体作形象广告,逐步建立起企业的知名度和美誉度;再次,在企业形象的长期宣传过程中,广告宣传内容要丰富、有变化,切忌单调刻板,广告的主题、形象、语言等要有适当的变化,以适应公众接受心理和审美需求。如周大福在不同时期为宣传企业形象制作的广告都会以不同的场景、不同的人物、不同的故事表达一个共同的主题:真诚、永恒,用首饰来记录人生中的真诚和感动,用诚信打造永恒的幸福人生。

企业形象的建立是一个漫长的过程,它需要企业坚持不懈地投资宣传,逐步取得消费者的认同。在消费者心目中建立正面的企业形象需要一个漫长的过程,而这种形象一旦建立,将是企业重要的无形资产,能为企业经营的成功打下良好的基础。

二、基于产品特色的促销卖点设计

基于产品特色的卖点设计是珠宝企业结合企业的产品特色和目标消费者群体对利益的追求,提出独特的价值主张或利益承诺,且这些价值或利益正是目标客户所需要的。将这些价值主张或利益承诺作为独特的卖点以广告形式传达给目标客户,向他们表明产品所代表的利益诉求正是他们所需要的。这种卖点设计不仅能宣传企业的产品特色,还能吸引对产品特色有兴趣的消费者产生购买行为,如果卖点设计得当,会对产品的销售起到极大的促进作用。

基于宣传产品特色的促销过程实际上是传播企业的产品定位、宣传企业产品与其他企业产品的差异并强化产品在目标顾客心目中的地位的过程。许多年轻人都知道珠宝行业中有个"石头记"品牌,产品以低档宝石为主,如水晶、玛瑙、东陵石、芙蓉石等,特点是价格便宜、款式时尚新颖。该品牌的卖点也由此而来:天然的宝石、便宜的价格和时尚的款式给佩戴者以独特的美感,符合年轻消费者的审美观念和消费能力。公司以"真石就是美"为价值主张,突出产品真石、时尚且价格又能被年轻人所接受这一特点,受到众多年轻消费者的青睐。

建立在产品特色上的促销卖点设计必须向消费者提出销售主张,这个主张要具备三个要点:一是利益承诺,强调产品有哪些具体的特殊功效和能给消费者提供哪些实际利益,让消费者明白购买企业产品可以获得的具体利益且这种利益对消费者有吸引力;二是产品的独特之处,所强调的主张必须是竞争对手的产品不具备的或存在差异的,强调人无我有的唯一性或者是竞争对手有相似的产品但本企业产品有与之不同的独特差异;三是强而有力,即所强调的主张必须是有很强说服力的,必须集中在某一个利益点上,以达到打动、吸引顾客购买产品的目的。在如今珠宝企业激烈的市场竞争中,企业必须由过去以产品为中心转变为以客户为中心,研究客户的真正需求,在客户追求的核心价值上塑造产品的特征,寻找产品的卖点。

三、基于新产品促销的卖点设计

基于新产品促销的卖点设计是针对企业开发的新产品的特点制定相应促销方案的活动。在当今珠宝市场产品同质化十分严重的今天,不断地从事产品开发,不仅有利于形成企业的产品特色,有效地抵御市场竞争,更能发挥企业技术和人才的优势,激发他们的创新热情,为企业创造更好的经济效益。

珠宝企业的产品创新包括强化企业经营特色的产品创新、迎合时尚潮流的产品创新、运用新技术的产品创新等。新产品上市都要涉及到促销,通过促销活动让消费者了解新产品,认识新产品的特性,进而产生购买行为。不同类型的创新产品的促销方式和卖点的选择会有所不同。强化企业经营特色的新产品是企业/品牌一贯坚持的品牌特色或设计风格的再现,选用的设计元素与品牌特色有关,其促销的目的是为了强化品牌的经营特色或企业的经营理念,吸引对品牌特色有独特偏好的消费者产生购买行为。由于这类产品的设计带有企业产品特征,不适合其他企业仿制,且新产品的目标消费者群体主要是对品牌产品有所了解且有独特偏好的消费者,因此,在产品信息的发布上可以结合企业的客户资料库向老客户发布关于产品特征的信息,以价格优惠、送小礼品为促销手段,以营业推广为主要促销方式,向老客户传播新产品的特征,介绍新产品的独特利益,吸引他们购买新产品。迎合时尚潮流的新产品是品牌的一贯风格与时尚元素的结合,其实是品牌特色在时尚中的延续,使产品在时尚中保持长久的生命力。这种产品的设计要注重处理好经典与时尚的关系,不能太花哨、太时尚,要使品牌传递的特色保持高度的统一性和一贯性,否则,品牌就难以保持其长久的生命力。这种新产品的促销重在让消费者认识新产品的特色和产品文化,告诉消费者在产品设计中传承了品牌的哪种特色、引入的时尚元素与品牌特色间的关系以及产品是如何传承品牌文化的,以创新的设计吸引那些既对品牌有忠诚度又追求时尚的消费者的注意。运用新技术的产品创新是企业将现代科技运用于珠宝首饰的设计加工中,生产出能满足消费者更多利益的新产品。它可以是材料的创新、镶嵌技术的创新、镶嵌工艺的创新或在珠宝首饰中注入更多的科技含量,更好地满足消费者的需求。珠宝企业运用新技术,不断创新和改进产品不仅体现了企业的创新精神和企业的活力,也给大众一个良好的企业形象,吸引那些对新产品、新工艺有独特喜好的消费者关注企业产品,购买企业产品。如近年来开发的钯金首饰、硬金技术在黄金首饰中的运用及首饰工艺的改进技术为许多企业增加了活力,创造了新的卖点。基于新技术的产品促销卖点的提炼重在推广新技术给消费者带来的好处或益处,并让消费者切身感觉到新产品的开发是为消费者的利益着想,让新产品、企业品牌和消费者之间形成良好的互动关系,让消费者接受企业的创新理念和创新为消费者带来的价值,继而购买企业的新产品。

新产品上市,终端的主题陈列和现场气氛的烘托是非常重要的环节,要通过张贴新品的 POP 广告、单页广告、悬挂气球等宣传工具制造浓厚的现场推广气氛,让消费者进入终端现场就能立刻从视觉、触觉、听觉立体感受新产品的一切优势、特点、利益,同时被现场的气氛所感染,被产品的体验所折服,被视觉的冲击所触动,激起他们购买新产品的欲望,在激动、认同和冲动中心甘情愿购买新产品。

四、基于服务理念的促销卖点设计

商界一直流传着一句话——"一流企业做标准、二流企业做服务、三流企业做品牌、四流的企业做产品"，由此可以看出服务对企业的重要意义。在电器行业中，海尔之所以成为独树一帜的品牌，也是缘于它的服务。1995年，海尔提出"星级服务"，宗旨是：用户永远是对的。即用户就是衣食父母，只要能够不断给用户提供最满意的产品和服务，用户就会给企业带来最好的效益。

再看看我们的珠宝行业，很少有企业提出自己独特的、系统的服务理念，豪华的装修、精美的陈设和热情的售中服务是为了吸引顾客购买产品，而一旦产品出问题，企业总是会找各种理由推脱责任，让顾客为问题买单。打开与珠宝有关网站的BBS论坛，发现顾客抱怨的问题大多是与服务有关的，企业不顾顾客的感受，片面维护企业自身利益而轻视服务，可以说，售后服务差是珠宝行业存在的普遍问题。

顾客购买珠宝首饰并不是需要拥有首饰本身，而是由此带来的愉悦与享受。顾客光顾一家公司，是对公司的信任，并通过购买活动证明自己的选择，而一旦服务出了问题，投诉和抱怨就在所难免，信任就荡然无存了。珠宝行业已经到了建立自己的服务理念的时候了。

珠宝企业增强服务意识不仅需要建立系统的服务理念，更需要制定一种服务标准，建立优质服务流程，使服务贯穿于售前、售中、售后等销售的每一个环节。从门店布置、装修风格、产品陈设、导购服务到售后服务，都应建立相应的服务标准，使顾客在一种温馨、享受中体验购买珠宝的快乐。增强服务意识，以服务形成企业特色同样不是一日之功，它需要企业在建立服务标准的基础上长期不懈地坚持，让消费者体验到企业的服务特色，并通过消费者的口碑形成社会效应，让广大社会公众了解并认同这种特色，以良好的服务意识取得广大社会公众的信任与支持。消费者认知和感受企业服务的过程是企业服务特色的形成过程，也是企业卖点的形成过程。以服务为特点的卖点一旦形成，将成为企业的核心竞争力。

五、基于情感的促销卖点设计

珠宝首饰是满足情感需求的产品，以情感为卖点——让消费者生情、动情，以情感作为购买珠宝首饰的理由。戴比尔斯进入中国市场时，正是奉行了成功的情感渗透策略，以一句"钻石恒久远，一颗永流传"促销口号占据了消费者的心智，使情感表达成为消费者购买钻石的理由，才使钻石在中国市场上迅速流行起来，成为珠宝市场的主体。

有一位专家说得好：许多在市场上拥有领导性地位的产品大都是通过情感诉求渗透来实现的。可口可乐公司欧洲太平洋集团公司总裁约翰曾说过一句耐人寻味的话："可口可乐并不是饮料，它是一位朋友。"正因为可口可乐公司拥有远见卓识的经营哲学，奉行了成功的情感渗透策略，才使可口可乐成为一代霸主。2000年4月，黎明演绎的"纯净、你我、乐百氏"篇在中央台一套黄金时段播出，那"爱像水一样的纯净,情像水一样的透明"的音乐不断在受众的耳畔响起,乐百氏水的情感诉求攻势丝丝入扣地渗入消费者心田,在消费者心田中慢慢养育着忠诚。

  珠宝首饰的促销,不仅每一个品牌需要以独特的情感诉求占据目标顾客的心智,在促销中更要以情感促销激起消费者购买珠宝首饰的热情。中国有很多节日,如元旦、春节、三八妇女节、五一国际劳动节、中秋节、十一国庆节,还有外来节日如情人节、感恩节、父亲节、母亲节、圣诞节等,这些节日也是中国婚庆市场的消费热点。每当节日来临,珠宝商家必然策划促销活动,但如何根据每个节日设计独特的情感卖点,让消费者"在一个特别的日子,将特别的首饰送给特别的人",表达一份特别的情感,节日送首饰如同中秋节要吃月饼一样天经地义。很可惜,中国珠宝企业在节日促销时很少考虑到如何针对每个节日设计独到的卖点,而是一味地打折促销。其实,每个节日背后都有其来历的故事,将这些故事所表达的情感融入产品中并通过营销策划的想象力、创造力,"无中生有"地创造情感卖点,达到消费者能够接受、认同的利益和效用,就能激发消费者购买的热情,达到促进产品销售的目的。

六、基于价格折扣的卖点设计

  在探讨珠宝首饰定价的相关章节中我们已经进过,折扣定价虽不能作为一种促销手段,但它可以满足消费者占便宜、受到优待、受到重视的心理,所以,在必要的时候给消费者一定的价格折扣也是十分必要的。

  考察各种奢侈品的促销活动,我们会发现它们同样会有价格折让的情况,但利用折扣促销的手段是很谨慎的、有前提的,一般情况下,它们的折扣促销会在如下时机进行:第一,企业推出新产品,由于消费者对新产品不了解或缺乏购买信心时,可以采用适当的折扣策略刺激消费者购买;第二,新产品推出之前以折扣的方式处理积压产品;第三,时尚产品的销售后期,企业的促销活动接近尾声,余下的产品以折扣的方式处理;第四,以折扣的形式反击竞争对手的进攻。珠宝首饰的促销同样可以以折扣作为促销的卖点,但时机、方式、折扣的程度应视不同的情况灵活使用,这里我们就不作具体探讨了。

  产品的卖点设计还有很多,如概念、文化、品质、通路、管理、气氛、知识、梦想、方便、生态、环保等。每一种卖点都是创意的结晶,为了使自己的产品卖得更好,每个企业在产品促销设计中都必须注重提炼产品的卖点。

第四节 我国珠宝企业促销的误区

在市场竞争日益激烈的珠宝市场,企业为了争取更大的市场份额,竞相打出各种促销牌,促销方式可以说是无所不用其极,一些促销方式实际上已经偏离了"给目标消费者购买产品一个额外的理由"之本意,将促销当作打击竞争对手、争取更多客户或抢占市场份额的常规战术手段。一个企业促销尝试的成功会招致众多企业的竞相模仿,使珠宝促销活动陷入误区,这些误区概括起来有如下几种。

一、无休止的折扣促销

从20世纪90年代末开始,珠宝行业兴起了一股价格打折风,随后愈演愈烈,至今也没有停止的迹象。可以说,没有任何一个行业的打折之风会如此惨烈,从最早的8折一路高开低走,最低的折扣竟然低至1折,人们不禁要问:珠宝行业怎么了?不论是生活必需品的食品,还是同属奢侈品的化妆品,如果大幅度地打折你敢买吗?人们常说"黄金有价玉无价",难道珠宝首饰真的是"三年不开张、开张吃三年吗"?打折给企业带来了什么?

周大福进入内地珠宝市场,实行"一口价"政策,受内地珠宝行业打折风的影响,最初的销售情况并不好,但是,周大福通过强化企业内部管理和价格策略宣传,强调"一口价"体现了产品的货真价实,最终感染了消费者,使周大福成为内地珠宝行业市场知名度和市场占有率最高的品牌。有的香港品牌采用与内地珠宝品牌一致的价格策略,市场地位同样没有得到提高。内地珠宝品牌在此起彼伏的价格搏杀中不仅没有争取到足够的市场份额,反而使一些品牌面临着被市场淘汰的危险。

中国珠宝玉石首饰行业协会秘书长孙凤民先生曾经说过这样的话:更多的价格折扣"要么是虚示高价、要么是以次充好"。珠宝消费是非专业消费,适中的标价会让消费者觉得货真价实,而过高的折扣只给消费者留下"质量有问题"的印象。适当的价格折让是一种促销,是一种对老客户的回馈,更多的价格折让就会动摇消费者购买的信心,失去对企业/品牌的信任。珠宝企业已经到了对自己的价格策略反省的时候了。

二、彰显奢华的展会促销

珠宝展销会是珠宝促销的一种重要形式。为了增强我国珠宝行业在国内外的影响力,珠宝行业协会定期在北京、上海、深圳等地举办珠宝展销会,其中,深圳珠宝展已经成为国内最有影响力的珠宝盛会。举办珠宝展销会的目的旨在加强国内外珠宝业企业的交流,展示企业的综合实力,寻求企业间的合作,为企业争取更大的发展空间,其意义是不可小视的。而近年珠宝行业的发展趋势使深圳珠宝展走向了一个极端。

我国珠宝行业从2003年兴起连锁经营风,深圳珠宝展便成了连锁经营企业招募加盟商的重要机会,它们投入大量人力、物力搭建豪华的珠宝展台,投入巨资举办大型珠宝产品展示会、加盟说明会、新产品发布会和招待酒会,并请明星助阵。一时间,珠宝展销会成为这些企业"烧钱、摆阔"的阵地,最初,一线品牌是招募加盟商的主力,近年来二线品牌也纷纷加入,将珠宝展销会变成了"忽悠"加盟的盛会。一些迹象显示,是否参加珠宝展已经成为企业的两难选择,参加吧,需要投入巨资,不参加吧,会招致行业内的猜忌:这个企业是不是不行了?

连锁经营被誉为21世纪最成功的商业模式,珠宝行业引入这种商业模式不仅有利于珠宝行业形成品牌,更有助于企业借力发展,做大做强。但是,加盟总部要有自己的核心竞争力,以优秀的加盟理念、强势的品牌运营、严格的经营管理吸引加盟商的加入并力求通过加盟实现互利双赢,如果仅仅依靠展销会虚张声势,不注重塑造品牌的核心竞争力,不加筛选地吸收加盟商,这种合作注定是不能长久的,这种品牌也是短命的。近年来一些品牌连锁经营失败的例子已充分证明了这一点。

三、品牌代言人代言了什么?

在近年来的连锁经营发展过程中,品牌运营者聘请歌星、影星作为品牌形象代言人已是非常普遍的现象。许多企业利用名人效应宣传品牌及品牌产品,试图通过品牌代言人的形象提升品牌形象。如爱迪尔聘请濮存昕为品牌代言人、周大生聘请林志玲为品牌代言人、老凤祥聘请赵雅芝为品牌代言人等。

企业聘请品牌代言人,以代言人的形象在广告中恰如其分地表现品牌的个性,清晰准确地定位,为消费者提供一个购买珠宝的理由。个性是品牌的灵魂,它体现了品牌的价值内涵,也决定了品牌拥有的不同消费群。比如力士的品牌个性是高贵,万宝路的个性是阳刚、豪迈。同样,代言人也有不同的个性,有的成熟稳健,有的青春时尚……再看看我们的珠宝品牌,在多年品牌建设中,我国珠宝品牌的品牌个性尚未形成,缺乏独特的核心理念,品牌与品牌之间没有差异,代言人广告是一个美人加一件首饰,如果除去品牌名称,放在哪里都适用,试问这样的品牌代言人能代言什么?爱迪尔珠宝以关爱作为企业的核心经营理念,所以,它聘请了中国关心下一代工作委员会形象大使濮存昕为品牌代言人,那么,其他品牌在聘请代言人时是否有这种体现品牌个性的思考呢?

品牌代言人个性同品牌个性吻合一致是优化品牌传播效果的基本要求,两者只有协调一致、精准对接,品牌代言人才能很好地演绎出品牌的个性内涵,互相辉映,为品牌形象增光添彩。在品牌个性尚未形成时就花巨资聘请品牌代言人,实际上是对企业资金的浪费。

四、无主题或偏离主题的促销

商业社会,促销活动无处不在,但凡促销,必须要有一个主题,要么是传播企业的经营理念,宣传品牌形象或企业产品特色的促销;要么是企业开发新产品,向消费者宣传新产品的特色、功能、利益的促销;要么是增加服务意识,提高服务质量,以服务为主题的促销。正如上所述,企业的促销要有独特的卖点设计,卖点设计越独特,越能激起消费者的购买欲望,这种促销才是成功的促销。

近年来,中国珠宝企业的促销手段归纳起来,可以说都是一种以价格折扣为主题的促销。由于缺乏品牌特色和个性,产品开发创新能力差,即使推出新产品,也会因新产品缺乏独特的个性和说服消费者购买的理由而找不到独特的卖点,结果,只要谈到促销便首先想到打折让利,再无其他的主题。

本章小结

商业社会商品促销不是万能的,但没有促销是万万不能的。珠宝企业的促销活动是一项系统的工程,要从长远利益考虑规划企业的促销行为,企业发展的不同时期促销的工作重心不同,设计的卖点也不同。一般来说,企业成立之初,应以树立企业形象、宣传企业的经营理念及品牌特色和个性为主;在企业的发展期,应以产品的销售、新产品的推广为主,以提高市场占有率为目的;在企业的成熟期则应以巩固市场占有率、培养顾客的满意度和忠诚度为目的。所以,不同时期促销的重点不同。

珠宝企业的性质不同,促销的方式和媒体的选择也有所不同,在企业发展过程中,企业促销应该明确促销的目的,是追求短期利益还是追求长期利益,是宣传企业的经营理念、经营特色还是新产品发布或节日促销,不同的促销目的都要经过细致的规划。企业一方面,要选择合适的媒体,制定相应的促销组合方案,力争运用有限的促销费用达到最好的促销效果;另一方面,要提炼好促销的卖点,卖点的设计可能比促销组合方案更加重要。如果我们把促销组合方案比做组合拳的话,那么,卖点的设计便是点穴功。促销的效果就是要像点穴一样击中要害,给消费者一个强有力的购买我们产品的理由。点穴功需要组合拳的配合,点穴功是围绕消费者的需求和产品能给消费者带来的利益精确提炼产品的卖点,卖点信息需要有精心设计的促销组合方案传递给消费者。两者相辅相成,缺一不可。

总之,珠宝企业的促销组合是珠宝营销组合的一个重要组成部分,珠宝促销组合方案的制订是在珠宝企业经营战略的指导下,综合考虑其他营销组合因素,结合企业的综合实力和总体发展规划制订的。只有这样,促销才是有效的。

思考题

1. 什么是促销?促销的本质是什么?
2. 珠宝促销有哪些方式?
3. 简述不同类型的珠宝企业促销组合的方式。
4. 详细说明珠宝促销组合的设计应考虑哪些因素。
5. 珠宝促销的卖点应从哪些方面进行设计?列举一个节日,说明如何针对这个节日进行情感卖点设计。
6. 列举当前我国珠宝企业促销的误区,说明它对行业或企业的影响。

第十三章　展望未来　前程似锦

在中国,珠宝首饰行业是一个既有悠久历史而又在不同时期有不同特色的行业,伴随着历史的进步和人类文明发展而展示新的生命力。在经历一段曲折之后,中国珠宝首饰行业伴随着改革开放的步伐获得新生,伴随着中国经济的成长而走向繁荣,那么,未来的中国珠宝首饰市场是一番什么样的景象呢?

第一节　经济推动下的珠宝营销

近年来,中国经济高速发展,至 2010 年,中国已成为全球第二大经济体。我国珠宝产业是伴随改革开放的步伐开始复兴的。随着经济的高速发展和人民的生活水平的提高,珠宝首饰消费走入平常百姓的生活。近年来,珠宝首饰消费持续呈快速增长态势,根据中国珠宝玉石首饰行业协会统计,中国珠宝首饰行业年销售总额连续多年高速增长,改革开放初期的 1980 年,我国珠宝首饰市场零售总额只有 1.6 亿元,继 2009 年达到 2 200 亿元后,2010 年销售总额又攀新高,达到 2 500 亿元,同比增长 13.64%,一举超过日本,仅次于美国,成为全球第二大珠宝消费国。2008 年全球金融海啸爆发以后,中国的经济增长虽然放慢了步伐,但是,只要社会稳定,经济增长的势头是不可逆转的,这将为珠宝营销带来持续的市场机会。

一、黄金消费持续稳定增长

中国黄金协会最新统计数据显示,2011 年,全国黄金消费量 761.05 吨,比上年增加 189.54 吨,同比增长 33.2%。国内黄金消费量在 2011 年猛增的原因:一是中国经济高速发展,百姓的投资能力不断提高;二是其他投资品种出现了问题,股市、楼市投资都表现不佳;三是这几年全世界对黄金规避风险、平衡资产功能的认识不断加深,对投资黄金的认可度提高;四是牛市效应吸引了更多人投资黄金;五是中国黄金创意、加工、零售产业进入了一个全新的发展阶段,黄金投资、交易市场发展迅速,黄金成为社会新的投资热点,丰富了居民的投资组合。

中国人向来就有"黄金显宝贵"的传统,更有贮存财富的习俗,黄金作为理想的投资工具,不仅可以作为首饰佩戴,还可以作为财富贮藏。随着中国经济的增长,以家庭为单位的消费者收入的增加,将推动黄金消费持续稳定的增长。

二、钻石首饰消费转向升级

20世纪90年代以来,随着戴比尔斯在中国市场宣传力度的加大,钻石消费迅速升温,昔日婚庆市场以黄金为主体的消费态势逐步被钻石所取代,"钻石恒久远,一颗永流传"已成为消费者购买钻石的理由,也成为新婚男女购买结婚首饰的首选。上海钻石交易联合管理办公室披露数据称,近年来,中国经济社会发展稳定,钻石婚庆市场需求旺盛,钻石投资市场亦有所起步,稳定推动中国钻石进口额的增长。2011年上海钻石交易所钻石进出口交易额达47.07亿美元,较上年大幅增长63%。这种增长得益于经济社会的平稳发展,中国国内钻石消费市场需求旺盛。自2009年以来,中国已连续3年稳居全球第二大钻石消费市场。目前中国钻石进口规模与排名第一的美国差距缩小,钻石进口单价与美国基本接近。我们完全有理由相信,在不久的将来,中国的钻石消费规模将超过美国,成为全球第一大钻石消费国。

但是,我们也应该看到,中国的钻石消费规模是靠中国巨大的人口基数支撑的,总体消费水平还很低。企业经营实际数据表明,中国消费者单件钻石首饰的消费能力在10 000元以内,钻石大小在0.3ct以内,这种消费水平同经济发达的国家相比还是很低的。随着中国居民收入的不断增加,钻石消费能力还会不断上升,以碎钻石消费为主体的市场必将逐步走向更高的台阶。在中国婚龄人口保持相对稳定的情况下,钻石消费量会稳定在一个较高的水平,但消费升级会带动钻石消费持续的增长。

三、玉石消费市场前景广阔

中国有8 000年的玉石消费历史,在人类的文明进程中,玉文化已发展为中华民族特有的文化,成为中华民族文化的一个重要组成部分。受玉文化的影响,中国人爱玉、赏玉、玩玉、藏玉之风长盛不衰。历史上,中国先民用的玉是来自新疆的和田玉,这种用玉习惯在中国延续了几千年,尤其是和田玉中的白玉,晶莹剔透,质地细腻,符合中华民族含蓄、内秀的性格,被古代先民赋予人格化的内涵。清朝末年,玉器的风尚突然一变,一种在玉文化史上默默无闻的玉料——翡翠异军突起,它的声望超过了传统的和田玉,在很短的时间内迅速颠覆了中华民族几千年的用玉历史,成为承载中国8 000年传统玉文化的主体。

20世纪80年代以前,香港和台湾地区是翡翠消费的主要市场。近年来,内地翡翠市场开始升温,消费者需求与日俱增,1998年亚洲金融风暴以后,香港、台湾地区经济衰退,而中国内地经济持续高速增长,百姓收入有了很大提高,受传统玉文化的驱使,内地消费者对翡翠的认识不断加深,翡翠在内地市场迅速升温,形成了一股翡翠消费热。在此期间,中国翡翠市场的发展速度明显快于其他珠宝市场类型,世界翡翠市场的格局也出现了重大变化。缅甸产的翡翠原石每年约有90%流入中国内地,其中高档翡翠原石也有80%流入中国内地,一个产、供、销完善的市场体系正逐渐形成,我国一跃成为全球最大的翡翠玉石消费市场。在销量上,翡翠的市场占有率在不断扩大,2009年年销售额已突破1 000亿元;在价格上,翡翠原料和成品价格不断大幅上涨,现代翡翠产业正在中国内地迅速崛起,过去只有皇室、贵族才能拥有的翡翠如今逐渐走入了寻常百姓家,成为国人的最爱;在零售环节上,全国各大商场及珠宝交易市场中经营翡翠的柜台越来越多,翡翠专营店数量也在迅速递增;在产品研发上,翡翠在传承中国传统玉文化"图必有意,意必吉祥"的精髓的同时,已经进入到与铂金、钻石等珠联璧合的时代,展现出全新的时尚文化特色。

与此同时,由于北京奥运会的推动和中国人返朴归真的心理,历史上淡出人们视线的和田玉重新成为消费热点,且大有供不应求之势。如今的和田玉市场,新疆籽料已近于枯竭,新矿点青海白玉和俄罗斯白玉填补了市场供给的不足,但仍然阻止不了和田玉价格上涨的势头。2009年以来,和田玉的价格与翡翠相比,上涨幅度有过之而无不及,尤其是和田玉籽料上涨幅度更大。

随着翡翠和和田玉资源的逐渐枯竭,我们完全有理由预测,未来的高档翡翠和优质和田玉将成为稀缺品而具备巨大的升值空间。我们同样有理由相信,随着中国经济的增长和玉文化的传播,玉器将会受到越来越多消费者的追捧,在优质玉石供不应求的市场环境下,玉石将突破传统的概念,任何具有漂亮外观的石头都会受到消费者的欢迎。

四、首饰消费呈多元化发展趋势

近年来,中国的珠宝首饰消费品种呈现出多元化的发展趋势,除传统的黄金首饰外,翡翠玉石、铂金、钯金、钻石、宝石等高档镶嵌首饰的销售增长非常明显。受到内地消费能力提升的影响,华丽高贵、具有佩戴功能及投资、保值潜力的高档珠宝首饰逐渐成为广大收藏家及高收入人士投资、收藏的新热点。传统珠宝首饰风情不减。其中,传统珠宝首饰珍珠享有"珠宝皇后"的美誉,其色泽温润、形状多样、雍容华贵,由珍珠镶嵌而成的首饰款式变化万千,适合多种场合佩戴,使珍珠一直占据首饰潮流中重要的席位。除了传统的贵金属和翡翠玉石等经典珠宝藏品外,彩色宝石近年来异军突起,成为愈来愈多中国珠宝收藏家及消费者的新宠,销量价格齐升,尽显珠宝首饰消费的多元化趋势。

珠宝首饰是文化饰物,除具备保值、增值和收藏功能外,必要的美学特征是珠宝首饰的基本属性,在市场风向千变万化的今天,消费者消费观念的变化必将推动流行时尚的变化,而每个消费者的消费观念和审美观念的不同,将是珠宝市场呈现多元化趋势的重要力量。多元化的市场需求也必将打破珠宝首饰材料的限制,促进设计师发挥创作灵感,以独特的创意创造出风格迥异的时尚款式,满足不同消费者的审美需求,从观赏性、时尚性中体现珠宝首饰的价值。

第二节　珠宝营销　在变革中前行

市场是动态的,市场环境在变,消费者的消费观念也在变,变化了的市场环境决定了珠宝企业的营销活动也必定在变革中求得生存和发展,在变革中寻找市场机会。中国珠宝首饰消费者的变化,以及珠宝企业生存环境的客观变化,促使珠宝首饰企业的经营思维、营销策略和经营模式必须进行相应的变化,否则就会因跟不上市场发展带来的变化而从珠宝行业中消失。

一、传统与现代消费观念的碰撞带来的市场机会

中国珠宝市场是在改革开放后逐步走上复兴之路的。在复兴过程中,消费者的珠宝首饰购买观念正在发生深刻的变化。从珠宝首饰消费种类上看,20世纪80年代初期,消费者的购买理念还停留在传统的保值的观念上,珠宝首饰消费相对保守、初级,黄金是珠宝市场消费的主体,消费水平也比较有限。到了20世纪90年代,随着戴比尔斯在中国市场的推广力度的加大,"钻石恒久远,一颗永流传"成为消费者购买钻石的理由,使钻石消费成为中国珠宝首饰市场的主体。进入21世纪后,随着中国经济的高速发展和中国传统文化的影响,玉器市场迅速升温,在珠宝首饰消费中取得了重要的市场份额,使黄金、钻石、玉器成为中国珠宝首饰市场的三大消费主题。从消费观念上看,珠宝首饰消费已从单纯追求保值、增值向追求审美、追求品位、追求时尚方向发展。早期的珠宝首饰消费以黄金为主,K金首饰不被消费者接受,正受消费者保值、增值的购买心理驱使。在现代珠宝首饰消费中,上述三大消费主题不断被注入时尚的元素,除此之外,彩色宝石受到越来越多的消费者追捧,成为珠宝首饰市场的一个重要组成部分,这些都是消费者购买观念随着时代的发展逐步改变的结果。从消费者对珠宝首饰价值认同的倾向上看,他们对珠宝首饰的选择已从"看得见"的价值向概念价值方向发展。

作为企业的经营者,应该看到这种变化,在市场发展的不同阶段及时调整企业的营销策略,使企业的经营永远立于不败之地。

第一,珠宝营销必须以品牌建设为中心,这也是迎合消费者信任品牌、追求品

牌的概念价值和品位的必然选择。在可以预知的未来,中国珠宝首饰行业有品牌的企业不一定会基业长青,但没有品牌的企业一定不会有立足之地。环顾全球,能经历风雨存活下来的企业全是品牌企业,企业只有拥有了品牌才能获得持续稳定的利润来源。目前我国珠宝首饰行业中,被中国珠宝玉石首饰行业协会推荐为"中国名牌"或"驰名品牌"的企业虽然已有100多家,但客观分析它们的市场影响力、市场知名度,多数品牌还谈不上是真正意义上的品牌。品牌的特点是有特色,有品位,有忠诚的目标消费群体,它也是有生命的,只有通过不断的升级、推广和持续不断的创新,品牌才会有活力。

第二,创新是企业生存发展之道。企业的创新包括产品的创新、服务的创新、营销模式的创新、管理思维的创新、营销理念的创新等,珠宝企业要超越自己、战胜竞争对手、领先于行业,就必须有所突破和创新。创新是推动企业乃至推动行业发展的动力。特别是在2000年以来的同质化市场竞争中,各种营销手段几乎用尽,价格几近透明,商家在广告战、促销战和价格战中求得生存空间的市场背景下,创新是珠宝企业走出困境的唯一出路,是提高企业市场竞争能力的最好方式。

第三,整合企业形象,依靠连锁经营建立强势品牌。连锁经营被喻为21世纪最先进的商业模式,连锁经营在国内外都有成功的先例,在国外的珠宝首饰企业中,无论是卡地亚、蒂凡尼、梵克·雅宝、哈里·温斯顿,还是施华洛世奇和宝诗龙,无一例外都在进行着连锁经营。我国珠宝企业大多是家族式企业,资金规模小,不实行连锁经营很难获得规模经营优势,没有规模经营优势企业就很难做强做大。2003年以来我国珠宝品牌把连锁经营作为主流模式进行市场扩张正好说明了这一点。但我国珠宝企业的连锁经营大多是建立在加盟连锁基础上的,虽然企业建立了连锁经营管理体系,但资本的逐利性决定了总部与加盟商之间很难形成一个有机的整体、一个统一的形象和一致的经营理念,这对品牌建设是十分不利的。加盟总部和加盟商之间如何在互利共赢的基础上建立良好的关系,形成一致的理念,建立统一的形象,是品牌经营成功的关键。

第四,注重企业文化建设,广泛凝聚共识。当今的企业管理,以先进的企业文化管理为特色的管理模式正在为越来越多的企业所采用。企业文化管理的核心是建立优秀的企业文化并且在团队内部凝聚广泛的共识,有了优秀的企业文化和认同企业文化的优秀团队,企业的经营就会无往不胜。

综上所述,我们应该看到中国珠宝首饰消费者的消费观念已发生了很大的变化,整个中国珠宝首饰行业的经营行为也在发生深刻的变化。在传统与现代消费观念和经营管理观念的碰撞中必然诞生许多的市场机会,如何审时度势,顺势而为,紧随市场脉搏努力寻找适合自己的生存发展之路是每个经营者值得思考的问题。

二、市场全球化对珠宝营销的冲击

从20世纪90年代开始,我国珠宝市场的巨大发展潜力已为国际珠宝界所关注,1992年,卡地亚珠宝入驻中国,成为第一个进入我国珠宝市场的国外高端珠宝品牌;1998年,周大福在内地的第一家专营店开业,拉开了香港珠宝品牌进军内地市场的序幕;2001年,中国珠宝玉石首饰行业协会推行珠宝品牌建设,一批本土品牌迅速成长。中国珠宝市场由国外品牌、香港品牌和国内珠宝品牌"三足鼎立"的竞争局面正式形成。

目前进入我国珠宝市场的国外高端品牌只有卡地亚、蒂芬尼、宝格丽等不足20家品牌。目前在内地市场上经营且有一定规模的香港品牌有周大福、谢瑞麟、周生生、金至尊、六福这5家品牌,它们依靠香港在国际首饰工艺上的领先地位和中港文化的一脉相承迅速取得内地珠宝消费者的认同与喜爱,再加上这些品牌在香港的市场竞争中积累的品牌运营经验和进入内地市场的长远战略筹划,品牌扩张速度异常迅猛。截至2010年,由中国名牌推进委员会和中国珠宝玉石首饰行业协会评审的珠宝名牌和驰名品牌156个,分布在全国31个省市(港澳台除外)中的20个省市,经营规模差异很大。

截至2011年,在内地珠宝市场经营的国际顶级珠宝品牌鲜有赢利者,但经营业绩正在逐年攀升。国外高端珠宝主要布局在经济发达的城市,占领的是高端珠宝市场,追求产品的尊贵与奢华,走高端路线,依靠品牌创造价值,它们的市场布局是基于中国珠宝市场未来的成长,因此,它们对当前中国珠宝主流市场的竞争并没有造成威胁,但这种战略布局对占领未来中国珠宝市场的高端市场创造了先机。国内主流珠宝市场的竞争是香港珠宝品牌与内地珠宝品牌之间的竞争。香港珠宝品牌在中国珠宝市场占据了优势地位,市场知名度、市场占有率多高于国内品牌,相比之下,国内珠宝品牌在市场竞争中处于劣势地位。这种市场态势给我们提出了一个严肃的问题:中国的本土珠宝企业靠什么在未来的珠宝市场中争得一席之地呢?毫无疑问是要建立品牌。品牌打造一直是我国珠宝首饰业的弱项,品牌建立会牺牲一些眼前利益,但为了珠宝企业的长远发展战略,中国珠宝企业必须要经历这样一个阵痛的过程。随着全球化的深入,中国珠宝首饰企业只有建立起强势的品牌才能拥有市场生存的机会,否则,本土珠宝企业要在市场竞争中取胜将是一种奢望。

三、网络技术的发展推动营销理念的变革

21世纪的钟声敲响以后,中国珠宝行业的发展除了引入连锁经营商业模式使企业的市场扩张速度迅速加快以外,还有两个引人注目的特征:一是网络技术的普

及推动网上珠宝电子商务迅速发展;二是珠宝定制业务的兴起使珠宝首饰消费向个性化方向发展,并且吸引到了相当多的资本支持,为投资者看好。前者便是网络技术发展的推动,使我国珠宝电子商务的发展速度上了一级台阶。

其实,网上电子商务的发展在中国已经经历了10多年的时间,其间表现出明显的发展的阶段性:1998年以前,娱乐网络阶段,各种娱乐性节目、网游充斥网络;1998—2003年是电子商务平台的诞生年,诸如阿里巴巴等电子商务平台都是诞生在这一年代;从2004年开始,互联网运用电子商务的机会稍稍开启,许多珠宝企业顺势进入,建立自己的官方网站或在淘宝网、淘宝商城上建立交易平台,诞生了一批网上珠宝品牌,钻石小鸟、戴维尼、九钻、柯兰、佐卡依等都是在此以后诞生的网络珠宝品牌;截至2010年底,我国共有珠宝网店近1.7万家,年销售额达50亿元,其中,佐卡依单笔销售139万元,创网上销售最牛纪录。网上电子商务的发展,不仅改变了人们到市场购物的习惯,而且改变了企业的经营理念,单纯依靠传统店铺模式的经营方式已经不能适应现代市场需求了,不少大企业也开始介入网上购物,建立除实体店以外的另一类商务平台。2009—2013年是中小企业借助网络成长的黄金时期,再向后机会将越来越少。预计到2015年以后,随着大公司的介入,机会将向小企业关闭。

伴随网上电子商务的迅速发展,随之而来的也有很多问题,这些问题将严重制约珠宝电子商务的发展。诸如中小企业的网站数量众多,形象参差不齐;多数网站尚未建立好的商誉,营销靠体验店,尚未摆脱传统店铺形式的影子;产品定位不清,目标市场选择不明确;以价格竞争为主要手段,压缩了利润空间,降低了产品档次,网络给人以卖低档货的印象;缺乏售后服务。

可以预测,网上电子商务将在不久的将来成为珠宝商与顾客交易的主要平台之一,如何运作好这个平台,确实需要珠宝商家变革传统的经营理念,从长远发展的角度筹划珠宝电子商务的未来。

第三节　两岸三地的优势互补

由于历史的原因,中国被分隔为大陆和台湾、香港和澳门四个部分,其中,大陆和台湾、香港地区的珠宝业在历史的进程中形成了各自的特色。

中国香港是一个面向全球的市场,为了应对来自全球的市场竞争,精明的香港珠宝商立足于香港本土,在利用香港传统的首饰工艺的基础上,引进世界各地先进的首饰技术,发展独具特色的首饰工艺,使香港的首饰紧追国际的潮流,成为享誉全球的首饰工艺发达地区。经过数十年的努力,香港已成为全世界最重要的珠宝集散地之一,也是亚太区的珠宝采购中心,珠宝业蓬勃发展。香港每年举办4次大型珠宝展,分别于3月、6月、9月和12月举行,珠光宝气贯穿全年。香港也是世界珠宝首饰加工制造中心,现已具备相当规模,约有1 000多家珠宝制造公司,其中25家为大中型企业,从业人员数万人,目前已成为亚洲主要的珠宝首饰加工地,世界第三大钻石出口地。香港珠宝首饰时尚、创新、多变的设计,精湛的工艺和优质的服务,是香港珠宝业能够在世界珠宝市场占有重要地位的原因之一。良好的市场氛围,精湛的首饰工艺对香港珠宝首饰市场的发展起到了极大的推动作用,也带动了当地消费市场的发展,吸引了香港本土和来香港旅游的中外游客购买珠宝首饰的热情。香港本土的珠宝品牌在这种良好的市场氛围中顺势发展,在市场竞争中不断发展和壮大。20世纪70年代以后,为了最大限度地占领市场份额,周大福、谢瑞麟、周生生等香港实力较强的珠宝公司纷纷走上了快速扩张之路,在香港本土拓展分店。如果某个珠宝公司在某地开设一个分店,其他公司必定马上跟进,在其附近也开设一家分店,使得香港珠宝零售业的市场竞争变得异常激烈。走在香港街头,珠宝店可谓星罗棋布,橱窗里引人驻足的闪亮饰品形成香港独特的城市风景。铜锣湾的怡和街及轩尼诗道、尖沙咀至旺角一带,珠宝店更是鳞次栉比。市场竞争演变为珠宝商家实力的大比拼,其激烈程度可见一斑。实力较小的企业面临着退出市场的危险。1991年,为了在这种激烈的市场竞争中求得生存,由10多个实力较小的珠宝品牌联合起来,组成了六福珠宝集团公司,共同使用一个品牌——六福珠宝,并在1997年5月于香港联合交易所上市。他们实行统一形象,统一配货,统一营销策略,共享品牌经营成果,以此形成品牌效应,成为香港最具规模的珠宝零售连锁集团之一,同其他实力强大的珠宝公司一起成为香港珠宝知名品牌。正是在这种激烈的市场竞争条件下,香港各珠宝品牌发挥各自的优势,形成自己的品牌特色,为品牌的生存和发展奠定了坚实的基础。

　　但是,香港的市场毕竟是有限的,当每个品牌争取到了本品牌的目标市场,取得稳定的市场份额以后,便失去了发展空间,市场拓展势在必行。这时,内地经济的腾飞为香港珠宝业发展提供了新的历史机遇。1997年以后,香港珠宝品牌纷纷进入内地珠宝市场,依靠它们领先世界的首饰工艺和品牌营销策略,通过10多年的市场拓展,在中国内地珠宝市场上取得了主导地位。

　　宝岛台湾作为中国领土的一部分,传承着中国玉文化,台湾当地消费者同样对翡翠有着偏执的钟爱。珊瑚作为其特色珠宝,其设计也透着浓郁的中国风韵味。在珠宝市场的推广上,台湾品牌利用独具个性的订制模式让每件珠宝首饰都如艺术品一样瑰丽动人。

　　宝石由于具有饰品兼奢侈品的特性,在经济发达、生活水平高的地区才能盛行。20世纪50年代初,台湾经济百业萧条,一般人生活并不宽裕,既无余力买宝石,亦缺乏宝石知识,大多数银楼买卖主要以黄金及黑市汇兑业务为主,少有珠宝的交易,当时并无宝石市场可言。台湾的珠宝市场随着台湾经济的进步而发展,尤其是开放黄金自由进口后,传统银楼的黄金买卖竞争愈来愈激烈,在无利可图的情况下,纷纷转为珠宝业务。目前台湾全省珠宝银楼业者超过5 000家,在大都市中的珠宝店已全改为珠宝销售。台湾珠宝企业发展到今天,从早期的传统的款式及经营手法到今天的百花争艳,经过了不少转变,除了款式受到国际影响推陈出新外,经营管理模式和营销策略也不断改变。从经营形态上来说,主要有以下几种:第一,国外的知名珠宝品牌,如Cartier、Tiffany、Bvlgari、Boucheron、VanCleef&Arpels等,这些国际品牌看准台湾的消费能力,纷纷在台设立专柜,为开发更多客源也推出一些材质不贵但经过良好设计,具有较高的附加价值的珠宝首饰;第二,台湾本土高级珠宝,如斐俪、米兰、嘉记、和记等,这些高级珠宝店的投资金额不低,动辄一件数十万、百万、千万的珠宝,商品周转率也较低,其目标市场多为社会名流,这类珠宝店多为家族企业,现以转为第二代经营,也开始重视营销来提高知名度,扩大客户面;第三,传统的珠宝银楼,多半是家庭式经营,其中又大致可分为以卖纯黄金的银楼和卖黄金与珠宝兼营的银楼;第四,个性化设计工作室,为客人量身定做,以设计创造价值。

中国内地的珠宝首饰市场是从20世纪80年代开始复兴的,在复兴过程中走过了不平凡的道路,香港珠宝品牌在20世纪90年代后进入内地市场,引领内地珠宝市场的发展。进入21世纪以后,中国内地同质化的珠宝市场开始出现个性化、多元化的发展趋势,个性化首饰定制已经有了市场发展的苗头,但首饰定制水平较高的台湾珠宝商尚未进入,在未来的发展中,两岸三地的珠宝业只有走向融合,发挥各自的优势,方能满足这个多元化市场的需要。

第四节 走向成熟的中国珠宝市场

对中国珠宝市场而言,珠宝首饰这个传统产业伴随着中国经济的高速发展而逐渐长成世界巨人,珠宝首饰市场也伴随着消费者购买理念的成熟而逐步走向成熟。那么,一个成熟的珠宝市场是一个什么样子呢?

一、一个正确的购买理念

在传统购买理念中,珠宝首饰的价值是消费者考虑的首要因素,即追求珠宝首饰的实际价值及保值和增值。实际上,珠宝首饰兼具多种价值属性,而最基本的是其装饰价值。不论实际价值的高低,只要装饰效果好,即有装饰价值,便可用做首饰。而在传统的珠宝购买理念中，珠宝首饰首先是要"值钱"，即首先考虑其价值高低，而不考虑其装饰效果。这一观念正随着时代的进步而逐步有所改善，尤其是年轻的消费者，购买珠宝首饰不再追求其是否"值钱"，是否作为炫富的标志，而是作为品位的象征。

二、一个由多个品牌主导的市场

客观地说，中国的珠宝首饰市场还远未发展到成熟的地步，这表现为企业无品牌、产品无特色、行业准入门槛低，任何企业只要舍得投入，就可以从事珠宝首饰经营，品牌与品牌之间产品无差异，产品技术含量低，核心竞争能力缺失，在这样的行业态势下，企业参与市场竞争的唯一利器是价格。2000年以来我国珠宝行业以价格大战为主体的市场竞争正好说明这一点。大浪淘沙，优胜劣汰，在激烈的市场竞争中，那些无长远战略规划的企业必然经不起市场竞争的冲击而被无情地淘汰，而另外一些企业经过市场竞争的洗礼，屹立于珠宝行业，它们通过形象的塑造，成为中国珠宝品牌或地方珠宝品牌，以强势品牌经营满足消费者对品牌珠宝首饰的需求。

三、独特的品牌特色和市场定位

品牌有自己的品牌属性、品牌特色和品牌定位。在品牌塑造过程中，每个品牌都会以自己独特的特色和个性直指对这种特色和个性情有独钟的目标消费者群体，向他们传递品牌及品牌产品所特有的利益，表明这些特色和利益正是目标消费者群体所需要的，以此吸引目标消费者群体产生购买行为，并在消费体验中感受品牌特色和品牌消费为他们带来的利益。

四、一个健康的、竞争有序的珠宝市场

中国珠宝首饰市场复兴的时间还不长，在其成长过程中总会经历一个从低级到高级、从无序到有序的过程。从消费者层面来讲，随着中国经济的快速发展，消费者的生活水平大幅度提高，珠宝首饰消费能力也会相应地得以提升，追求拥有的消费必将上升到进一步追求品质、品位的珠宝消费；从企业层面来讲，由于不同的企业在产品上形成了独特的特色和个性，不同的企业定位不同的目标消费者群体，因此，整个市场竞争是有序的，依靠特色吸引顾客，依靠品牌创造价值。

中国珠宝业的发展正如中华民族的历史一样，历经曲折，并随着社会的进步在不同时期展现出不同的风貌。在经历了动荡岁月的扭曲之后，中国的珠宝业就像一颗出土的新芽，茁壮成长。我们有理由相信，未来的中国珠宝业在这片肥沃的土地上必将长成参天大树，屹立于世界珠宝之林。

主要参考文献

包德清,董一澳. 提升内地珠宝品牌市场竞争力策略[J]. 中国商贸,2011,(27): 32~24.
常桦. 行销天下制胜的法则[M]. 北京:中国纺织出版社,2003.
单仁. 渠道新战争[M]. 广州:广东经济出版社,2010.
胡正明. 市场营销学[M]. 济南:山东人民出版社,2001.
李践. 定价定天下[M]. 北京:中信出版社,2009.
李先国. 销售管理[M]. 北京:中国人民大学出版社,2004.
刘卫华. 成功营销7要素[M]. 北京:电子工业出版社,2007.
丘志力,李立平,陈炳辉,等. 珠宝首饰系统评估导论[M]. 武汉:中国地质大学出版社,2003.
如何赢得服务品牌忠诚度 深入了解制定战略. http://www.news.hexun.com/2007-12-19/102367651.html.
吴舜田. 台湾珠宝行业概况[J]. 中国宝玉石,1996,(1):60~66.
熊仕平. 品牌竞争战略与产品推广策划[M]. 北京:中国经济出版社,2003.
杨洁,孙玉娟,甄翠敏. 现代市场营销学[M]. 北京:中国工商联合出版社,2002.
余世维. 突破中小企业发展瓶颈[M]. 上海:东方出版社,2006.
2011—2015年中国黄金珠宝行业投资分析及前景预测报告. http://www.ocn.com.cn/reports/2006230zhubaoshoushi.html.
[美]菲利普·科特勒. 营销管理[M]. 梅清豪,译. 上海:上海人民出版社,2003.
[美]威廉·宠德斯通. 无价[M]. 闾佳,译. 北京:华文出版社,2011.
[美]艾·里斯,杰克·特劳特. 定位——有史以来对美国营销影响最大的观念[M]. 谢伟山,等译. 北京:机械工业出版社,2011.